국내 언론인들의 브랜딩 현황 및 전략

양정애·권태호

한국언론진흥재단
Korea Press Foundation

연구서 2025 - 05

국내 언론인들의 브랜딩 현황 및 전략

책임연구 양정애 한국언론진흥재단 책임연구위원
공동연구 권태호 한겨레 논설실장
보조연구 이예진 서울대학교 언론정보학과 석사
조재호 세명대학교 저널리즘스쿨 석사

발 행 인 김효재
편 집 인 남정호
발 행 일 2025년 11월 30일 초판 제1쇄 발행

한국언론진흥재단
주소 04520 서울특별시 중구 세종대로 124 프레스센터빌딩
전화 (02) 2001-7759 **팩스** (02) 2001-7740
www.kpf.or.kr

편집 (주)케이에스센세이션
주소 07237 서울특별시 영등포구 국회대로66길 11, 12층(여의도동, 퍼스텍빌딩)
전화 (02) 761-0031 **팩스** (02) 761-2727

인쇄 (사)한국장애인e-Work협회
주소 07333 서울특별시 영등포구 국제금융로 8길 19 중앙빌딩 411호
전화 (02) 783-0800 **팩스** (02) 783-0750

ISBN 978-89-5711-805-4 (93070) (Print)
ISBN 978-89-5711-806-1 (95070) (Online)

이 보고서는 한국언론진흥재단의 정부광고 수수료로 제작되었습니다.
자세한 내용은 QR코드를 통해 확인해 주세요.

목 차

CONTENTS

CONTENTS

목 차

목 차 CONTENTS

표 목차

표 목차

그림 목차

그림 목차

01 서론

1. 연구 배경 및 목적

1) 연구 배경

국내외 저널리즘 환경은 디지털 플랫폼 중심의 뉴스 소비 구조로 급격한 변화를 겪어 왔다. 유튜브, 인스타그램, 틱톡과 같은 플랫폼이 뉴스 접근의 주요 경로로 부상하면서, 언론인의 발화 방식과 그 영향력은 과거와 비교할 수 없을 만큼 플랫폼 알고리즘과 이용자 반응에 의해 좌우되는 구조가 되었다. 강준만(2025)은 현재의 플랫폼 환경이 중도적 관점이나 숙의적 논지보다 극단적이고 강한 주장에 보상 구조를 제공한다고 지적한다. 그의 분석에 따르면, 유튜브를 비롯한 오늘날의 공론장은 "중도는 장사가 되지 않는다"는 인식을 강화하며, 합리적 중간지대의 목소리가 공격받거나 소멸되는 흐름을 촉진하고 있다. 이러한 구조 속에서 언론인이 전문성과 공적 역할을 기반으로 정체성을 구축하고 영향력을 유지하는 일은 점점 더 어려워지고 있다. 특히 국내 언론인들이 체감하는 피로는 단순한 디지털 적응 차원을 넘어, 사회적 양극화와 플랫폼 정치학이 결합된 환경에서 발생하는 구조적 위험 및 긴장과 직접적으로 연관된다.

한편 해외에서는 저널리스트 개인을 중심으로 한 브랜드 구축이 이미 제도적·산업적 흐름으로 자리 잡고 있다. 미국에서 서브스택(Substack), 고스트(Ghost)와 같은 플랫폼은 언론사를 거치지 않고 개별 저널리스트의 뉴스레터를 수십만 단위로 구독하는 문화를 확산시켰으며, 이는 독자가 정보를 소비할 때 더 이상 조직 브랜드가 아닌 "신뢰하는 개인 저널리스트"를 주요 판단 기준으로 삼고 있음을 의미한다(임석봉, 2025). 특히 일부 언론인은 수만 명의 유료 구독자를 기반으로 연간 수억 원대 수입을 창출하며, 뉴스레터, 라이브 세미나, 팟캐스트, Q&A 등 다양한 채널을 결합한 독립적 저널리즘 모델을 구축하고 있다. 이러한 흐름은 전통적인 조직 중심 저널리즘이 약화되고 개인 중심의 생산·유통·소비 구조가 강화되는 현상으로 해석할 수 있으며, 한국 언론 생태계 역시 여기서 예외일 수 없음을 시사한다.

이와 동시에 글로벌 언론사는 조직 단위에서 전례 없이 적극적인 브랜드 캠페인을 펼치기 시작했다. 한국신문협회가 소개한 해외 동향에 따르면, 《허스트(Hearst)》, 《NBC News》, 《로이터(Reuters)》, 《가디언(The Guardian)》 등 주요 언론사들은 매우 제한적으로만 시행한 적 있거나 한 번도 시도된 적 없는 대규모 브랜드 캠페인을 재정비하며 본격적인 브랜딩 구축에 나섰다(한국신문협회, 2025b). 이러한 조치는 단순한 마케팅 차원의 문제가 아니라 플랫폼 환경 변화에 대응하기 위한 생존 전략으로 해석된다. 뉴스 소비 과정에서 우연적 노출이 감소하고, 언론사 자체 브랜드가 이용자 선택의 핵심 기준이 되고 있으며, AI 기업과의 데이터 협상에서도 브랜드 가치가 중요한 변수로 떠오르고 있기 때문이다. 또한 정치 양극화 심화 속에서 언론·언론인에 대한 공격이 증가하면서, 조직 브랜드는 저널리즘의 신뢰를 방어하는 장벽 역할을 수행하게 되었다. 이처럼 해외에서는 조직과 개인이 동시에 브랜드 전략을 강화하는 '이중 브랜딩 환경'이 형성되고 있으며, 이는 국내 언론사와 언론인들 역시 동일한 구조적 변화 속에 놓여 있음을 보여준다.

한편, 저널리스트와 독자 간 관계가 다층적으로 변화하고 있다는 점도 눈여겨볼 필요가 있다. 독일 연구팀의 분석에 따르면, 오늘날 언론인은 '단일한 독자'를 상대하는 것이 아니라 서로 다른 성격과 요구를 지닌 여러 가지 형태의 관계를 동시에 요구받는다(한국신문협회, 2025a; Loosen et al., 2025). 이 유형에는 전통적 역할에 기반한 '시민에게 정보를 제공하는 관계'뿐 아니라, 특정 소수자나 취약 집단을 지원하는 관계, 지속적 상호작용을 기반으로 한 커뮤니티 관계, 팬덤을 구축하는 관계, 독자를 공동 창작자로 참여시키는 관계, 악성 이용자를 관리·회피하는 관계 등이 모두 포함된다. 특히 이 연구는 저널리스트의 독자 관계가 관찰·상상·상호작용이라는 세 가지 차원을 오가며 구성된다는 점을 강조한다. 이는 오늘날 언론인의 역할이 단순한 뉴스 생산을 넘어 정서적 노동, 커뮤니티 조정, 관계 관리 등 복합적 형태의 사회적 상호작용을 포함하게 되었음을 의미하며, 이러한 맥락은 개인 브랜딩 논의와 직접적으로 연결된다.

국내에서는 '언론인 브랜딩'을 직접적으로 다룬 체계적 연구가 거의 없는 상황이지만, 기존의 브랜딩 일반에 관한 논의와 분석은 오늘날 언론인이 처한 환경을 설명하는 데 유의미한 이론적 기반을 제공한다. 특히 디지털 플랫폼의 부상으로 정보 소비와 뉴스 접근 방식이 변화하면서, 개인에게 귀속되는 브랜드 가치가 과거 어느 때보다 중요해졌다. 레베기(2025)는 유튜브를 단순한 마케팅 도구가 아니라, 콘텐츠 자체만으로 수익을 창출할 수 있는 독보적 플랫폼이라고 규정하며, 오늘날의 창작자(언론인을 포함한 모든 콘텐츠 생산자)는 플랫폼의 특성과 알고리즘 구조를 이해하고 그에 맞는 스토리텔링 전략을 체계적으로 구축해야 한다고 지적한다. 그의 논지에 따르면, 플랫폼 환경에서 '노출'은 자연 발생적이지 않으며, 콘텐츠는 기술적 지표(유입, 시청 지속시간, 클릭률 등)와 스토리 구조의 결합 속에서 평가된다. 이는 언론인이 단순히 전문성을 갖추는 것만으로는 충분하지 않고, 그 전문성을 독자가 보고 싶어 하고 기억할 수 있는 방식으로 전달하는 기술이 필수적이라는 점을 시사한다(레베기, 2025).

여주엽(2025)은 현대 브랜딩의 핵심을 "소비자의 기억 속에 특정 이미지를 각인시키는 과정"(275쪽)으로 규정하면서, 브랜딩은 로고나 명칭이 아니라 스토리와 감정적 연결을 통해 작동한다고 설명한다. 또한 가와카미 데쓰야(2023/2024)에 따르면, 스토리 브랜딩 개념에서 말하는 스토리는 단순한 미사여구가 아니라 '기억의 지속성과 행동 유발'을 가능하게 하는 핵심 장치이다. 사람들이 특정 브랜드(혹은 특정 인물)를 떠올릴 수 있는 이유는 정보의 정확성 때문이 아니라, 그 정보가 어떤 감정·상징·가치와 결합되어 '기억 가능한 이야기'로 구성되었기 때문이라는 것이다. 이러한 논의들은 언론인이 자신의 전문성과 공적 역할을 효과적으로 전달하기 위해서는, 보도 행위 자체뿐 아니라 그 보도에 담긴 문제의식·가치·정체성을 서사적 방식으로 드러낼 필요가 있음을 보여준다.

김지헌과 박승호(2025)의 퍼스널 브랜딩 논의는 이를 보다 정교화한다. 두 저자는 브랜딩을 차별적 실력을 갖추고 그 실력을 타인이 그렇게 믿도록 만드는 설득의 과정이라고 설명하며, 실제 능력 이상으로 '사회적 인식의 관리'가 중요하다고 강조한다. 언론인의 전문성 역시 내부적 평가만으로 완성되는 것이 아니라, 독자가 그 언론인의 분석·해석, 취재 방식, 정보 제공 행위를 얼마나 신뢰하는지, 그리고 그 전문성을 하나의 일관된 정체성으로 인식할 수 있는지에 의해 외부적으로 구성된다.

플랫폼 기반 경쟁이 심화된 오늘날, 이용자가 특정 언론인의 콘텐츠를 선택하거나 재구독·재방문하는 행동은 단순한 뉴스 소비를 넘어, 그 언론인의 브랜드에 대한 신뢰의 표현에 가깝다. 언론인의 브랜드는 기사나 영상의 품질만으로 형성되는 것이 아니라, 그 품질이 '어떤 사람'에 의해, '어떤 스토리와 맥락 속에서' 제시되는가에 의해 강화되기도 하고 약화되기도 한다. 결국 지금의 언론인은 단순히 정보를 전달하는 생산자가 아니라 자신의 전문성을 해석 가능한 서사로 구성하고, 이를 플랫폼의 기술적 문법에 맞춰 효과적으로 전달해야 하는 존재로 재정의되고 있다.

한편 국내 디지털 뉴스 이용은 전통적으로 언론사 웹사이트나 앱보다 네이버와 같은 포털, 그리고 유튜브 같은 동영상 플랫폼을 중심으로 이뤄져 왔다. 이러한 구조 속에서, 많은 언론인들이 언론사 내부의 보도 활동만으로는 독자 접점을 충분히 확보하기 어렵다는 판단하에, 온라인 플랫폼에서 독자적 채널을 구축하거나 언론사와 연계된 형태의 채널을 운영하며 존재감을 확장하고 있다. 2015년 도입된 네이버 '기자홈'은 2022년 이후 구독모델 강화와 함께 이용자가 빠르게 증가하여 2024년 5월 총 구독 수가 1,500만을 돌파한 것으로 알려졌으며(최현석, 2024), 유튜브에서도 수십만 명의 구독자를 확보한 언론인 채널이 이미 다수 등장했다. 이는 언론인이 스스로를 브랜드화해 이용자와의 직접적 소통을 강화하는 현상이 구조적 차원에서 일상화되었음을 보여준다. 이러한 개인 채널 활동은 개별 언론인의 영향력을 확대할 뿐 아니라, 소속 언론사에 대한 이용자 관여도와 충성도를 높이는 방식으로 조직적 가치에도 기여할 수 있으며, 나아가 새로운 수익모델로의 확장 가능성도 열려 있다.

요컨대 국내 언론인들은 플랫폼 알고리즘 중심의 노출 경쟁, 사회적 양극화와 공격적 커뮤니케이션 증가, 개인 중심 뉴스 소비문화, 조직 차원의 브랜드 경쟁 심화, 독자 관계의 다층화, 그리고 포털·유튜브 등 플랫폼 기반 뉴스 소비 구조의 고착화가 중첩된 복합적 환경 속에 놓여 있다. 그럼에도 국내에서는 언론인 브랜딩을 독립된 연구 주제로 체계적으로 분석한 사례를 찾기 어려우며, 언론인의 경험·전략·정체성, 독자 인식, 조직·플랫폼 환경을 통합적으로 이해할 수 있는 연구는 더욱 드물다. 이러한 공백을 해소하기 위해서는 국내 언론인들이 어떤 전략을 가지고 어떤 형태로 자신의 브랜드를 구축하고, 그것이 뉴스 이용자와 조직, 나아가 국내 저널리즘 생태계에 어떤 의미를 갖는지를 종합적으로 탐구할 필요가 있다.

2) 연구 목적 및 연구서 구성

본 연구의 기본적인 목적은 디지털 플랫폼 중심으로 재편된 현재의 뉴스 미디어 환경에서 국내 언론인들이 어떤 방식으로 개인 브랜드를 형성하고 운영해 왔는지를 실증적으로 파악하고, 이러한 브랜딩 실천이 뉴스 이용자 인식과 언론사 조직 차원에서 어떠한 의미를 갖는지를 분석하는 데 있다. 플랫폼 중심 환경의 맥락에서 언론인의 이름과 정체성은 더 이상 부수적인 요소가 아니라, 콘텐츠 선택과 신뢰 형성, 이용자와의 관계 유지 과정에 직·간접적으로 작용하는 하나의 구조적 변수로 기능한다. 즉, 언론인 브랜딩을 단순한 개인 이미지 관리나 자기 홍보의 차원을 넘어, 전문성의 축적과 표현 방식, 독자와의 관계 형성, 플랫폼 환경에 대한 대응 전략 등이 결합된 종합적 과정으로 접근할 필요가 있다.

이러한 문제의식을 바탕으로 본 연구에서는 국내 언론인 브랜딩의 구체적 양상과 작동 메커니즘을 다각적인 경험적 자료에 근거해 검토했다. 즉, 언론인의 브랜드가 기사나 영상의 품질만으로 형성되는 것이 아니라, 특정한 문제의식과 가치, 취재 방식, 전달 방식이 반복적으로 인식되며 하나의 일관된 정체성으로 구성되는 결과물이라는 관점을 토대로, 국내 언론인 브랜딩이 실제로 어떻게 형성되고 유지·확장되는지를 구체적으로 살펴봤다. 이를 통해 플랫폼 시대 언론인의 역할 변화와 그 함의를 보다 현실적으로 이해하는 데 기여하고자 한다.

연구 목적을 보다 구체적으로 정리하면 다음과 같다. 첫째, 심층 인터뷰와 정량적 분석을 통해 국내 언론인 브랜딩의 전반적 현황을 체계적으로 파악하고자 했다. 이를 위해 다양한 경력 단계와 매체 유형, 플랫폼 활동 경험을 지닌 언론인들을 대상으로 인터뷰를 실시했고, 브랜딩이 형성된 계기와 과정, 주요 전략, 플랫폼별 운영 방식, 그리고 그 과정에서 인지된 기회와 제약을 다각도로 탐색했다. 아울러 네이버뉴스 '기자홈'을 전수조사하고 그 데이터를 분석해, 국내 언론인 브랜딩이 디지털 플랫폼 환경에서 어떤 분포와 패턴을 보이는지, 그리고 구독·응원과 같은 이용자 반응과 어떻게 연결되는지를 정량적으로 살펴봤다. 이처럼 질적·양적 자료를 종합적으로 검토함으로써, 국내 언론인 브랜딩의 실제 모습을 보다 입체적으로 제시하고자 했다.

둘째, 언론인들이 자신의 브랜드를 구축하고 유지·확장하는 과정에서 활용하는 전략적 요소들을 분석하고, 그 구조적 특징을 도출하는 데 목적을 두었다. 인터뷰 자료를 중심으로 반복적으로 관찰된 공통 요인들을 분석·정리하고, 콘텐츠 기획 방식, 플랫폼 선택과 활용, 조직 내부의 지원과 제약, 업무 배치와 역할 변화 등의 요인이 개인 브랜딩과 어떤 방식으로 상호작용하는지를 검토했다. 이를 통해 언론인 개인의 노력뿐 아니라 조직과 플랫폼 환경이 브랜딩 형성에 미치는 영향을 함께 고려하며, 실제 현장에서 적용 가능한 수준의 분석 틀과 시사점을 제시하고자 했다.

셋째, 언론인 브랜딩이 플랫폼 환경에서 뉴스 이용 과정의 어떤 지점에서 어떠한 방식으로 작동하고 있는지를 경험적으로 확인하고자, 뉴스 이용자를 대상으로 한 설문조사를 통해 언론인 브랜딩에 대한 일반 시민의 인식과 태도를 분석하고, 그것이 뉴스 선택과 신뢰, 관여 행동과 어떤 관련을 맺는지를 살펴보았다. 구체적으로는 이용자들이 언론인과 그 브랜드를 인식하는 방식, 그로 인한 뉴스 이용 양상, 언론사 브랜드와 기자 개인 브랜드를 평가하는 기준, 선호하는 뉴스 콘텐츠의 주제 및 포맷 등을 입체적으로 파악하는 한편, 언론인 브랜딩을 뚜렷하게 인식하고 있는 이용자 집단이 보이는 특성도 함께 탐색했다.

종합하면, 본 연구에서는 국내 언론인 브랜딩을 현황, 전략, 이용자 인식이라는 세 가지 축을 중심으로 다층적으로 분석함으로써, 변화하는 저널리즘 환경 속에서 언론인 개인과 언론사 조직이 직면한 과제를 경험적 근거에 기반해 조명하고자 했다. 이를 통해 언론인 브랜딩을 하나의 유행이나 개인 차원의 선택으로 환원하는 협소한 시각에서 벗어나, 플랫폼 기반 뉴스 생태계에서 나타나는 구조적 변화의 한 양상으로 이해할 수 있는 분석적 토대를 제공하는 데 본 연구의 궁극적인 목적이 있다.

본 연구서의 전체적인 구성은 다음과 같다. 1장은 바로 앞에서 제시한 연구의 배경·목적에 더해, 본 연구에서 활용한 연구방법인 인터뷰, 설문조사, 내용분석을 소개하는 절로 구성된다. 2장에서는 뉴스 이용자를 대상으로 한 설문조사 결과를 '언론·언론인·뉴스에 대한 신뢰', '언론사 및 언론인 브랜딩 경험 및 인식'을 포함해 총 4개 절로 구분해 살펴봤다. 3장은 언론인 브랜딩의 현황을 기술하기 위해 브랜딩된 언론인들을 대상으로 한 인터뷰와 네이버뉴스 '기자홈' 전수조사 데이터를 분석한 결과를 담고 있다. 끝으로 4장은 인터뷰에 참여한 언론인들이 제시한 브랜딩 전략과 그들의 관점 및 전망을 종합·유형화해 심층적으로 분석한 내용으로 구성하되, 여기에 이론적 깊이를 보완하기 위해 브랜딩 일반을 주제로 한 관련 서적의 논의도 간헐적으로 함께 다뤘다.[1)]

2. 연구 방법

본 연구에서는 크게 3가지 방식으로 데이터를 수집했고, 각각 인터뷰, 설문조사, 내용분석 방법을 활용했다. 구체적으로, ① 언론인 브랜딩 사례에 대한 심층적 파악을 목적으로 언론인 21인을 대상으로 한 인터뷰 진행, ② 언론인 브랜딩에 대한 이용자 인식을 알아보기 위한 1,500명 규모의 뉴스 이용자 대상 온라인 설문조사 실시, ③ 플랫폼 차원의 언론인 브랜딩 현황과 특성 확인을 위한 네이버뉴스 '기자홈' 전수조사였다.

1) 브랜딩 언론인 대상 심층 인터뷰

본 연구에서는 언론인으로서의 브랜드가 어느 정도 구축된 21인을 섭외해 심층 인터뷰를 실시했다. 인터뷰 대상을 선정함에 있어 연구진 2인이 각자 탐색을 거친 후 후보군을 1차로 정리하고, 몇 가지 원칙을 기준으로 논의를 통해 최종적으로 확정하는 과정을 거쳤다. 연구진이 적용한 원칙은 ① 브랜딩과 관련된 활동이 일시적이지 않고 꾸준히 지속돼 온 사례, ② 주력해온 주제·분야 및 기자 경력(연차) 다양화, ③ 종합지, 경제지, 지역지, 방송사, 전문지, 인터넷 기반 언론 등 소속 언론사 유형 골고루 포괄, ④ 언론사에서 독립해 활동중인 언론인, 그리고 네이버 '기자홈'에서 두드러진 활동 이력을 보이는 언론인도 일부 섭외 등이었다. 최종 인터뷰 대상자 가운데는 먼저 인터뷰에 참여한 언론인이 브랜딩 모범 사례로 추천한 언론인도 몇 명 포함돼 있다. 최종 인터뷰 대상 명단은 〈표 1-1〉에 정리하였다.

특정 언론인에게만 해당되는 특수한 질문의 경우는 대부분 추가 질의 형태로 소화하고, 기본적으로는 사전에 마련한 공통 질문지를 토대로 인터뷰를 진행했다.

---

1) "3장. 국내 언론인들의 브랜딩 현황"은 "3. 언론인 브랜딩 실태 분석: 네이버 기자홈 전수조사" 절을 제외하고 공동연구원 권태호 실장이 집필을 담당했으며, 3장의 3절을 비롯한 나머지 모든 연구서 내용은 연구책임자가 집필을 맡아 진행했다.

기본 질문은 총 7개 주제로 구성했으며, 대략적으로 소개하면 다음과 같다. ① (배경 질문) 언론인으로서의 이력과 본인이 전문성을 쌓은 분야의 활동, ② 언론인이 소속 언론사와 별개로 하나의 브랜드를 형성해 기능을 수행하는 것에 대한 견해, ③ 본인의 브랜딩 유형과 그렇게 생각하는 이유,[2] ④ 자신의 브랜딩에 기여한 요인과 저해 요인, ⑤ 정치 위주의 시사를 벗어난 비 시사 주제의 향후 언론인 브랜딩 전망, ⑥ 알고 있는 언론인 브랜딩 대표 사례나 모범 사례, ⑦ 향후 언론인 브랜딩 전개 전망 및 브랜딩을 포함한 자신의 활동 계획.

총 21인회의 인터뷰 가운데 4회는 인터뷰이의 선호를 고려해 직접 만나 대면으로 진행했고, 나머지는 효율적 시간 활용을 위해 줌(Zoom)을 통해 온라인으로 실시했다. 모든 인터뷰에는 연구책임자와 공동연구원이 함께 참여했으며, 인터뷰 진행은 기본적으로 연구책임자가 맡고, 국내 언론인 브랜딩 현황 부분 집필을 맡은 공동연구원은 보완 질문을 하는 등의 역할을 하며 인터뷰 진행을 보조했다. 모든 인터뷰 내용은 참가자로부터 사전 동의를 얻어 녹음·녹화했으며, 보조연구원이 녹음 파일을 활용해 작성한 1차 녹취록을 연구책임자가 검토 후 보완해 연구서 집필에 활용할 최종 녹취록을 완성했다.

2025년 7월 4일에 첫 인터뷰를 시작했고, 마지막 인터뷰는 약 두 달 후인 9월 5일에 종료됐다. 인터뷰 참여자별로 진행 시점에 차이가 있었고, 인터뷰 이후 연구서 발간일인 11월 30일 사이에 일부 인터뷰이의 경우 조직 개편이나 인사이동, 신규 사업의 개시 또는 기존 사업의 종료 등으로 인터뷰 당시와 상황이 달라진 부분이 발생했을 가능성이 있다. 이를 고려해, 연구진은 1차 원고를 완성한 뒤 모든 인터뷰 참여자에게 해당 내용을 공유하고 사실관계 확인을 요청했다. 이는 인터뷰가 구두로 진행된 점을 감안해, 발언 내용이나 맥락이 부정확하게 전달되었을 가능성을 점검하기 위한 절차이기도 하다. 인터뷰이들로부터 회신된 수정 및 보완 사항은 연구책임자가 검토한 뒤 연구서에 모두 반영했다.

---

2) 인터뷰에 참여한 언론인들이 자신의 브랜딩 유형을 답하는 데 있어, 보기를 제시하는 것이 원활한 인터뷰 진행에 필요하다고 판단해, 인터뷰 개시 전에 연구진이 협의를 거쳐 다음과 같은 4가지 유형 안을 마련했다. ① 회사의 필요에 의해 특정 언론인을 집중 지원하고 성장시킴, ② 본인이 맡은 일을 꾸준히 하다 보니 결과론적으로 브랜딩으로 이어짐, ③ 버티컬화, 즉 특정 주제에 집중해서 적극 활동함으로써 브랜드를 형성함, ④ 언론 활동 외에 다른 활동이나 일화로 유명세를 타게 돼 우연히 브랜딩됨. 이 유형들은 답변을 끌어내기 위한 구체적 예시로 제시한 것이며, 인터뷰이들로 하여금 이를 참조해서 자유롭게 답하게 했다.

〈표 1-1〉 인터뷰 대상별 정보 및 브랜딩 포인트

성명	(현/전) 소속 언론사	인터뷰 날짜	인터뷰 방식	브랜딩 관련 주요 이력	한 줄 소개
성한용	한겨레	7월 4일	대면	정치 분야 전문 선임기자	'정치' 한 우물을 30년 넘게 파고 디지털 롱폼 '취재 기반 해설'의 신뢰를 브랜드로 만든 장기지속형 선임기자
조동찬	전 SBS	7월 7일	온라인	의학 전문기자	보건·의료 이슈의 최전선에서 대중을 대리하고 권력을 견제해 온 '공익 지향형' 전문의 기자
성수영	한국경제	7월 16일	온라인	〈그때 그 사람들〉 연재	경제지의 유통·알고리즘을 읽고 활용해 '미술·문화재 롱폼 IP'를 키워온 플랫폼(네이버) 전략형 버티컬 스토리텔러
강찬수	전 중앙일보	7월 17일	온라인	환경 전문기자	과학 근거와 연대 네트워크로 30년간 환경 의제를 이끌어온 '솔루션 지향 환경운동가' 저널리스트
구교형	경향신문	7월 22일	온라인	유튜브 채널 라이브 진행	신문기자의 취재력과 라이브 방송의 진행력을 결합한 설명형·해설형 '정치·시사 제너럴리스트'
방종임	전 조선에듀	7월 30일	온라인	〈교육대기자TV〉 채널 운영	'교육' 분야에 집중한 취재력과 기자 마감력으로 유튜브 시장을 선도한 '교육 콘텐츠' 크리에이터 겸 사업가
오대영	JTBC	7월 31일	온라인	〈오대영 라이브〉, 〈뉴스룸〉 진행	'팩트체크'로 쌓은 신뢰와 '단호·정갈 앵커 페르소나'로 이름 자체가 뉴스 신뢰의 라벨이 된 저널리스트 겸 제작자
박지윤	한국일보	8월 4일	온라인	〈커리업〉 연재	디지털·네러티브·인터랙티브를 엮어 '버티컬'을 개인 브랜드로 키운 '프로듀서형' 저널리스트
박대기	KBS	8월 6일	온라인	'폭설 보도' 바이럴 + 공학 백그라운드	'바이럴'로 알려졌지만 공학 두뇌로 경제·산업·테크 난제를 '대중어로 번역'하는 설명형 저널리스트
남형도	머니투데이	8월 8일	온라인	〈체헐리즘〉 연재	읽히지 않던 '공익 의제'를 '내 몸'으로 끌어와 읽히게 만드는 '체험 저널리즘'의 선구자
안진용	문화일보	8월 14일	대면	엔터테인먼트 분야 전문	조회수보다 '사실·균형·전달력'으로 승부하는 엔터테인먼트 한 길만 걸어온 '종합지 연예 전문' 저널리스트
주성하	동아일보	8월 14일	대면	북한 분야 전문	선정성 대신 '사료와 분석'으로 북한을 기록하는 클라스가 다른 '탈북 지식인' 저널리스트
조현용	MBC	8월 18일	온라인	〈소비더머니〉 담당, 〈뉴스데스크〉 진행	금기시되던 '기업 이야기'를 공영 톤 영상문법으로 풀어내고 '뉴스의 얼굴'이 된 '스토리텔러형 앵커'
김주완	전 경남도민일보	8월 20일	온라인	지역현대사 분야 전문	'기록'을 통한 지역 의제 확산, 도덕성·아카이빙·플랫폼 실험으로 쌓은 신뢰 자산을 보유한 '글로컬 언론인'
김지수	전 조선비즈	8월 21일	온라인	〈인터스텔라〉 연재	'문학·인문학 감수성'의 서정적 롱폼 문체와 대담한 의제설정으로 '인터뷰를 재해석'한 내러티브형 스토리텔러
봉지욱	전 뉴스타파	8월 22일	대면	〈오프더레코드〉 채널 운영	권력의 언어를 해체해 대중의 시간으로 번역하는 '퍼블릭 스피커' 겸 '하드코어 탐사 저널리스트'
김현정	CBS	8월 27일	온라인	〈김현정의 뉴스쇼〉 제작/진행	'공정·합리'를 추구하며 데일리 장수 시사 라디오 프로그램을 이끌어온 '싱어송라이터형' PD 겸 앵커
이따끔	제주MBC	8월 27일	온라인	'태풍' 보도 바이럴 + 유명 예능 출연	이름이 먼저 들어오고 현장이 기억을 고정하는 'MZ톤 감각'의 친화형 '로컬 현장' 스피커

성명	(현/전) 소속 언론사	인터뷰 날짜	인터뷰 방식	브랜딩 관련 주요 이력	한 줄 소개
강영운	매일경제	9월 3일	온라인	〈히코노미〉 등 연재	역사를 '경제의 언어'로 맛있게 번역해 독자가 바로 써먹게 만드는 내러티브형 '경제사 스토리텔러'
김은지	시사IN	9월 4일	온라인	유튜브 채널 라이브 진행	주간지 문법을 방송으로 번역하는 '탐사 저널리즘' 감각의 '데일리 라이브 질문자'
장윤선	전 오마이뉴스	9월 5일	온라인	〈취재편의점〉 채널 운영	대안 언론 감수성으로 가장 먼저 '현장'에 뛰어가 '취재'로 말하는 '현장 직결형 진행자'

注: 인터뷰 날짜를 기준으로 정렬했으며, 현재 소속 언론사가 없는 언론인의 경우 가장 최근 근무했던 곳을 '(전) 소속 언론사'로 표시했음.

2) 뉴스 이용자 대상 설문조사

언론인 브랜딩에 대한 뉴스 이용자들의 인식을 알아보고자 20~50대 1,500명을 대상으로 온라인 설문조사를 실시했다. 조사대상을 50대까지로 한정한 것은 연구 주제를 고려할 때 디지털 미디어 사용이 활발한 응답자를 중심으로 조사하는 것이 필요했기 때문이다. 또한 본 연구의 목적 중 하나가 언론사의 미래 독자·이용자 개발을 위한 시사점을 제공하는 것이라는 점에서, 청년과 중년층으로 선명하게 초점을 맞추는 것이 낫다는 결론에 이르렀다.

설문조사의 실사는 조사대행 전문업체인 ㈜엠브레인컨설팅에서 담당했으며, 해당 조사회사의 모회사인 ㈜마크로밀엠브레인의 패널에서 성별·연령대·거주지역을 기준으로 인구비례 방식으로 할당해 응답자를 모집했다. 설문조사는 총 15,360명에게 이메일을 발송해 진행됐으며, 이 가운데 2,457명이 조사 페이지에 접속했고 1,643명이 설문 응답을 완료했다. 이후 불성실 응답을 포함한 자료 정제 과정을 거쳐, 최종적으로 1,500명의 응답 데이터를 확보해 분석에 활용했다. 설문조사 참여자의 인구사회학적 속성별 분포는 〈표 1-2〉에 제시했다. 조사는 2025년 9월 26일부터 30일까지 실시됐으며, 설문 참여자들이 이메일에 포함된 링크를 통해 조사 페이지에 접속해 자기기입식 방식으로 응답했다.

설문조사 문항은 인구사회학적 요인을 제외하고 다음과 같이 총 9개의 소주제로 구분해서 개발했다. ① 전반적인 뉴스 이용, ② 네이버뉴스 이용 현황: 언론사·기자 구독 포함, ③ 그 외 뉴스 및 시사 콘텐츠 구독 현황: 유튜브, 뉴스레터 포함, ④ 언론사 브랜딩·탈브랜딩 인식, ⑤ 언론인 브랜딩에 대한 인식, ⑥ 언론·언론인·뉴스 신뢰도 인식, ⑦ 언론사·언론인 범위에 대한 인식, ⑧ 뉴스 포맷·주제에 대한 선호도, ⑨ 미디어 관련 후원 경험 및 디지털 서비스·콘텐츠 유료 이용 경험.

개별 설문 문항의 구체적인 질문 내용과 측정 방식은 다음 장의 설문조사 결과 분석 부분에서 상세히 제시했다. 모든 문항은 조사연구 분야의 전문성을 바탕으로 연구책임자가 관련 자료와 기존 연구[3]를 참고해 개발했으며, 문항 초안에 대해 공동연구원의 검토와 의견 수렴 과정을 거쳐 일부 수정한 뒤 최종 확정했다.

〈표 1-2〉 설문조사 대상의 인구사회학적 분포

구분		사례 수(명)	비율(%)
성별	남성	769	51.3
	여성	731	48.7
연령대	20대	303	20.2
	30대	348	23.2
	40대	397	26.5
	50대	452	30.1
거주 지역	서울	291	19.4
	인천·경기	513	34.2
	경상권	343	22.9
	전라권	133	8.9
	충청권	160	10.7
	강원·제주	60	4.0
직업	관리자 및 전문직	272	18.3
	사무직	599	39.9
	서비스·판매직	153	10.2
	농림어업·기능원·기계조작조립·단순노무	103	6.8
	학생	77	5.1
	가정주부	135	9.0
	무직	96	6.4
	기타	65	4.3
교육 수준	고졸 이하	208	13.9
	대학 재학	105	7.0
	대학 졸업	1020	68.0
	대학원(재학, 수료, 졸업 등)	167	11.1

3) 설문조사 항목 개발용으로 주로 참조한 기존 자료는 연구책임자가 관련 주제로 진행한 이전 연구서들이다. 2021년 〈언론사의 버티컬 미디어/콘텐츠 현황과 전략〉, 2020년 〈언론사 후원 모델 연구〉, 2019년 〈이용자 분석을 통한 디지털 뉴스 유료화 방안〉 등이며, 해당 연구의 설문조사에 쓰인 애초의 문항들도 대부분 연구책임자가 직접 개발한 것이다.

구분		사례 수(명)	비율(%)
월 평균 가구소득	200만 원 미만	78	5.2
	200만 원 ~ 300만 원 미만	242	16.1
	300만 원 ~ 400만 원 미만	253	16.9
	400만 원 ~ 500만 원 미만	197	13.1
	500만 원 ~ 600만 원 미만	184	12.3
	600만 원 ~ 700만 원 미만	160	10.7
	700만 원 ~ 800만 원 미만	156	10.4
	800만 원 이상	230	15.3
정치적 성향	보수	293	19.5
	중도	792	52.8
	진보	415	27.7
전체		1,500	100.0

3) 네이버뉴스 기자홈 전수조사

네이버에서 제공하는 '기자홈'을 개설한 언론인들의 전수조사를 위해, 2025년 5월 28일부터 9월 1일까지 약 3개월에 걸쳐 총 83개 언론사 소속 9,585인의 기자홈 전체 데이터를 수집했다. 언론사 유형별, 언론사별 기자홈 운영 현황과 같은 기본적인 정보는 3장의 3절에서 확인 가능하다. 코딩 항목은 언론인 성명, 언론사명, 언론사 유형, 분야, 구독 수, 응원 수, 프로필 사진 사용, '주간 많이 본 뉴스' 등 주요 메뉴 구성, 기자 톡 운영 여부, 주요 이력 및 채널 표시 등이었다.

네이버뉴스 기자홈 서비스에서 구분한 언론사 유형은 종합지, 방송/통신사, 경제지, 인터넷/IT지, 매거진, 전문지, 지역지, 이상 7개이다. 이 가운데 '종합지'에 해당하는 10개 언론사 소속 기자들의 기자홈은 연구책임자가 직접 데이터 코딩을 진행했다. 코딩의 정확도를 높이고 코딩 항목을 완전히 확정한 상태에서 전체 데이터 코딩을 보조연구원에게 맡기려면, 연구책임자가 먼저 기자홈의 전반적인 구성과 특성을 파악할 필요가 있다고 판단했기 때문이다. 5월 18일 ~ 6월 17일 기간에 '종합지' 코딩을 완료한 후, 연구책임자가 보조연구원에게 코딩할 내용과 방법에 대해 충분히 설명하는 시간을 가졌다. 시범적으로 몇 개를 함께 코딩해보고 특별한 문제가 없는 것을 확인했고, 이후에 나머지 전체 코딩을 보조연구원 1인이 전담해 진행했다. 주관적인 판단으로 코딩할 만한 요소가 없었기 때문에, 코더 간의 일치도를 검증하기 위한 신뢰도 테스트는 별도로 하지 않았다.

02 언론인 브랜딩에 관한 뉴스 이용자 인식

이 장에서는 언론인 브랜딩에 대해 뉴스 이용자들이 어떻게 인식하고 있는지를 알아볼 목적으로 실시한 20~50대 1,500명 대상 온라인 설문조사의 결과를 소개하고자 한다. 전체적인 설문조사 문항은 앞서 1장의 연구방법 부분에서 밝혔듯이 인구사회학적 특성을 제외하고 총 9개의 주제군으로 구분해서 설계했으며, 설문의 순서는 응답자들의 인지적 피로도와 부담을 최소화할 수 있도록 비교적 쉽게 답할 수 있는 문항을 먼저 배치하는 방식으로 구조화했다.

설문조사 데이터를 분석해 이 장의 내용을 구성할 때는 9개 주제군 가운데 일부를 하위유형으로 쪼갠 후 모든 소주제를 크게 4가지로 재분류하는 과정을 거쳤다. 그 결과, 이 장에서는 기초 데이터에 해당하는 '① 뉴스·미디어 이용 및 주제·포맷 선호'를 시작으로, 본 연구의 목적과 관련성이 높은 '② 구독을 통한 뉴스·미디어 이용', '③ 언론·언론인·뉴스에 대한 신뢰', '④ 언론사 및 언론인 브랜딩 경험 및 인식' 순서로 조사 결과를 차례로 살펴보고자 한다.

1. 기초 데이터: 뉴스·미디어 이용 및 주제·포맷 선호

1) 전반적인 뉴스 이용

가장 먼저, 응답자들이 평소 뉴스를 접하는 주요 미디어가 무엇인지 기초적으로 파악하고자, 뉴스 및 시사 정보를 접할 수 있는 총 14개의 미디어 유형을 제시하고 자신에게 해당되는 것을 모두 선택하게 했다(〈그림 2-1〉 참조).[4] 본 조사의 응답자들이 뉴스를 접하는 경로로 가장 많이 꼽은 미디어는 '인터넷 포털 및 검색엔진'(83.5%)이었다. 그 뒤를 '텔레비전'(76.6%)이 6.9%p 차이로 이었으며, 동영상 플랫폼(62.6%) 또한 과반의 비율을 보였다. 4위 SNS(44.6%)를 통해 뉴스를 접하는 응답자는 절반에 좀 못 미치는 것으로 나타났고, 다음 순위인 온라인 뉴스 웹사이트·앱(28.4%)부터는 모두 30% 미만의 비율을 드러냈다.

〈그림 2-1〉 **미디어 유형별 "평소 뉴스·시사정보 접한다" 응답**

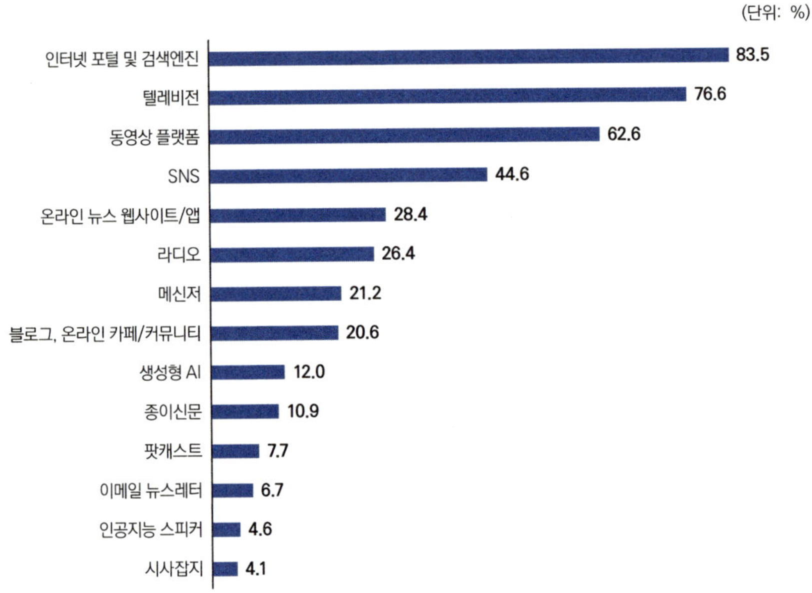

이러한 조사 결과는 전반적으로 디지털 미디어·플랫폼, 그중에서도 특히 포털을 중심으로 한 뉴스 소비가 견고한 가운데, 뉴스 매체의 전통 강자인 텔레비전 또한 여전히 높은 영향력을 유지하고 있다는 것을 보여준다. 물론 '포털'(20대 76.2%, 30대 78.4%, 40대 88.7%, 50대 87.8%)과 '텔레비전'(20대 68.0%, 30대 66.7%, 40대 80.1%, 50대 86.9%)으로 뉴스를 이용하는 20~30대의 비율이 40~50대

4) 이 문항은 본 연구의 주제인 '언론인 브랜딩'과 직접적인 관련성을 갖는 디지털 기반 뉴스 이용자를 표집하기 위한 스크리닝 기능도 함께 수행하고 있다. 구체적으로, 설문조사 시작 부분에 이 문항을 배치해 레거시 미디어, 즉 텔레비전·종이신문·라디오·시사잡지 외에 디지털 매체를 하나도 선택하지 않았거나, 14개 보기 가운데 뉴스를 접하는 경로가 없는 것으로 확인된 응답자의 경우 설문을 중단하게 했다. 이렇게 해서 중도 탈락한 사람은 총 87명으로, 끝까지 응답을 완료한 1,643명의 5.3%에 해당한다. 이러한 결과는 뉴스 비이용자이거나 뉴스를 이용하되 디지털 형태로 접하지 않는 비율이 극히 일부에 지나지 않음을 시사한다. 한편 87명의 중도 탈락자 가운데 36.8%인 32명은 14개 미디어 유형 중 뉴스를 접하는 매체가 없는 것으로 나타났고, 나머지 63.2%는 전통 매체로만 뉴스를 이용하는 사람들이었다.

대비 현저히 낮은 것으로 미뤄보건대, 이런 경향성에 머지않아 균열이 생길 가능성은 높아 보인다. 동시에, 생성형 AI를 통해 뉴스를 접한다는 응답 비율은 아직 낮은 편이지만, 종이신문, 팟캐스트, 이메일 뉴스레터보다 높은 10%를 상회한다는 점에서, 새로운 기술 기반의 뉴스 소비 방식이 향후 확산될 가능성이 엿보인다.

앞선 문항에서 자신이 뉴스 및 시사 콘텐츠를 접한다고 답한 미디어 유형만 보기로 제시하고, 그 가운데 가장 선호하거나 의존하는 것 하나를 택하게 했다(〈그림 2-2〉 참조). 조사 결과, 응답자 3명 중 1명꼴인 33.4%가 '인터넷 포털 및 검색엔진'을 선택했고, 그 뒤를 30%에 근접한 비율로 '텔레비전'(29.3%)이 이었다. 3위 '동영상 플랫폼'(21.4%)은 20%대 초반 비율을 보였고, 4위 'SNS'는 6.7%, 그 아래로는 모두 5% 미만의 선택을 받았다. 종합하면, 다양한 미디어를 통해 뉴스가 유통되고 있고 디지털 기반 뉴스 소비가 일상화된 환경에서도 실제 뉴스 접근의 중심축은 여전히 포털과 텔레비전에 집중돼 있다. 유튜브 등의 동영상 플랫폼은 앞서 살펴본 이용률에 비해서는 '가장 선호 혹은 의존하는 경로'로 덜 선택된 편이었는데, 이는 해당 플랫폼에서 오락 콘텐츠가 많이 소비되는 특성으로 인해 뉴스 소비 통로로서의 인식이 상대적으로 약하기 때문일 것으로 풀이된다.

〈그림 2-2〉 가장 '선호'하거나 '의존'하는 '뉴스 미디어' 유형

(단위: %)

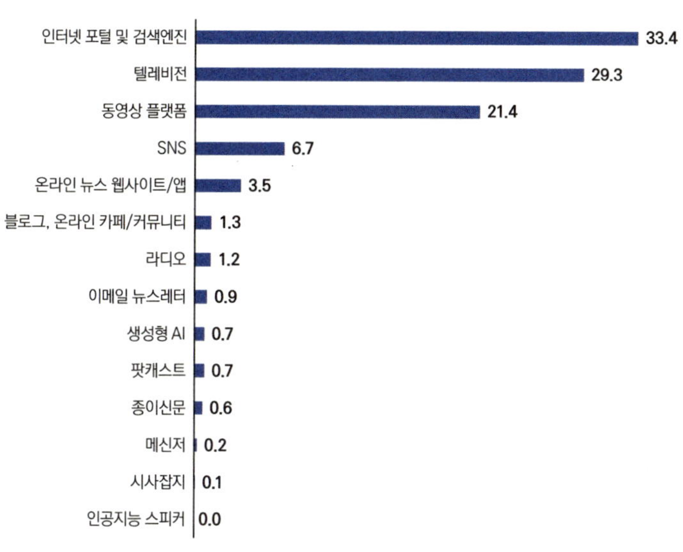

응답자들이 대체로 얼마나 자주 뉴스 및 시사 콘텐츠를 이용하는지를 알아보기 위해 6개의 보기를 주고 택일하게 했다(〈그림 2-3〉 참조). 그 결과 '매일' 뉴스를 본다는 응답이 51.3%로 절반을 넘기며 가장 높은 비율을 보였다. 이에 더해 '주 5~6일'(19.1%)과 '주 3~4일'(18.5%)이 그 뒤를 이으면서, 주 3일 이상 정기적으로 뉴스를 접하는 사람은 전체의 88.9%에 달하는 것으로 확인됐다. 반면 저빈도 이용, 즉 '주 1~2일'(7.1%), '월 2~3일'(0.8%), '뜸하게 한 번씩'(3.2%)은 소수에 그쳤다. 이러한 결과는 뉴스 이용 경로가 다변화된 환경 속에서도 정기적·습관적 뉴스 소비 행태가 강하게 유지되고 있음을 보여준다. 그런데 연령대별 추가분석 결과, 규칙적이고 잦은 뉴스 이용 양상이 앞으로는 달라질 가능성을 엿볼 수 있었다. 뉴스를 '매일' 이용한다고 답한 비율에 있어 20대(33.7%), 30대(43.1%)가 40~50대(각각 54.4%, 66.8%)에 비해 현저히 낮은 수치를 보였기 때문이다.

〈그림 2-3〉 뉴스 및 시사 콘텐츠 '이용 빈도'

(단위: %)

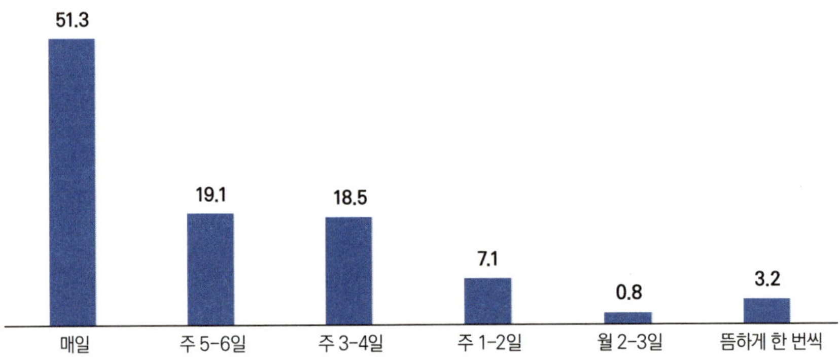

이어서, 응답자들의 전반적인 뉴스 이용 방식이 어떠한지를 알아보고자 4개의 보기를 제시하고 자신이 평소 뉴스 보는 행동에 가장 가까운 것 하나를 고르게 했다(〈그림 2-4〉 참조). 조사 결과, "자투리 시간에 짬짬이 본다"를 택한 응답자가 2명 중 1명꼴인 50.9%로 나타났고, "대체로 규칙적으로 본다"(35.9%)가 그 뒤를 이었다. 반면 "중요한 사건이 있을 때만 본다"(11.4%)는 10명 중 1명 정도였으며, "뉴스를 거의 보지 않는다"(1.8%)고 답한 응답자는 소수에 그쳤다. 즉, 뉴스 이용 날 수를 기준으로 한 노출 빈도 자체는 앞서 살펴본 것처럼 높은 수준을 유지하고 있지만, 일상생활 속에서 시간 날 때 틈틈이 뉴스를 소비하는 '비정규적·누적형 이용 방식'이 가장 일반적인 패턴으로 자리 잡고 있다는 것이다. 이러한 결과는 다양한 디지털 플랫폼을 중심으로 상시 뉴스 노출이 이뤄질 수 있는 환경에서 이용자들의 뉴스 접촉이 과거와 같이 특정 시간에 집중된 블록 형태보다는, 다소 파편적이고 간헐적인 형태로 이동하고 있음을 시사한다.

〈그림 2-4〉 평소 전반적 뉴스 '이용 양상'

(단위: %)

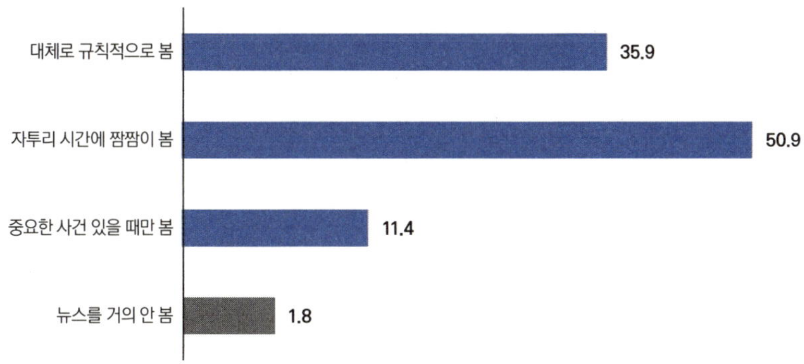

2) 뉴스 및 시사 콘텐츠 주제·포맷 선호

뉴스 및 시사 콘텐츠의 주제나 포맷(형식)에 따라 선호 정도가 어떻게 다른지를 파악하고자 총 6개의 유형을 제시하고, 각 항목에 대해 6점 척도(1점: 전혀 선호하지 않음, 6점: 매우 선호함)로 선호도를 표시하게 했다. 이때 사실 전달 위주의 일반적인 기사 형태(스트레이트)는 제외하고, 숏폼의 유행과 함께 뉴스 콘텐츠에도 많이 도입되고 있는 숏폼 동영상 콘텐츠 등은 보기에 포함시켰다. 긍정 쪽 응답 비율만 추려 〈그림 2-5〉에 정리한 결과, 응답자들이 가장 높은 선호도를 보인 유형은 '사건·이슈를 보도 및 분석하는 데서 더 나아가 문제의 해결책을 제시하는 솔루션 저널리즘'(86.4%)으로 나타났다. 그다음은 '권력기관이나 권력자의 범죄·비리 등을 수사기관과 같이 파헤쳐 취재한 내용을 담은 탐사보도'(85.7%)가 거의 비슷한 비율을 보이며 2위에 올랐다. 그런데 "매우 선호" 응답만 떼어 보면 '탐사보도'(17.3%) 쪽이 '솔루션 저널리즘'(13.5%)보다 소폭(3.8%p) 높은 것으로 확인됐다. 두 유형 모두 80%를 넘는 높은 선호를 보여, 이용자들이 공공적 가치와 문제 해결에 기여하는 심층형 보도에 높은 관심을 두고 있음을 확인할 수 있었다.

1~2위에 오른 탐사보도와 솔루션 저널리즘뿐만 아니라, 3~5위에 해당하는 '사람들이 관심을 가질 만한 특정 인물과의 대담·토론 혹은 그 사람들과의 심층 인터뷰 내용으로 구성한 콘텐츠'(80.3%), '진행자가 패널로 출연한 시사 전문가들과 대화와 토론을 이어가며 시사 이슈를 다루는 영상/음성 콘텐츠'(78.1%), 역사·미술·커리어 등 '시사성이 강하지 않은 분야의 특정 주제에 집중해 스토리텔링으로 풀어가는 연재물'(76.5%)은 모두 브랜딩된 언론인 사례로 본 연구에서 진행한 인터뷰에 참여한 언론인들이 실제로 기획·운영해 온 유형에 해당한다. 5개 모두 70%대 중반 이상의 선호 비율을 보였다는 점에서, 이 언론인들은 이용자 수요에 부응하는 콘텐츠를 만들어 왔고, 그것이 브랜딩 구축이나 발전에 기여했을 가능성을 엿볼 수 있는 대목이다. 한편, 상대적으로 가장 낮은 선호도를 보인 유형은 '사건·이슈의 핵심만 1분 내외로 간략히 구성한 숏폼 동영상 콘텐츠'(72.8%)였다.

이상의 결과를 요약하면, 응답자들은 적어도 뉴스 및 시사 정보에 있어서는 짧고 간단한 요약형 콘텐츠보다는 맥락·과정·해결책을 충분히 설명해주는 심층적·해설적 보도 형식을 더 선호하는 경향을 보였다. 이는 다양한 포맷의 뉴스 소비가 가능해진 디지털 환경에서도, 여전히 깊이 있는 정보 제공과 문제 이해에 도움을 주는 콘텐츠가 높은 가치로 인식되고 있다는 점을 시사한다.

〈그림 2-5〉 **뉴스 및 시사 콘텐츠 '주제·포맷'별 선호도**

(단위: %)

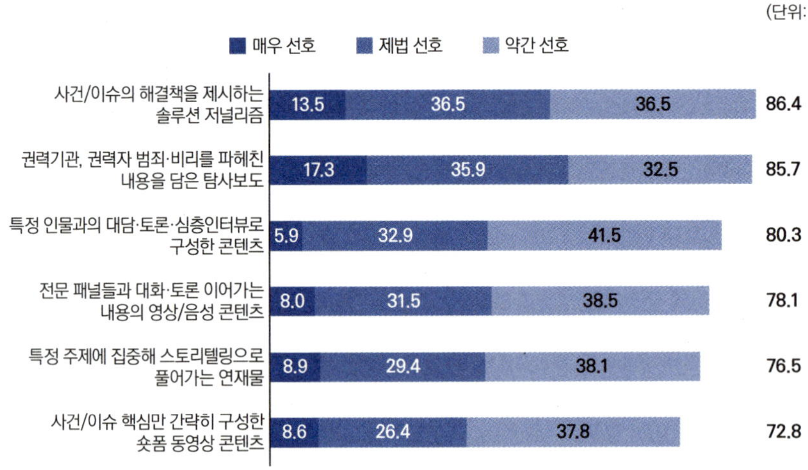

뉴스 및 시사 콘텐츠의 '전달 형식'에 따른 선호도를 파악하기 위해, 동일한 내용의 뉴스 및 시사 정보를 다룬다는 전제하에 텍스트, 동영상, 오디오, 카드뉴스, 웹툰, 인터랙티브/멀티미디어, 이렇게 총 6가지 형식을 제시하고, 각각에 대해 6점 척도(1점: 전혀 선호하지 않음, 6점: 매우 선호함)로 선호 정도를 표시하게 했다. 앞선 분석과 마찬가지로, 이 가운데 긍정 쪽 응답 비율만을 합산해 〈그림 2-6〉에 제시했다. 그 결과 응답자들은 '동영상'(88.7%) 형식을 가장 선호하는 것으로 나타났으며, 그 뒤를 5.8%p 차이로 '텍스트'(82.9%)가 이었다. 전통적인 뉴스 전달 포맷인 '텍스트'보다 '동영상'이 소폭 앞선 것은 유튜브를 중심으로 한 동영상 플랫폼의 급속한 확산이 미디어 소비 행태 전반에 영향을 미쳤기 때문일 가능성이 크다.

〈그림 2-6〉 동일 내용 뉴스 및 시사 콘텐츠의 '전달 형식'별 선호도

(단위: %)

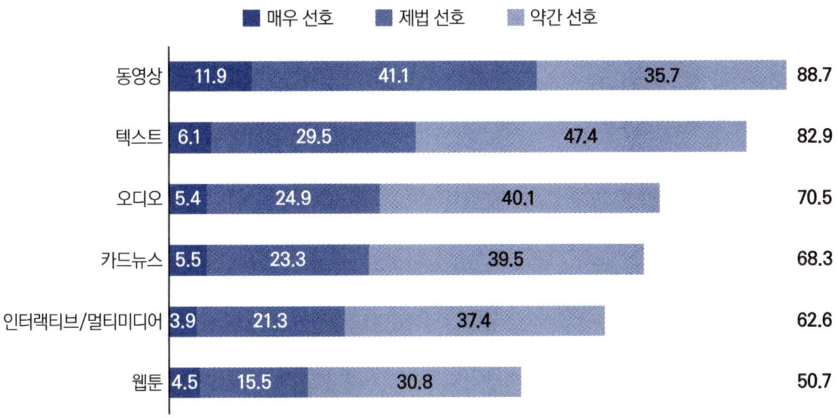

한편 3위인 '오디오'(70.5%)를 비롯해 '카드뉴스'(68.3%), '인터랙티브/멀티미디어'(62.6%)는 대체로 60~70%의 선호도를 보였으며, 상대적으로 선호도가 가장 낮은 형식은 응답자의 절반 정도가 선호한다고 밝힌 '웹툰'(50.7%)이었다. '웹툰'의 경우 뉴스 콘텐츠 영역에 비교적 최근 도입된 새로운 형식이라는 점에서, 향후 성장 가능성은 더 지켜볼 필요가 있을 것이다.[5] 오히려 주목할 점은 한때 많은 언론사가

5) 《머니투데이》는 지난 8월, '논문' 글자를 거꾸로 눕힌 "곰국" 브랜드를 내세워 전 세계에서 처음으로 웹툰형 기사 〈곰국요정 상담소〉를 선보였다(머니투데이, 2025). 이 콘텐츠는 자사 과학기술 연재물 '3분 곰국'을 재구성한 것으로, 정체를 알 수 없는 캐릭터 '곰국요정'이 온라인 상담 게시판에 올라온 이용자들의 고민을 과학기술

실험적으로 도입했던 '카드뉴스'와 '인터랙티브' 포맷의 선호도가 영상에 비해서도 훨씬 더 오래된 형식인 '오디오'보다 낮게 나타났다는 사실로, 이는 언론사나 언론인들에게 시사하는 바가 적지 않다고 할 수 있다.

인공지능(AI) 기술의 발전에 따라, 챗GPT를 비롯한 생성형 AI, 그리고 인터넷 포털 및 검색엔진 플랫폼에서도 뉴스 및 시사 정보를 요약해 제공하는 서비스가 점차 확대되고 있다. 이러한 변화 흐름을 고려해, 특정 사건·이슈와 관련해 AI가 여러 뉴스기사 및 시사 콘텐츠를 검색·학습한 뒤 '요약해 보여주는 방식'과 이용자가 직접 '기사·콘텐츠 원문을 확인하는 방식' 가운데 어느 쪽을 더 선호하는지 알아봤다(〈그림 2-7〉 참조). 조사 결과, 응답자의 약 2/3에 해당하는 67.3%가 '원 정보 직접 보기'를 더 선호한다고 답했다. 'AI 요약 서비스와 원 정보 직접 보기가 비슷하다'를 선택한 비율은 22.4%였으며, 'AI 요약 서비스'를 더 선호한다고 밝힌 응답자는 10.3%에 그쳤다. 요컨대, 다양한 영역에서 AI 기반 요약 서비스의 활용이 확대되고 있음에도 불구하고, 적어도 뉴스 및 시사 정보 소비에 있어서는 여전히 다수의 이용자가 원문을 직접 확인하는 방식을 더 신뢰하고 선호하는 것으로 볼 수 있다.

〈그림 2-7〉 사건/이슈에 대한 'AI 요약 서비스'와 '원 정보 직접 보기' 중 더 선호하는 쪽

(단위: %)

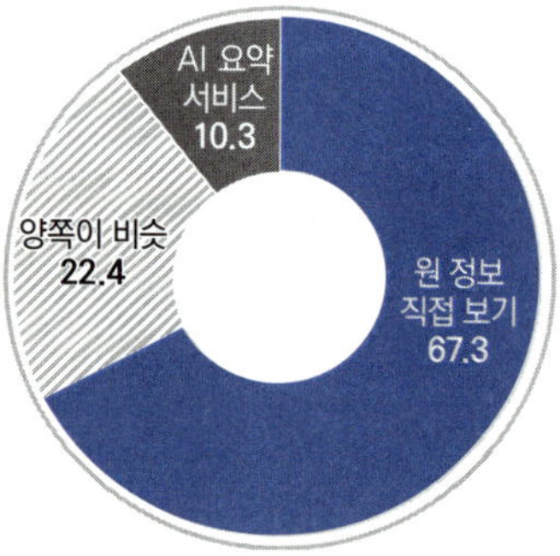

뉴스·정보 콘텐츠 가운데 정치 중심의 '시사'와 문화·생활정보·IT/과학 등 '비시사' 중 어느 쪽을 더 선호하는지를 조사한 결과(〈그림 2-8〉 참조), 응답자의 절반인 50.0%가 '양쪽이 비슷하다'고 답했다. '시사' 쪽을 더 선호한다고 밝힌 비율은

논문을 바탕으로 해결해주는 에피소드형 웹툰이다.

30.7%였으며, 그중에서도 '대체로 시사 콘텐츠를 선호한다'는 응답이 25.1%p, '전적으로 시사 콘텐츠를 선호한다'는 응답이 5.7%p로 나타났다. 반면 '비 시사' 쪽을 선택한 비율은 19.3%(전적으로 '비 시사' 2.2%, 대체로 '비 시사' 17.1%)로, '시사' 선호 응답에 비해 11.4%p 낮았다. 이러한 결과는 이용자들이 뉴스·정보 콘텐츠를 소비할 때 '시사'와 '비 시사' 중 어느 하나로 명확히 기울기보다는, 두 영역을 상황과 필요에 따라 병행해 활용하는 경향이 강함을 보여준다. 따라서 브랜딩을 추구하는 언론인의 경우, 시사와 비 시사의 이분법적 구분보다는 자신의 전문성과 관심사를 기준으로 세부 주제·영역을 선정해 집중하는 전략이 더 유효할 것으로 보인다.

〈그림 2-8〉 뉴스·정보 콘텐츠 중 '시사'와 '비 시사' 중 더 선호하는 쪽

(단위: %)

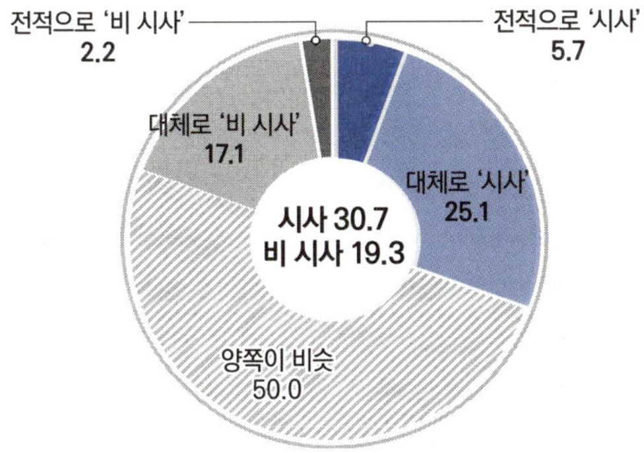

브랜딩을 추구하는 언론인들이 특정 버티컬 주제를 택해 집중할 때 참고할 수 있도록, 뉴스·정보 콘텐츠의 세부 주제별 관심 정도를 조사했다. 총 20개 유형을 제시하고 각각에 대해 평소 관심도를 6점 척도(1점: 전혀 없음, 6점: 매우 많음)로 답하게 한 뒤, 긍정 응답 비율만을 집계해 〈그림 2-9〉에 정리했다. 전체적으로 20개 항목 중 3/4 이상에서 "관심 있다"는 응답이 50%를 넘었지만, 주제별 편차는 상당히 뚜렷하게 나타났다.

1위 '의료·건강'(87.7%)을 비롯해 '지식교양: 역사·예술 등'(83.6%), '여행·레저'(82.7%), '먹거리'(82.4%)는 모두 80%를 상회하는 높은 관심 비율을 보였다. 이어 '문화예술'(75.4%), '기후위기 및 환경문제'(74.1%), '쇼핑·상품 정보'(73.8%), '교육'(73.5%)은 70%대 초중반의 관심도가 확인됐다. 그 뒤를 이은 9위 '부동

산'(69.8%)부터 14위 '테크'(62.0%)까지는 60%대의 비율을 기록했다. 요컨대, 응답자들은 건강, 교양, 여행, 먹거리처럼 생활과 밀접한 영역이나 일상적 여가·자기계발과 관련된 주제에 특히 높은 관심을 보이는 것으로 정리할 수 있다.

〈그림 2-9〉 세부 '주제'별 뉴스·정보 콘텐츠에 대한 평소 '관심'

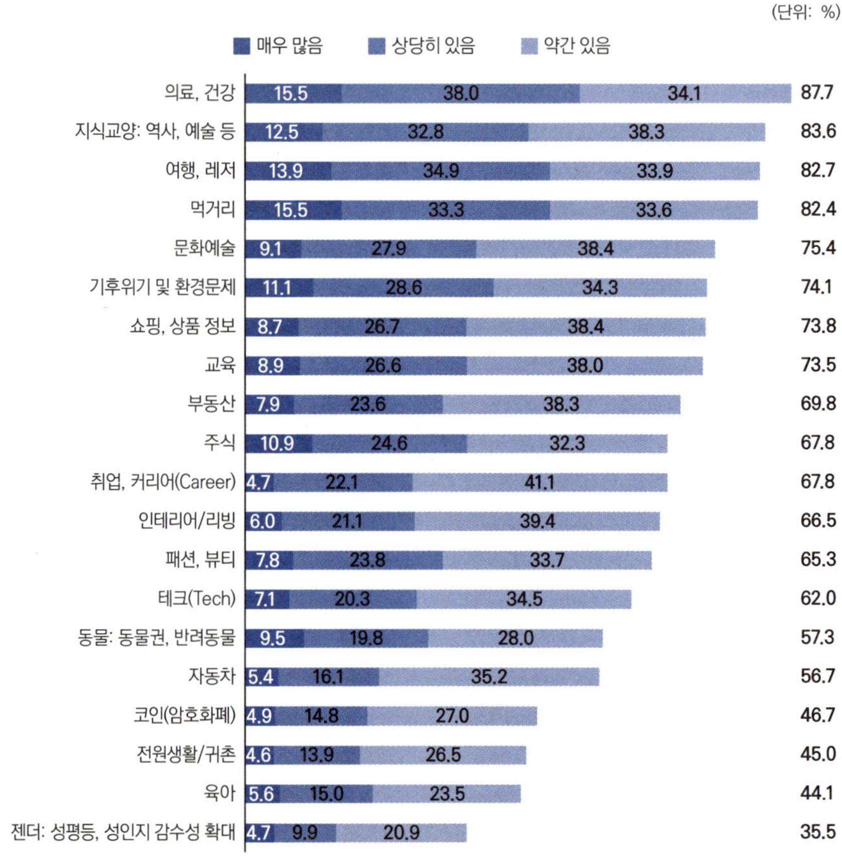

바로 앞 문항에서 뉴스·정보 콘텐츠 세부 주제 가운데 평소 관심이 있다('약간 있음' 이상)고 답한 항목만을 추려 보기로 제시한 뒤, 각 주제별로 시리즈(연재), 롱폼 동영상·오디오 콘텐츠 등의 형태로 깊이 있게 다루는 '언론인 콘텐츠'가 제공된다면, 이를 이용할 의향이 얼마나 되는지를 4점 척도(1점: 전혀 의향 없다, 4점:

크게 의향 있다)로 조사했다. 긍정 응답 비율만을 추려 결과를 살펴보면(〈그림 2-10〉 참조), 전체적으로 1개 항목을 제외한 모든 주제에서 긍정 응답이 70%를 넘는 것으로 나타났다. 이는 자신의 관심사에 기반해 향후 관련 콘텐츠 이용 의향을 묻는 방식이었기 때문에, 일견 당연한 결과로 볼 수도 있다.

〈그림 2-10〉 "관심 있다" 답한 주제별로 깊이 있게 다루는 '언론인 콘텐츠' 즐겨 이용할 '의향'

(단위: %)

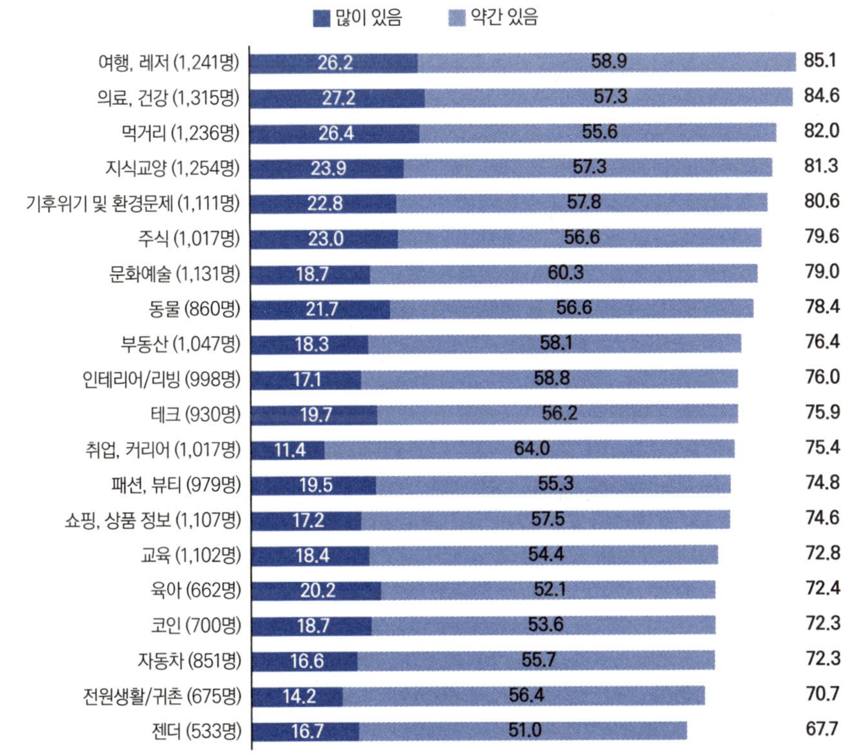

상위권에는 '여행·레저'(85.1%), '의료·건강'(84.6%), '먹거리'(82.0%), '지식교양'(81.3%), '기후위기 및 환경문제'(80.6%) 등의 주제가 포함됐으며, 이는 앞서 〈그림 2-9〉에서 확인된 평소 관심도 상위권 주제와 상당 부분 일치한다. 다만 관심도 순위에서 각각 10위와 15위에 그쳤던 '주식'(79.6%)과 '동물'(78.4%)이 6위와 8위로 상승하고, 반대로 관심도에서는 8위였던 '교육'(72.8%)이 15위로 하락한 결과

는 특정 주제에 대한 평소 관심도와 해당 주제를 다루는 콘텐츠에 대한 수요의 강도가 반드시 비례하지는 않을 수 있음을 시사한다. 따라서 브랜딩을 고려하는 언론인이라면 단순히 대중의 관심도가 높은 주제를 선택하는 데 그치지 않고, 해당 주제에 대해 보다 깊이 있고 전문적인 설명을 요구하는 수요가 존재하는지를 함께 검토하는 것이 중요할 수 있다.

3) 미디어 관련 후원 경험 및 유료 이용

미디어 콘텐츠·서비스·생산자에 대한 '후원' 경험이 어느 정도 확산돼 있는지를 살펴보기 위해, 응답자들에게 언론사, 뉴스기사, 언론인 등 총 7개 유형을 제시하고, 후원을 한 적이 있거나 현재 후원하고 있는 대상을 모두 선택하도록 했다(〈그림 2-11〉 참조). 조사 결과, 전체 응답자 가운데 후원 경험이 있다고 답한 비율이 가장 높은 대상은 '언론사'로, 13.5%가 이에 해당했다. 그 뒤를 '1인 크리에이터'(10.7%), '언론인'(9.9%), '뉴스기사'(9.0%), '영화'(7.6%)가 이었으며, '예술인'(4.8%)과 '뉴스 스타트업'(3.7%)은 상대적으로 낮은 비율을 보였다. 7개 항목 모두에 대해 후원 경험이 전무한 응답자는 68.9%로 확인됐다.

〈그림 2-11〉 미디어 콘텐츠/서비스/생산자 '후원' 경험

(단위: %)

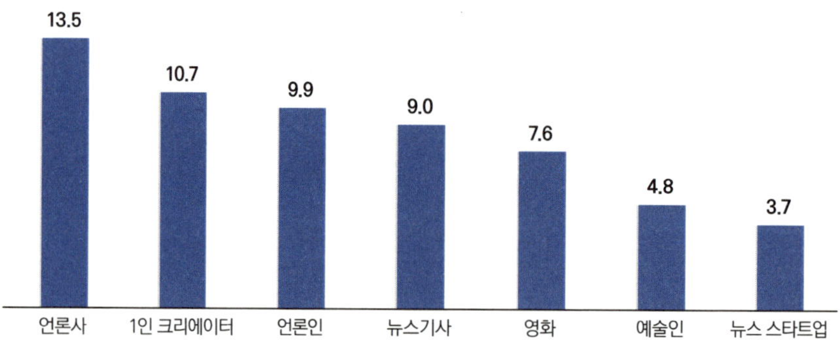

이러한 결과는 미디어 후원 경험이 아직 대중적으로 널리 확산됐다고 보기는 어렵지만, 일정 비율의 뉴스 이용자들 사이에서는 이미 다양한 형태의 후원 행위가

실천되고 있음을 보여준다. 특히 언론사뿐만 아니라 언론인 개인과 개별 뉴스기사에 대한 후원 경험이 10%에 근접한 수준으로 나타났다는 점은 뉴스 생산 주체를 조직 단위가 아닌 개인 혹은 콘텐츠 단위로 인식하고, 이를 직접 지지하려는 태도가 점차 형성되고 있음을 시사한다. 동시에 '1인 크리에이터'에 대한 후원 비율이 언론인이나 뉴스기사보다 소폭 높게 나타난 결과는 디지털 환경에서의 후원 문화가 언론 영역에 앞서 개인 창작자 영역에서 먼저 정착되고 있을 가능성을 반영하는 것으로 해석할 수 있다.

여러 형태의 디지털 콘텐츠·서비스별 유료 이용률을 파악하기 위해, 응답자들에게 OTT, 음원·오디오 스트리밍, 유료방송(예: IPTV, 케이블TV)을 포함한 총 7개 항목을 제시하고, 자신에게 해당되는 것을 모두 선택하도록 했다(〈그림 2-12〉 참조).[6] 조사 결과, 응답자들이 가장 많이 유료로 이용하고 있다고 답한 항목은 유일하게 과반의 비율을 보인 'OTT'(64.4%)로 나타났다. 그 뒤를 '유료방송'(35.9%)과 '음원·오디오 스트리밍'(29.1%), 유튜브 프리미엄과 같은 '동영상 플랫폼 유료 서비스'(26.1%)가 이었다. 반면 챗GPT 플러스 등의 '생성형 AI 유료 버전'(13.0%), '독서앱'(10.9%), 《중앙일보》 더중앙플러스, 네이버 프리미엄콘텐츠와 같은 '유료 텍스트 뉴스·정보 서비스'(4.5%)는 유료 이용률이 상대적으로 낮은 수준에 머물렀다. 한편 응답자 가운데 유료로 이용하는 콘텐츠·서비스가 하나도 없는 비율은 21.0%로 확인됐다.

이러한 결과는 디지털 환경에서의 유료 이용이 여전히 오락·편의 중심의 콘텐츠 영역에 집중돼 있음을 보여준다. 특히 영상과 음악처럼 일상적 소비 빈도가 높고 이용 가치가 비교적 직관적으로 인식되는 서비스에 비해, 텍스트 뉴스나 정보성 콘텐츠, 생성형 AI와 같은 도구형 서비스에 대해서는 유료 지불에 보다 신중한 태도가 유지되고 있음을 확인할 수 있다. 이는 뉴스 및 정보 콘텐츠가 공공재적 성격과 무료 접근 관행의 영향을 여전히 강하게 받고 있다는 점을 시사하며, 동시에 향후 언론인이나 언론사가 유료 모델을 설계할 때 이용자에게 어떤 추가적 가치와 차별성을 제공할 수 있는지가 중요한 과제로 남아 있음을 보여준다.

---

6) 이때 실제 지불에 기반한 좀 더 정확한 유료 이용률을 알아보기 위해, 계정공유 등의 방식으로 무료로 이용하고 있는 경우는 제외하고 응답자 자신이 구독료·이용료를 지불하고 있는 경우에 한정해서 답을 받았다.

〈그림 2-12〉 디지털 콘텐츠/서비스 '유료 이용' 현황

(단위: %)

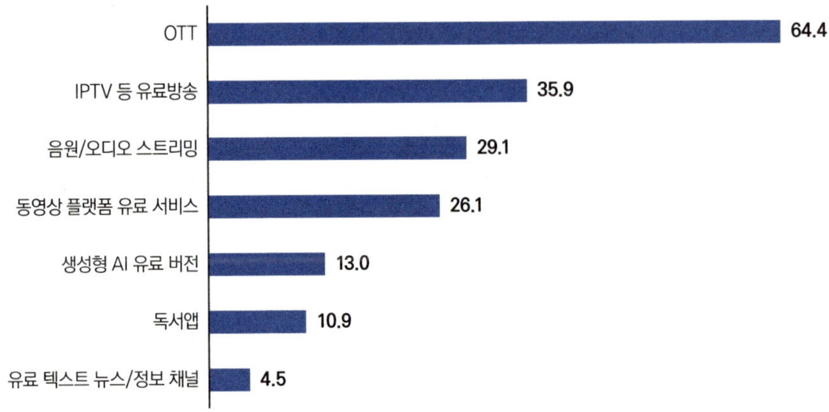

이어서, 유료 미디어 콘텐츠·서비스 이용자들이 한 달 기준으로 어느 정도의 비용을 지불하고 있는지를 구체적으로 파악하고자, 앞선 문항에서 유료로 이용하고 있다고 답한 항목에 한해 각 서비스별 월평균 이용 금액을 입력하도록 했다. 분석 결과, 서비스 유형에 따라 월평균 지출 금액에는 비교적 뚜렷한 차이가 관찰됐다(〈그림 2-13〉 참조). 이용률이 가장 높았던 'OTT'(966명)의 경우 이용자 한정 월평균 이용 금액은 12,934원이었고, '동영상 플랫폼 유료 서비스'(391명) 역시 이와 유사한 수준인 월 12,318원으로 나타났다. '음원·오디오 스트리밍'(437명)은 이보다 다소 낮은 8,251원을 기록한 반면, '유료방송'(539명)은 월평균 20,489원으로 상대적으로 높은 금액대를 보였다.

한편 이용률 자체가 낮았던 서비스들은 이용자에 한정해 본 평균 지출 금액이 낮게만 나온 것은 아니었다. '유료 텍스트 뉴스·정보 서비스'(67명)와 '독서앱'(163명)의 월평균 이용 금액은 각각 9,660원과 9,015원에 머물렀으나, '생성형 AI 유료 버전'(195명)의 경우 전체 항목 가운데 가장 높은 수준인 월평균 21,414원을 기록했다. 이는 생성형 AI 서비스가 아직 이용자 저변은 넓지 않지만, 실제 이용자들 사이에서는 비교적 높은 비용을 감수하는 방식으로 소비되고 있음을 보여준다.[7]

7) 유료 미디어 콘텐츠·서비스 이용자들의 평균 이용 금액을 전체 응답자 1,500명의 평균으로 환산해 내림차순으로 정리하면 다음과 같다. ① OTT 8,330원, ② 유료방송 7,362원, ③ 동영상 플랫폼 유료 서비스 3,211원, ④ 생성형 AI 유료 버전 2,784원, ⑤ 음원·오디오 스트리밍 2,404원, ⑥ 독서앱 980원, ⑦ 유료 텍스트

〈그림 2-13〉 디지털 콘텐츠/서비스 유형별 '유료' 이용자들의 '월평균 이용 금액'

(단위: 원)

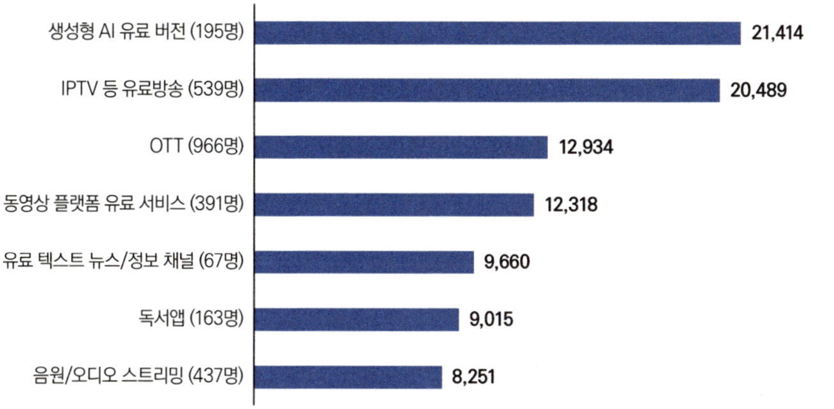

2. 구독을 통한 뉴스·미디어 이용

1) 네이버상의 구독 및 이용

구독을 통한 뉴스 및 미디어 이용 현황을 파악하기 위해 가장 먼저 살펴본 항목은 네이버뉴스에서 '언론사'를 구독하는지 여부와 구독 언론사의 개수였다(〈그림 2-14〉 참조). 해당 언론사 편집판을 통해 실제로 뉴스를 이용하는지와는 무관하게, 구독 버튼을 누른 언론사가 있는지를 기준으로 답하게 한 결과, 전체 응답자 가운데 48.1%가 네이버에서 언론사를 구독하고 있는 것으로 나타났다. 비율 자체가 절반을 밑돌기는 하지만, '언론사'에 한정된 구독 행위라는 점에서 이는 낮은 수치가 아닌 것으로 판단된다. 특히 다음 절의 유튜브 구독 결과와 비교해보면 이러한 점이 더 명확해지는데, 유튜브상에서 언론사·언론인 채널을 1개 이상 구독하고 있다고 답한 비율은 47.9%로, 미세한 차이기는 하지만 네이버 언론사 구독자보다 오히려 조금 적었다.

세부 집단별로는 차이가 비교적 뚜렷하게 관찰됐는데, 남성 집단의 구독 경험자가

뉴스·정보 서비스 431원.

55.5%로 여성(40.2%)보다 15.3%p 많았으며, 연령대별로는 20대(54.8%)가 가장 높고 30대(48.9%), 40대(46.1%), 50대(44.7%) 순으로 점진적인 감소 경향이 확인됐다. 앞서 미디어 유형별 뉴스 이용률 분석에서 20~30대의 포털 뉴스 이용률이 40~50대에 비해 상대적으로 낮게 나타났던 점을 고려하면, 이러한 결과는 '구독'을 통해 미디어를 관리·활용하는 데 더 익숙한 젊은 세대의 미디어 이용 특성이 반영된 것으로 해석할 수 있다.

이어서 네이버에서 언론사를 구독하고 있다고 밝힌 응답자(721명)만을 대상으로 구독 언론사의 개수를 조사한 결과, 평균 5.05개로 나타났다. 이를 전체 응답자 1,500명 기준으로 환산하면 1인당 평균 2.43개에 해당한다. 구독 개수의 분포를 살펴보면, 2개(24.4%)와 3개(24.5%)를 구독하고 있다는 응답이 절반 가까이를 차지했으며, 비교적 적극적인 구독자로 볼 수 있는 '6개 이상' 구독 응답자는 16.4%로 확인됐다.

〈그림 2-14〉 **네이버뉴스 '언론사' 구독**

(단위: %)

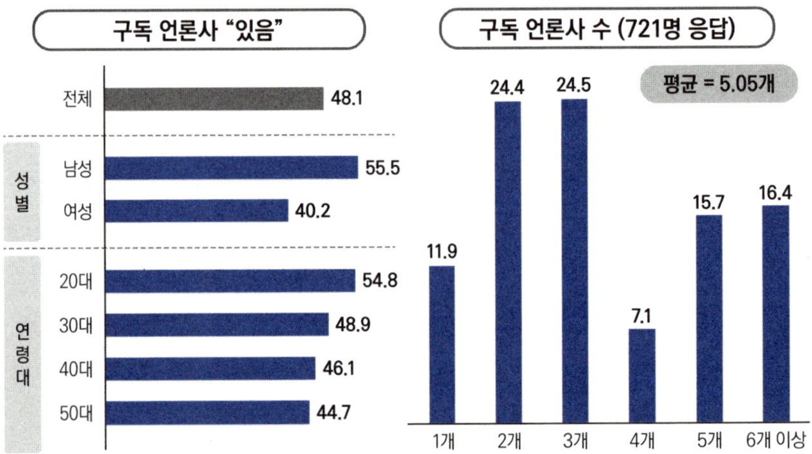

네이버뉴스에서 '기자'를 구독하는 이용자 규모와 구독 수준을 살펴본 결과(〈그림 2-15〉 참조), 전체 응답자 가운데 12.7%가 네이버에서 구독 중인 기자가 '있다'고 답해, 언론사 구독(48.1%)에 비해 기자 구독 경험은 현저히 낮은 수준에 머물러

있는 것으로 확인됐다.[8] 다만 성별과 연령대별로는 비교적 뚜렷한 차이가 관찰됐는데, 남성의 기자홈 구독 비율(16.1%)이 여성(9.2%)보다 6.9%p 높았으며, 연령대별로는 20대(18.5%)에서 30대(13.2%), 40대(11.6%), 50대(9.5%)로 갈수록 낮아지는 경향을 보였다. 이는 언론사 구독과 마찬가지로, 기자 단위의 구독 역시 상대적으로 젊은 세대에서 더 많이 나타나는 뉴스 이용 방식임을 보여준다.

이어서 네이버에서 기자를 구독하고 있다고 밝힌 191명을 대상으로 구독 기자 수를 조사한 결과, 평균 7.36명으로 확인됐으며, 이를 전체 응답자 1,500명 평균으로 환산하면 0.94명에 해당한다. 구독 수 분포를 살펴보면, 2명(33.5%)을 구독하고 있다는 응답이 가장 높은 비중을 차지했고, 그다음으로는 1명(25.7%), 3명(19.9%) 순으로 나타나, 1~3명 구독이 전체의 약 80%를 차지했다.

〈그림 2-15〉 **네이버뉴스 '기자' 구독**

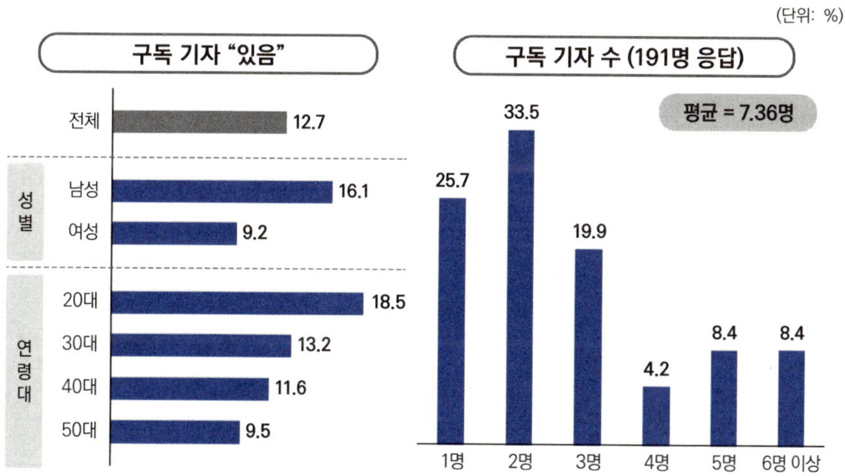

앞선 조사 결과들이 네이버에서의 언론사·언론인 구독 규모를 보여준 것이라면, 이번에는 구독을 넘어선 실제 '열독'이 어느 정도 이뤄지고 있는지, 그리고 이러한 행위가 네이버뉴스의 보다 일반적인 이용 방식들과 비교해 어떤 위치에 놓여 있는지를 살펴보고자 했다. 이를 위해 네이버에서 뉴스를 접할 수 있는 여러 경로를 제시하

8) 네이버뉴스 언론사 구독자(721명)에 한정하면 기자 구독 비율은 24.5%로 높아진다. 또한 기자홈 구독자 191명 가운데 언론사 구독 비율은 92.7%로, 전체 평균(48.1%)을 크게 상회한다.

고, 자신에게 해당하는 방식을 모두 선택하도록 했다(〈그림 2-16〉 참조). 그 결과, 가장 많은 응답자가 선택한 유형은 모바일 환경에서 제공되는 맞춤형 추천 서비스인 'MY뉴스' 메뉴로, 58.7%의 비율을 보였다. 그다음으로는 PC 버전의 '주제별 섹션 메뉴'(43.0%), '특정 사건·이슈를 검색해 결과 페이지에 노출되는 기사'(35.0%) 등이 뒤를 이었다.

반면 언론사나 기자 구독과 직접적으로 연관된 경로들은 전반적으로 이용 비율이 낮은 편이었다. 구독 중인 언론사의 편집판을 모아 보여주는 '언론사편집' 메뉴(유튜브의 '구독' 탭에 해당)는 17.8%로, 구독 관련 경로 가운데서는 비교적 높은 편이었다. 그런데 해당 메뉴에서 특정 언론사를 눌러 연결되는 언론사별 편집판(유튜브의 '채널 홈'에 해당)을 통해 뉴스를 본다는 응답은 9.6%에 그쳤다. 또한 구독 중인 기자의 기사를 모아 보여주는 '내가 구독한 기자' 섹션은 5.8%, 이 섹션에서 특정 기자홈 선택해 연결되는 기자 페이지 편집판은 2.9%로 나타나, 실제 뉴스 이용 과정에서 기자 단위 구독 경로를 활용하는 경우는 극히 일부에 한정돼 있음을 확인할 수 있었다. 이를 종합하면, 네이버에서의 뉴스 이용은 전반적으로 맞춤 추천과 검색 중심의 접근 방식이 주를 이루는 가운데, 구독을 기반으로 한 형태는 아직 보조적인 위치에 머물러 있는 것으로 정리할 수 있다.

〈그림 2-16〉 **'네이버'에서 '뉴스 이용'하는 방식 모두 선택**

(단위: %)

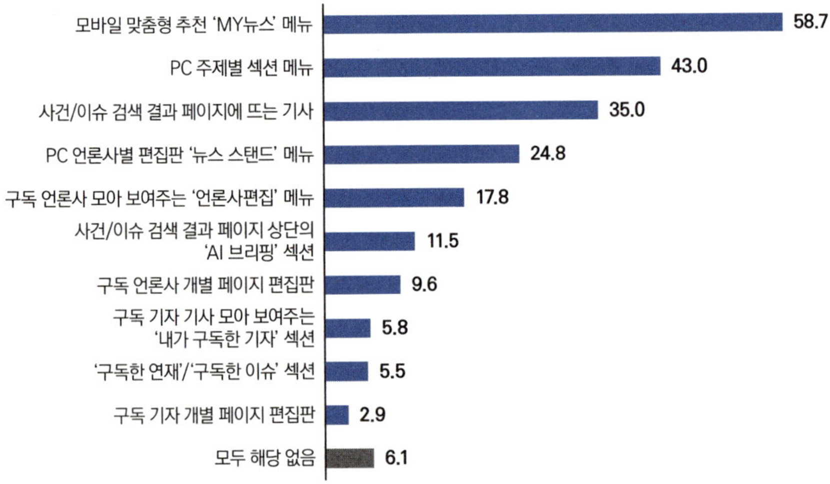

2) 유튜브 구독 및 이용

네이버 구독을 중심으로 한 뉴스 이용 양상을 살펴본 데 이어, 이번에는 유튜브에서의 채널 구독 현황을 통해 동영상 플랫폼 환경에서의 구독 경험 규모와 그 특성을 살펴보고자 했다. 조사 결과(〈그림 2-17〉 참조), 전체 응답자의 78.2%가 구독 중인 채널이 '있다'고 답해, 유튜브가 다양한 정보 및 오락 콘텐츠를 소비하는 종합 플랫폼으로 자리 잡았으며, 그 과정에서 '구독'이라는 이용 방식이 이미 보편화돼 있음을 보여준다. 세부 집단별로 살펴보면, 여성(73.5%)에 비해 남성(82.7%)의 구독 비율이 더 높게 나타났고, 연령대가 낮을수록 구독 경험 비율이 높은 경향이 관찰됐다(20대 87.8%, 30대 84.5%, 40대 76.1%, 50대 68.8%).

이어서 유튜브에서 채널을 구독하고 있다고 밝힌 1,173명을 대상으로 구독 채널 수를 조사한 결과, 평균 21.72개(전체 응답자로 환산하면 16.99개)로 나타났다. 구독 규모의 분포를 보면 '1~5개'가 34.6%로 가장 큰 비중을 차지했고, '6~10개'가 21.6%로 그 뒤를 이어, 구독 채널 수가 10개 이하인 이용자가 전체의 56.2%를 차지하는 것으로 확인됐다. 그럼에도 불구하고 전체 구독자의 평균 구독 수가 21.72개에 이르는 것은 '21~50개'(17.1%)와 '50개 초과'(7.4%)와 같이 상대적으로 많은 수의 채널을 구독하고 있는 집단의 비율이 적지 않기 때문인 것으로 풀이된다.

〈그림 2-17〉 '유튜브' 채널 구독

(단위: %)

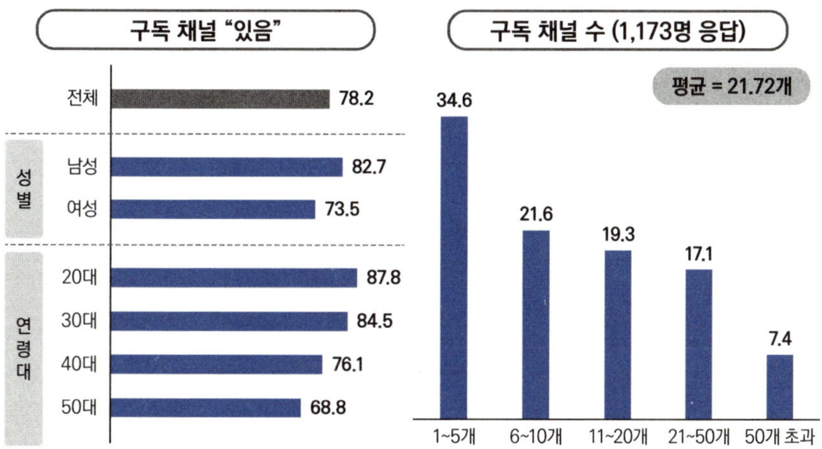

유튜브 채널 구독 경험이 있는 응답자(1,173명)를 대상으로, 뉴스·시사 콘텐츠가 유튜브 구독 구조 안에서 차지하는 위치를 파악하고자, 이들이 구독하고 있는 채널 가운데 언론사·언론인이 운영하는 채널과 개인 시사 유튜버 채널의 비중을 각각 조사했다(〈그림 2-18〉 참조). 먼저 언론사·언론인 채널의 구독 양상을 살펴보면, 유튜브 구독자 가운데 61.3%가 해당 채널을 1개 이상 구독하고 있는 것으로 나타났으며, 이를 전체 응답자 기준으로 환산하면 47.9%에 해당한다. 즉, 본 조사 응답자 가운데 절반에 가까운 사람들이 유튜브에서 언론사 또는 언론인 채널을 1개 이상 구독하고 있다는 의미다. 언론사·언론인 채널 구독 수를 '0개'로 답한 응답자가 38.7%로 확인된 가운데, 구독 수 1개에서 3개(각각 15.3%, 19.7%, 3개 9.3%)까지를 더하면 44.3% 비율이었다.

유튜브 구독자 1,173명 기준 1인당 언론사·언론인 채널 평균 구독 수는 2.16개였으며, 이를 전체 응답자 1,500명 기준으로 환산하면 1.69개에 해당한다. 한편 추가 분석을 통해, 네이버에서 기자를 구독하고 있는 이용자의 경우 언론사·언론인 유튜브 채널 구독자 비율이 80.6%로 나타나, 기자홈 비구독자(43.2%)에 비해 현저히 높은 수준인 것을 확인할 수 있었다. 이는 기자 구독 경험이 유튜브 내 시사 콘텐츠 이용과도 일정 부분 연관돼 있음을 확인할 수 있는 결과이다.

개인 시사 크리에이터 채널은 전체 유튜브 채널 구독자 가운데 절반에 조금 못 미치는 49.4%가 1개 이상을 구독하고 있는 것으로 조사됐으며, 이를 전체 응답자 1,500명 기준으로 환산하면 38.7%에 해당한다. 구독 개수 분포를 살펴보면, '0개'로 입력한 응답자가 50.6%인 가운데 1~3개 비율(각각 18.8%, 13.9%, 8.4%)은 41.1%로 확인됐다. 유튜브 구독자 1,173명 기준 개인 시사 크리에이터 채널 평균 구독 수는 1.35개였으며, 이를 전체 응답자(1,500명) 기준으로 환산하면 1.06개에 해당해, 언론사·언론인 채널에 비해 상대적으로 낮은 수준을 보였다. 추가분석 결과, 네이버에서 기자홈을 구독하고 있는 이용자의 개인 시사 유튜버 채널 구독 비율은 61.8%로, 비구독자(35.3%)보다 훨씬 높게 나타났고, 이는 앞서 살펴본 언론사·언론인 채널 추가분석 결과와 같은 경향이다.

〈그림 2-18〉 '언론사/언론인' 유튜브 채널, '시사 유튜버' 채널 구독 (1,173명 응답)

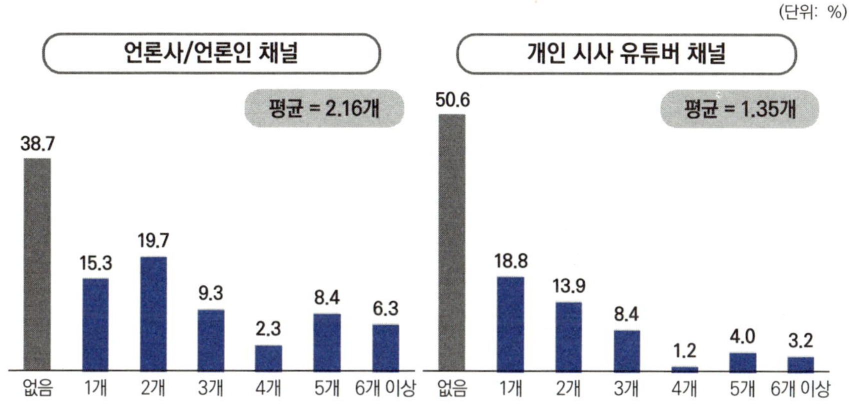

응답자들이 '유튜브'에서 뉴스 및 시사 콘텐츠를 어떤 방식으로 접하는지를 파악하기 위해 6가지 유형을 제시하고 자신에게 해당되는 것을 모두 고르게 한 결과(〈그림 2-19〉 참조), "홈 탭/메뉴에 올라온 뉴스 및 시사 콘텐츠를 본다"(45.1%)가 가장 높은 비율을 보였다. 그다음으로는 "관심 있는 뉴스나 시사 이슈를 검색해서 본다"(42.8%)와 "숏츠(Shorts) 탭/메뉴에 들어가서 나오는 뉴스 및 시사 콘텐츠를 본다"(42.3%)가 비슷한 수준으로 뒤를 이었다. 1위 항목조차 50%를 넘지 못했고, 1~3위 항목의 비율이 서로 큰 차이를 보이지 않는다는 점은 유튜브에서 뉴스를 시청하는 행위가 다수 이용자에게 보편적으로 나타나는 행동이라기보다는, 홈 화면 추천, 검색, 숏츠 등 플랫폼 전반의 다양한 노출 경로를 통해 분산된 채 이뤄지고 있음을 보여준다.

'구독'과 직접적으로 연관된 경로의 선택 비율은 상대적으로 낮게 나타났다. "구독 탭/메뉴에서 구독 중인 언론사·언론인 채널의 업데이트된 콘텐츠를 본다"는 28.7%, "구독 탭/메뉴에서 구독 중인 시사 유튜버 채널의 업데이트된 콘텐츠를 본다"는 23.8%에 그쳤다. 이는 앞서 살펴본 네이버에서의 언론사·언론인 구독 및 해당 경로를 통한 뉴스 이용 양상과 유사한 결과로, 채널 구독자 비율에 비해 실제 해당 채널을 통한 뉴스 이용은 다소 낮게 나타난 것이다. 종합하면, 유튜브에서의 뉴스·시사 콘텐츠 소비는 구독을 통한 계획적 접근보다는 추천·검색·숏츠 등 플랫폼의 기본 노출 구조를 통해 이뤄지는 경우가 더 많으며, 구독 기반 이용은 이에 비해 보조적인 위치에 놓여 있음을 알 수 있다.

〈그림 2-19〉 **'유튜브'에서 '뉴스' 보는 방식 모두 선택**

(단위: %)

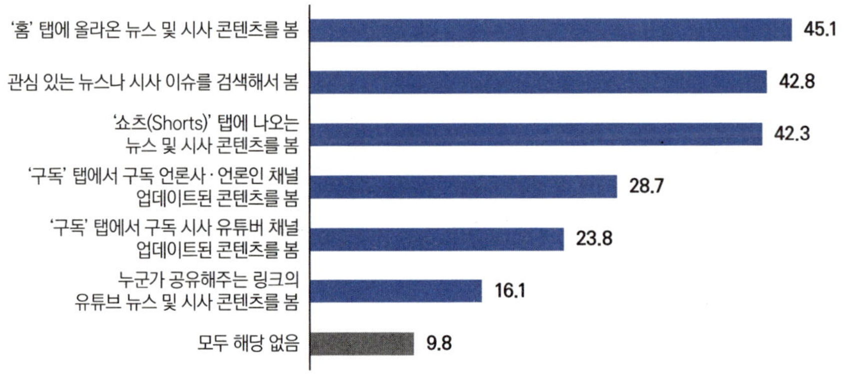

3) 뉴스레터 및 언론사 홈페이지/앱 이용

네이버, 유튜브와 같은 플랫폼 기반 구독 방식과 비교해 이메일을 매개로 한 뉴스·시사 콘텐츠 이용 양상을 살펴보고자, 이메일 뉴스레터 구독 여부와 구독 규모를 조사했다(〈그림 2-20〉 참조). 그 결과, 구독 중인 뉴스레터가 '있다'고 답한 비율은 전체 응답자의 19.8% 수준으로, 이메일 뉴스레터 구독이 앞서 살펴본 유튜브 채널 구독이나 네이버뉴스 구독에 비해 상대적으로 제한적인 이용 방식임을 확인할 수 있었다. 하위집단별 차이를 살펴보면, 성별에 따라서는 남성(21.3%)이 여성(18.2%)보다 소폭(3.1%p) 높은 비율을 보였으며, 연령대별로는 20대(23.8%)에서 가장 높게 나타난 뒤 30대(20.4%), 50대(19.2%), 40대(16.9%) 순으로 낮아졌다.

이어서 이메일 뉴스레터를 구독하고 있다고 밝힌 297명을 대상으로 구독 개수를 조사한 결과, 평균 구독 뉴스레터 수는 3.44개로 확인됐으며, 이는 응답자 전체 기준으로는 0.68개에 해당한다. 구독 규모의 분포를 보면 1개(29.0%), 2개(27.3%), 3개(23.6%) 순으로 나타나, 1~3개가 차지하는 비율이 79.9%에 이르렀다.

〈그림 2-20〉 이메일 '뉴스레터' 구독

(단위: %)

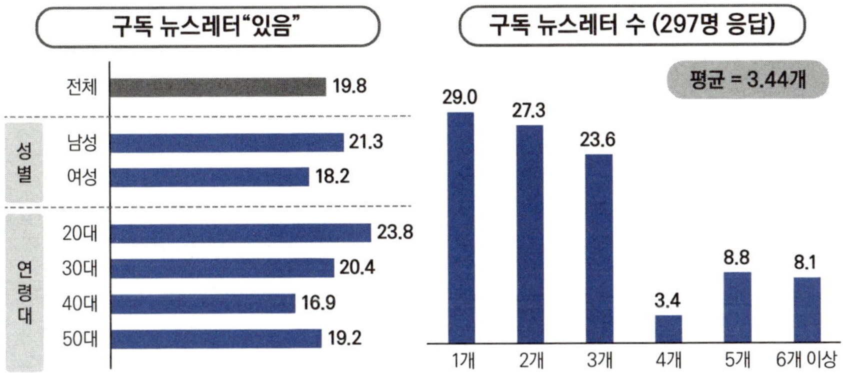

바로 앞 조사에서 이메일 뉴스레터 구독자로 분류된 297명이 '뉴스 및 시사 콘텐츠'를 다루는 뉴스레터를 어느 정도로 구독 및 이용하고 있는지를 추가로 알아봤다(〈그림 2-21〉 참조). 먼저 뉴스나 시사 콘텐츠 뉴스레터의 구독 개수를 보면, 해당 뉴스레터를 전혀 구독하지 않는다고 답한 비율이 16.5%로 확인된 가운데, 1개(41.4%)를 구독하고 있다는 응답이 가장 높은 비중을 차지했다. 그다음으로는 2개(25.9%), 3개(9.8%) 순이었고, 1~3개의 구독자 비율을 합치면 77.1%에 이르렀다. 뉴스레터 구독자 297명의 뉴스·시사 뉴스레터 평균 구독 개수는 1.60개로 확인됐고, 이를 전체 응답자 1,500명 평균으로 환산하면 0.32개에 해당한다.

이어서 뉴스·시사 뉴스레터를 구독하고 있다고 답한 248명만을 대상으로, 실제로 해당 뉴스레터를 얼마나 자주 열어보는지를 조사했다. 그 결과, 오픈율 평균은 46.7%로 나타났으며, 오픈율이 50% 이상이라고 답한 비율은 과반인 54.4%였다. 세부 분포를 살펴보면, '40% 이상 60% 미만'이 가장 높은 비율을 보이긴 했으나 수치 자체가 23.8%로 높지 않았고, 전반적으로 특정 오픈율 구간에 뚜렷하게 집중돼 있다기보다는 비교적 고르게 분포해 있었다. 한편 오픈률 '100%'는 열에 한 명꼴인 9.7%, '0%'는 2.0%로 확인됐다.

앞서 언급했듯이 뉴스레터 구독자 자체가 전체 응답자 가운데 소수에 해당한다는 점에서, 이러한 결과는 제한된 범위 내에서의 이용 특성을 보여주는 참고 자료로 해석할 필요가 있다. 다만 뉴스·시사 콘텐츠를 다루는 뉴스레터 구독자들의 평균 오픈율이 50%에 근접한 수준으로 나타났다는 점은 이 경로를 개인 브랜딩 수단으로 활용하려는 언론인들에게 시사점을 제공한다. 네이버나 유튜브와 같은 지배적인 플랫폼과 비교할 때, 오히려 뉴스레터 쪽이 충성도가 높은 이용자층과의 접점을 형성할 가능성이 더 높은 매체일 수 있음을 보여주기 때문이다.

〈그림 2-21〉 '뉴스 및 시사 콘텐츠' 이메일 뉴스레터 구독

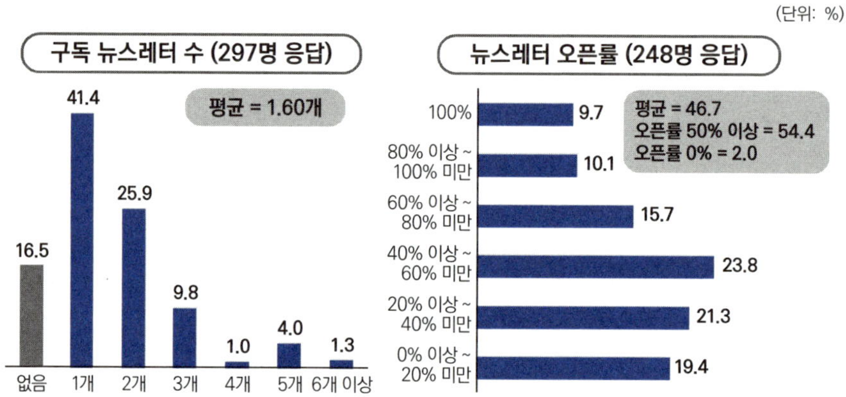

네이버·유튜브 등 대형 플랫폼이 디지털 뉴스 이용의 주요 경로로 기능하고 있는 국내 미디어 환경에서, 언론사 홈페이지나 앱을 직접 이용하는 경험이 어느 정도인지를 파악하기 위해 회원가입 및 로그인 이용 비율을 알아보았다(〈그림 2-22〉 참조). 먼저 언론사 웹사이트·앱에서 회원가입한 언론사가 있다고 답한 비율은 전체 응답자의 18.3%로 나타났다. 응답자 하위집단별 차이를 살펴본 결과, 연령대별 차이는 크지 않았던 반면(20대 17.8%, 30대 16.4%, 40대 17.4%, 50대 21.0%), 성별로는 남성(23.7%)이 여성(12.7%)의 2개 가까운 비율을 보였다.

언론사 웹·앱 회원가입자 275명에게는 '항상 로그인 상태로 이용하는 경우'를 포함해 로그인해 이용하는 언론사가 있는지를 추가로 물었다. 웹·앱 회원가입 경험이 없는 1,225명의 응답을 '0'으로 처리해 분석한 결과, 언론사 홈페이지나 앱에 로그인해 이용하는 비율은 전체 응답자의 12.1%로 나타났다. 다만 웹·앱 회원가입자 275명에 한정하면 해당 비율은 66.2%로 크게 높아진다. 회원가입 경험과 마찬가지로 성별에 따른 차이는 비교적 뚜렷하게 나타난 반면(남성 16.9%, 여성 7.1%),

연령대별 차이는 크지 않았다. 언론사 홈페이지나 앱에서 회원가입까지 완료한 이용자들 사이에서 로그인 이용 비율이 상당히 높게 나타난 본 조사의 결과는 언론사와 소속 언론인의 경쟁력 강화를 위해 웹·앱 직접 방문과 회원가입을 유도할 수 있는 배타적 콘텐츠, 이른바 '킬러 콘텐츠'의 마련과 함께, 웹·앱 자체의 사용자 경험(UI·UX)을 개선하려는 노력이 필요함을 시사한다.

〈그림 2-22〉 '언론사 홈페이지/앱' 이용

(단위: %)

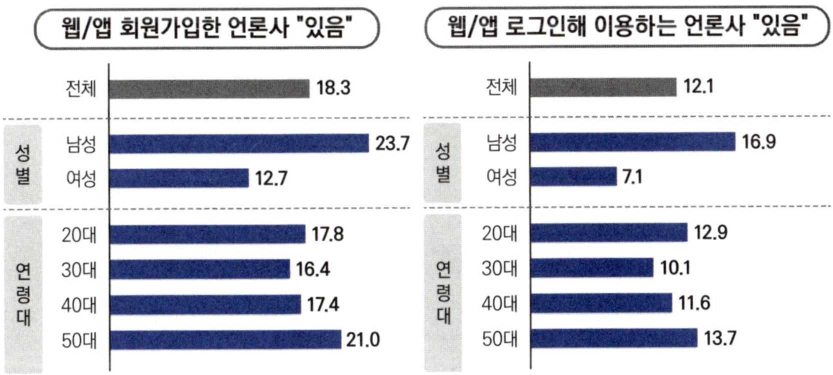

3. 언론·언론인·뉴스에 대한 신뢰

1) '언론 매체'와 '언론인' 범위 인식

'3절'은 뉴스 이용자들의 언론·언론인·뉴스에 대한 신뢰 인식을 다층위적으로 조사한 결과를 살펴보는 내용으로 구성했는데, 본격적인 신뢰도 조사 결과에 앞서 이용자들이 생각하는 '언론 매체'와 '언론인' 범위에 관한 내용을 먼저 살펴보고자 한다. 우선 신문·방송·잡지 같은 전통적 뉴스 매체와, 디지털 매체 중 명백하게 뉴스미디어인 온라인 뉴스 웹사이트/앱 등을 제외하고, 디지털 기반의 플랫폼·서비스 유형 6개를 제시한 후 각각에 대해 언론이라고 보는지 여부를 답하게 했다(〈그림 2-23〉 참조). 보기 가운데 가장 많은 응답자들이 '언론 매체'로 인식하고 있는 유형은 '포털 및 검색엔진'이었으며, 조사대상의 2/3에 가까운 65.7%가 "언론이다"라고 답했다. 그 뒤를 절반 정도 비율(50.2%)로 유튜브 등의 동영상 플랫폼이 이었다. 3위 '팟캐스트'(42.7%)부터 6위 '메신저'(16.8%)까지는 40%대 초반에서 10%대 중반까지 완만하게 비율이 낮아지는 경향을 보였다.

본 연구의 주제인 '언론인 브랜딩'과 직접적으로 관련된 네이버 '기자홈' 구독 여부에 따라 집단을 구분해 비교해본 결과, 기자홈 구독자들이 비구독자들에 비해 6개 유형 모두에 대해 언론 매체로 인식하는 비율이 더 높게 나타났다. 내림차순으로 보면, 포털 및 검색엔진 72.3%(비구독자는 64.3%, 이하 괄호 안은 모두 비구독자 수치), 동영상 플랫폼 59.2%(48.9%), 팟캐스트 50.8%(41.5%), SNS 36.1%(25.9%), 블로그 및 온라인 카페·커뮤니티 33.5%(23.3%), 메신저 25.1%(15.6%)였다.

〈그림 2-23〉 미디어 유형별 '언론 매체'로 인식 여부

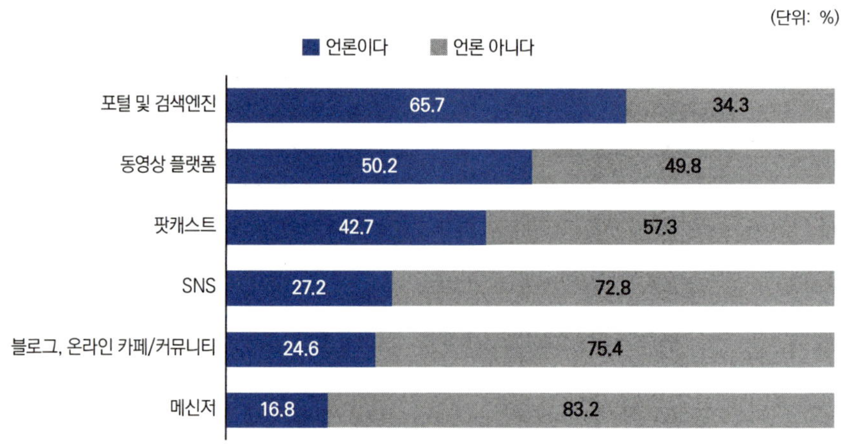

이어서, 현직 언론인이 아닌 시사 유튜버를 '언론인'으로 인식하는지 여부를 조사한 결과(〈그림 2-24〉 참조), 유튜버 유형에 따라 인식 차이가 비교적 뚜렷하게 관찰됐다. 먼저 '전직 언론인' 출신 시사 유튜버의 경우, 전체 응답자의 절반을 웃도는 57.7%가 이들을 언론인으로 인식하고 있는 것으로 나타났다. 반면 '순수 개인 크리에이터' 에 대해서는 언론인으로 인식한다는 응답이 33.0%에 그쳤다. 동일하게 시사 콘텐츠를 생산하는 크리에이터라 하더라도, 과거 언론인 경력의 유무에 따라 '언론인'으로서의 인식 여부에는 상당한 차이가 존재함을 확인할 수 있다.

이 문항에 대해서도 네이버 기자홈 구독 여부에 따른 차이를 분석했는데, 구독자 쪽이 시사 유튜버의 세부 유형과 관계없이 더 높은 비율로 언론인으로 인식하고 있는 결과가 나타났다. 즉, 네이버 기자홈 구독 경험이 있는 이용자일수록 '언론인' 범주를 현직 기자의 범위를 벗어나 시사 콘텐츠 생산자 일반으로 좀 더 넓혀서 간주하는 경향이 더 강하다는 의미다. 구체적으로 살펴보면, 기자홈 구독자는 전직 언론인 유튜버를 언론인으로 보는 비율이 68.6%인데 비해, 비구독자는 그보다 12.5%p 낮은 56.1%였다. 언론이 경력이 없는 개인 크리에이터에 대해서는 각각 44.0%, 31.4%의 비율을 보였다.

〈그림 2-24〉 현직 언론인 아닌 '시사 유튜버'에 대한 '언론인' 인식 여부

(단위: %)

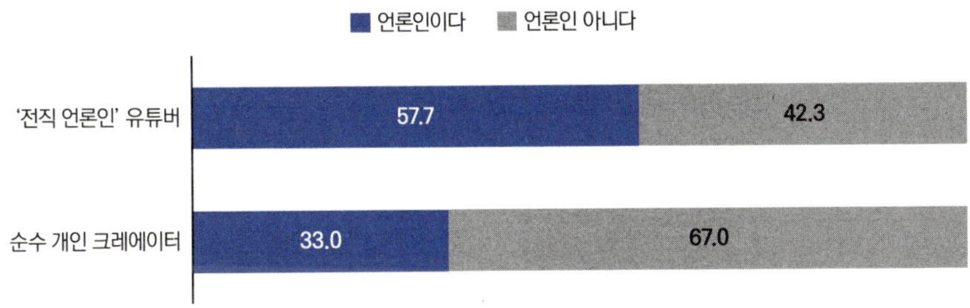

2) 언론 및 뉴스 일반에 대한 신뢰

언론 및 언론인에 대한 신뢰 수준을 파악하기 위해, 본 조사에서는 총 6가지 유형으로 대상을 구분하고 신뢰도를 6점 척도(1점: 전혀 신뢰하지 않음, 6점: 매우 신뢰함)로 조사했다. 이후 긍정 응답에 해당하는 항목만을 분리해 그 비율을 산출한 결과를 〈그림 2-25〉에 정리했다. 분석 결과, 신뢰 대상에 따라 응답 양상에 비교적 뚜렷한 차이가 관찰됐다. 가장 높은 신뢰도를 보인 유형은 '주요 외신'으로, 신뢰한다고 답한 비율이 전체 응답자의 82.3%에 달했다. 그다음으로는 '평소 선호하거나 자주 뉴스를 접하는 언론사'(75.2%), '평소 선호하는 언론인 혹은 내가 접하는 뉴스를 만들거나 전하는 언론인'(72.3%)이 모두 70%대의 신뢰 비율을 보였다.

반면 신뢰의 대상이 보다 포괄적인 범주로 확장될수록 긍정 응답 비율은 크게 낮아졌다. 구체적으로, '우리나라 언론 전반'에 대한 신뢰 비율은 50.8%, '우리나라

언론인 전반'은 47.7%로, 둘 다 절반 안팎에 머물렀다. 즉, 이용자들이 실제로 접하고 선택해온 특정 언론사나 언론인에 대해서는 비교적 높은 신뢰를 보이는 반면, 국내 언론과 언론인을 하나의 집단으로 인식할 경우 신뢰 수준은 상당히 낮아지는 경향이 확인된 것이다.

〈그림 2-25〉 '언론 및 언론인'에 대한 신뢰도

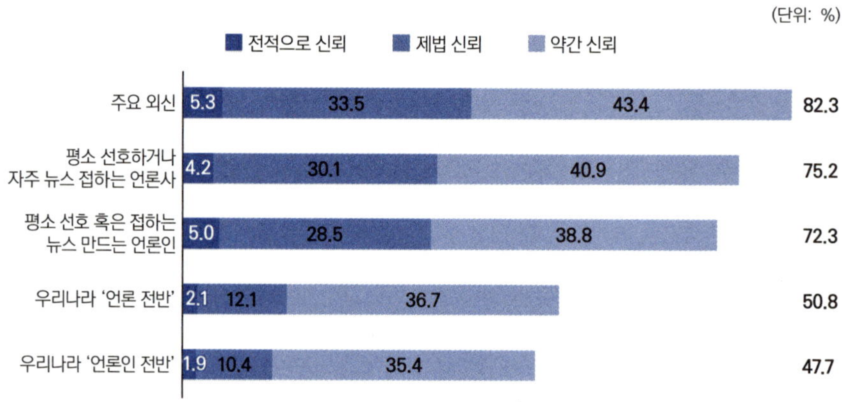

네이버 기자홈 구독 여부에 따른 차이를 추가로 분석한 결과, 모든 항목에서 기자홈 구독자의 신뢰 비율이 비구독자보다 높게 나타났다. 특히 '언론인'에 대한 신뢰에서 이러한 차이가 상대적으로 두드러졌는데, 평소 선호하는 언론인 혹은 자신이 소비하는 뉴스를 만드는 언론인에 대해 기자홈 구독자는 84.3%, 비구독자는 70.5%로, 13.8%p의 격차를 보였다. 또한 '우리나라 언론인 전반'에 대해서도 기자홈 구독자는 57.1%가 신뢰한다고 답한 반면, 비구독자는 그보다 10.8%p 낮은 46.3%에 그쳤다. 한편 기자홈 구독자 집단에 한정해 보면, '우리나라 언론 전반'(55.4%)보다 '우리나라 언론인 전반'(57.1%)에 대한 신뢰 비율이 소폭이지만 더 높게 나타난 점 역시 주목할 만하다.

이를 종합하면, 언론과 언론인에 대한 신뢰는 추상적인 집단보다는 개인이 반복적으로 접하고 선택해온 언론사와 개별 기자 단위의 경험을 통해 더 강하게 형성되는 경향을 보이며, 기자홈 구독과 같은 충성 이용 지표가 이러한 신뢰 인식의 차이를 구분 짓는 중요한 맥락으로 작용하고 있음을 확인할 수 있다. 물론 언론과 언론인을 신뢰하기 때문에 기자홈 구독처럼 적극적인 뉴스 이용 행동을 하는 것인지, 혹은 그러한 뉴스 소비 행위가 누적되면서 신뢰도가 형성·강화되는 것인지 그 인과 방향을 단정하기는 어렵다. 다만 적어도 이러한 적극적 뉴스 이용 행태와 신뢰 수준 사이에 높은 수준의 연관성이 존재한다는 점만큼은 분명하게 드러난다고 할 수 있다.

이어서 미디어·플랫폼 유형별로 유통·소비되는 '뉴스'에 대한 신뢰 수준을 살펴보기 위해, 크게 5개 유형으로 구분한 뒤 6점 척도(1점: 전혀 신뢰하지 않음, 6점: 매우 신뢰함)로 신뢰도를 조사했고, 긍정 응답에 해당하는 항목만을 합산해 그 비율을 산출했다(〈그림 2-26〉 참조). 분석 결과, 가장 높은 신뢰 비율을 보인 유형은 신문·방송·잡지 등 '레거시 미디어'로, 신뢰한다고 답한 비율이 전체의 64.9%로 나타났다. 그다음으로는 '포털 및 검색엔진'(59.5%)이 5.4%p 차이로 뒤를 이었으며, '인터넷 언론'(46.3%), '생성형 AI'(45.3%), '소셜미디어'(41.7%)는 모두 절반을 넘지 않는 수준에 머물렀다.

네이버 기자홈 구독 여부에 따른 추가분석 결과를 보면, 모든 미디어·플랫폼 유형에서 기자홈 구독자의 신뢰 비율이 비구독자보다 높게 나타났다. 레거시 미디어 뉴스의 경우 두 집단 간 신뢰 비율 차이가 10.2%p(73.9% 대 63.7%)로 상대적으로 크지 않은 편이었고, 포털 및 검색엔진(12.2%p, 70.1% 대 57.9%), 인터넷 언론(14.7%p, 59.1% 대 44.4%), 생성형 AI(15.2%p, 58.6% 대 43.4%), 소셜미디어(18.2%p, 57.6% 대 39.4%)로 갈수록 차이가 점차 확대되는 양상을 보였다.

〈그림 2-26〉 '미디어·플랫폼'별 유통·소비되는 뉴스 신뢰도

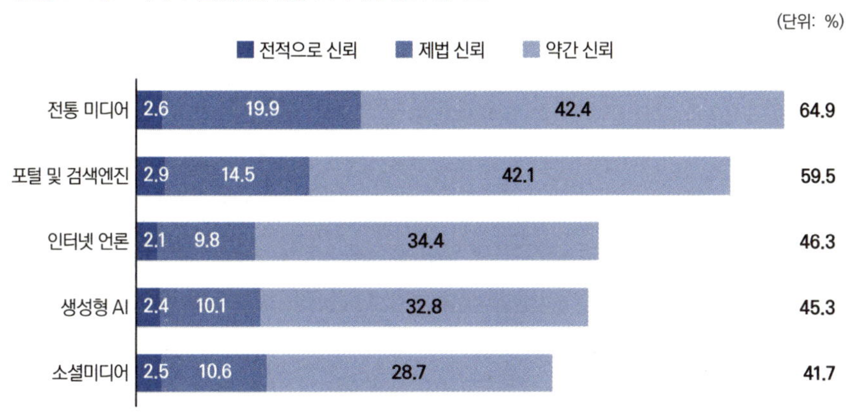

이를 종합하면, 뉴스에 대한 신뢰는 단순히 콘텐츠의 생산 주체에 의해 결정되기보다는 어떤 매체·플랫폼을 통해 소비되는가에 따라 다르게 형성되며, 동시에 기자홈 구독과 같은 개인 단위의 적극적인 뉴스 이용 경험은 다양한 뉴스 유통 경로 전반에서 상대적으로 높은 수준의 신뢰도를 보이는 것과 연관돼 있다.

3) 디지털 공간 맥락의 뉴스 및 시사 정보 신뢰

소셜미디어나 인터넷 포털과 같은 온라인 플랫폼에서 뉴스를 접할 때, 이용자들이 신뢰 판단의 기준으로 무엇을 중요하게 고려하는지를 파악하기 위해, 본 조사에서는 '아는 언론사' 기사인지 여부를 중심으로 언론사 성향과 기사 내용 요인을 결합한 세 가지 구체적 조건을 제시하고, 그중 자신의 입장에 가장 가까운 것 하나를 선택하도록 했다(〈그림 2-27〉 참조). 분석 결과, "기사 내용 자체가 중요하지 어느 언론사인지는 중요하지 않기 때문에 신뢰도에 차이가 없다"를 선택한 응답자가 34.7%로 가장 높은 비율을 보이긴 했으나, "아는 언론사 기사일 때 더 믿음이 간다"(33.7%), "언론사 성향이 더 중요하기 때문에 아는 언론사인지 아닌지에 따라서 신뢰도가 달라지지는 않는다"(31.6%)와 큰 차이를 보이지는 않았다. 이는 온라인 환경에서 뉴스 신뢰 판단이 단일한 기준에 의해 좌우되기보다는 언론사 인지도와 성향, 기사 내용이 복합적으로 작동하고 있음을 보여준다.

하위집단별로 '아는 언론사 기사일 때 더 신뢰' 응답 비율의 차이를 살펴보면, 남성(38.2%)이 여성(28.9%)보다 약 10%p 높게 나타났고, 연령대가 높아질수록 해당 응답 비율이 증가하는 경향이 관찰됐다(20대 25.4%, 30대 29.3%, 40대 35.3%, 50대 41.2%). 네이버 기자홈 구독 여부에 따라서도 뚜렷한 차이가 확인됐는데, 아는 언론사 기사일 때 더 신뢰한다고 답한 비율은 기자홈 구독자 집단에서 51.8%, 비구독자 집단에서 31.0%로, 두 집단 간에 20.8%p의 큰 격차를 보였다.

이상의 결과를 종합하면, 디지털 공간에서의 뉴스 신뢰 판단은 기사 내용 중심의 평가와 언론사 인지도·성향 중심의 평가가 병존하는 구조를 보이지만, 기자홈 구독과 같은 개인 단위의 적극적인 뉴스 이용 경험은 이러한 판단 기준을 '아는 언론사' 쪽으로 보다 분명하게 기울게 하는 요인으로 작용하고 있음을 확인할 수 있다.

〈그림 2-27〉 온라인 플랫폼에서 뉴스 접할 때 '아는 언론사' 여부에 따른 신뢰도 차이

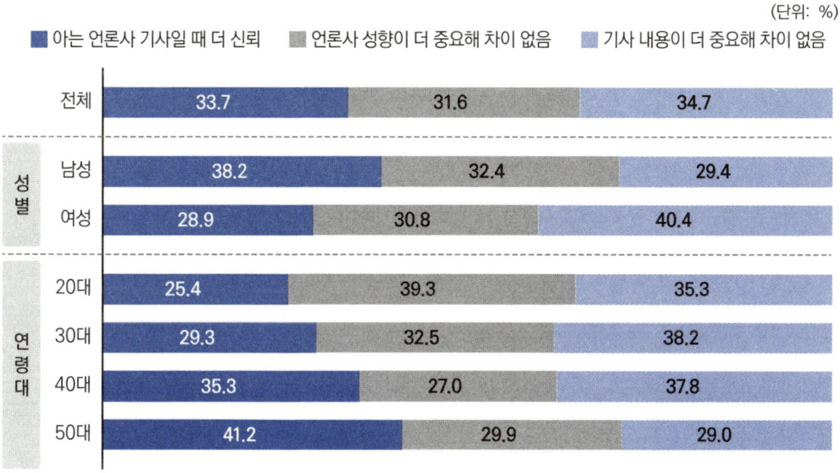

위와 유사한 맥락에서, 온라인 공간에서 뉴스를 접할 때 이용자들이 '기자'를 알고 있는지 여부를 신뢰 판단의 기준으로 얼마나 중요하게 고려하는지를 파악하기 위해, 앞선 문항과 동일한 형태로 세 가지 선택지를 제시하고 자신의 입장에 가장 가까운 것을 택일하도록 했다(〈그림 2-28〉 참조). 조사 결과, 절반에 가까운 49.6%의 응답자가 "기사 내용이 더 중요해 아는 기자 여부는 신뢰도에 영향을 미치지 않는다"고 답했다. 반면 "아는 기자일 때 더 신뢰한다"는 응답은 21.7%에 그쳐, "기자 성향이 더 중요해 아는 기자 여부가 영향을 미치지 않는다"는 답(28.7%)보다도 7.0%p 낮은 수준을 보였다. 이러한 결과는 온라인 환경에서의 뉴스 신뢰 판단에 있어, 언론사 인지도에 비해 기자 개인의 인지도는 상대적으로 덜 중요한 기준으로 작동하고 있음을 보여준다.

하위집단별로 살펴보면, 앞서 아는 언론사 여부에 따른 차이와 마찬가지로, "아는 기자일 때 더 신뢰한다"를 선택한 비율은 여성(18.2%)보다 남성(25.1%)에서 높게 나타났으며, 연령대가 올라갈수록 그 비율이 증가하는 경향이 관찰됐다(20대 16.5%, 30대 17.8%, 40대 21.2%, 50대 28.8%). 네이버 기자홈 구독 여부에 따른 추가분석 결과를 보면, 해당 응답 비율은 기자홈 구독자 집단에서 35.1%, 비구독자 집단에서 19.8%로, 두 집단 간에 15.3%p의 차이가 확인됐다.

종합하면, 디지털 공간에서의 뉴스 신뢰 판단은 전반적으로 기사 내용 중심의 평가가 우세하지만, 기자홈 구독과 같은 개인 단위의 적극적인 뉴스 이용 경험은 일부 이용자 집단에서 '아는 기자'라는 요소를 신뢰 판단의 기준으로 끌어올리는 역할을 하고 있음을 확인할 수 있다.

〈그림 2-28〉 온라인 플랫폼에서 뉴스 접할 때 '아는 기자' 여부에 따른 신뢰도 차이

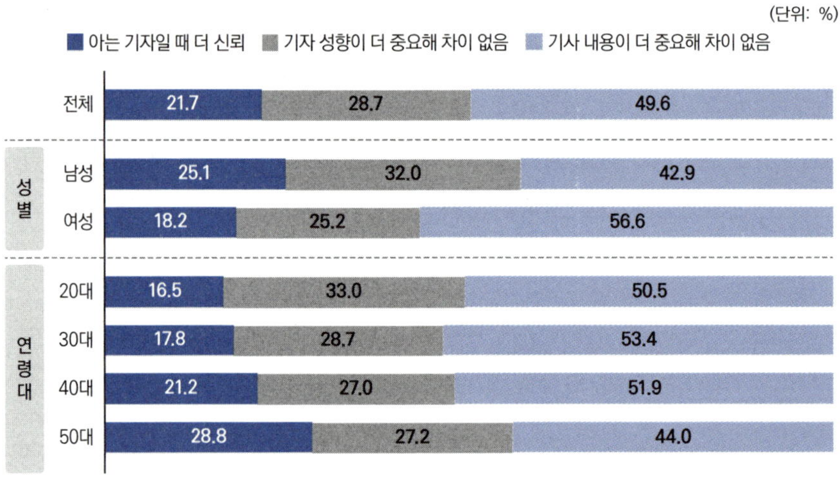

유튜브는 엔터테인먼트 콘텐츠 소비를 넘어 뉴스·시사 등 정보 콘텐츠를 접하는 채널로도 일상화되어 있으며, 언론인들 또한 개인 채널이나 소속 언론사의 공식 채널 등을 통해 유튜브상에서 활발히 활동하는 사례가 점차 늘어나고 있다. 이러한 환경에서 이용자들이 해당 플랫폼 안에서 어떤 단서를 바탕으로 뉴스 및 시사 콘텐츠의 신뢰도를 판단하는지를 살펴보기 위해, 본 조사에서는 신뢰도에 영향을 미칠 수 있는 요인 총 9개를 제시하고, 각각에 대해 6점 척도(1점: 전혀 중요하지 않음, 6점: 매우 중요함)로 중요도를 물었다. 이후 긍정 응답 비율을 합산해 요인별 중요도를 산출했다(〈그림 2-29〉 참조).

분석 결과, '콘텐츠 자체의 품질과 완성도'(92.3%)와 '해당 채널 전체의 콘텐츠 주제·내용·구성'(91.7%)이 모두 90%를 상회하는 유사한 비율로 가장 높은 중요도를 보이며 상위권에 위치했다. 그다음으로는 '언론사 공식 채널인지 여부'(80.3%), '언론인 채널 대 개인 크리에이터 채널'(70.3%), '언론인이라면 전·현직 구

분'(65.8%), '댓글 내용의 긍정적 반응'(64.1%)이 60%대 중반 이상의 비율로 뒤를 이었다. 반면, 조회수, '좋아요', 댓글 수와 같은 '콘텐츠 인기 척도'(56.2%), '채널 구독자 수'(55.9%), '채널 운영자의 유명세'(55.5%)와 같이 플랫폼 내에서 쉽게 확인 가능한 대중성·인기도 기반 지표들은 상대적으로 낮은 수준의 중요도로 평가됐다.

종합하면, 유튜브에서 뉴스·시사 콘텐츠의 신뢰를 판단할 때 이용자들은 조회수, 구독자 수, 유명세와 같은 외형적 지표보다는, 콘텐츠의 품질과 채널의 내용적 일관성을 우선적인 기준으로 삼는 경향을 보이며, 생산자 정체성과 관련된 요인들(언론사·언론인 채널 여부 등)은 그다음 수준에서 보완적으로 고려하는 것으로 정리할 수 있다.

〈그림 2-29〉 **'유튜브' 뉴스 및 시사 콘텐츠 '신뢰도' 영향 요인별 "중요하다" 응답**

(단위: %)

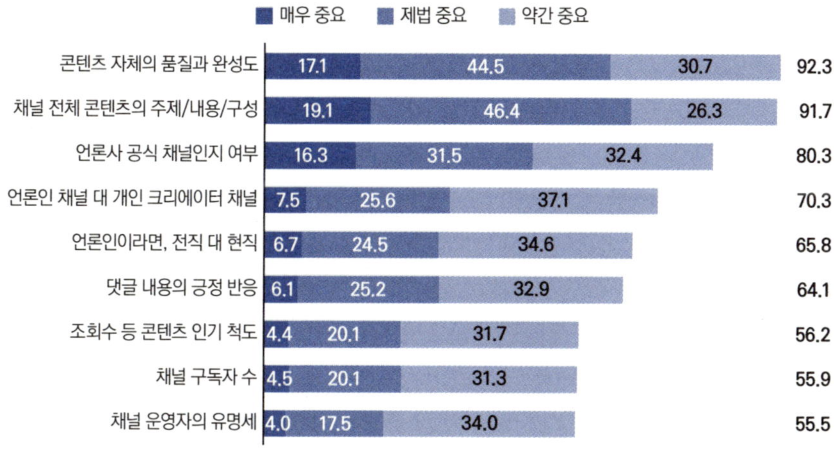

4. 언론사 및 언론인 브랜딩 경험 및 인식

1) 언론사 브랜딩 경험 및 인식

이 절에서는 언론사에 대한 '브랜딩 경험'이 이용자들 사이에서 어느 정도 형성돼 있는지에 관한 조사 결과를 본격적으로 다루고자 한다. 먼저, 이용자들이 이름을 보거나 듣고 인지하는 언론사가 있는지, 그리고 그러한 언론사가 몇 군데 정도인지를 알아봤다(<그림 2-30> 참조). 전체 응답자 가운데 86.6%가 이름으로 아는 언론사가 "있다"고 답해, 대다수 이용자들이 최소한 하나 이상의 언론사를 이름 단위로 인지하고 있는 것을 알 수 있었다. 이는 디지털 플랫폼 중심의 뉴스 이용 환경에서도, 언론사가 완전히 비가시적인 존재로 전락했다기보다는 명칭 기반 인지도 자체는 여전히 유지하고 있음을 보여준다.

이어서, 이름으로 인지하고 있는 언론사의 구체적인 개수를 살펴보면, 전체 응답자 기준 평균은 5.48곳으로 나타났고, "이름으로 아는 언론사가 있다"고 답한 응답자 1,299명으로 한정할 경우 평균 수는 6.33곳으로 상승한다. 분포를 보면, '6~10곳'이 27.5%, '10곳 초과'가 5.4%로, 6개 이상의 언론사를 이름만으로 아는 비율은 3명 중 1명꼴인 32.9%였고, 과반인 53.7%는 1~5개 수준이었다.

이러한 결과는 다수의 이용자들이 여러 언론사를 이름 단위로 구분해 인지하고 있는 상태임을 보여준다. 즉, 플랫폼을 통해 뉴스를 소비하는 환경에서도 언론사라는 브랜드 단위의 인식은 일정 범위 이상 축적돼 있으며, 이는 이후 살펴볼 언론사 브랜딩 경험과 인식의 토대가 되는 기본 조건으로 해석할 수 있다.

<그림 2-30> 이름을 보거나 듣고 '아는 언론사'

(단위: %)

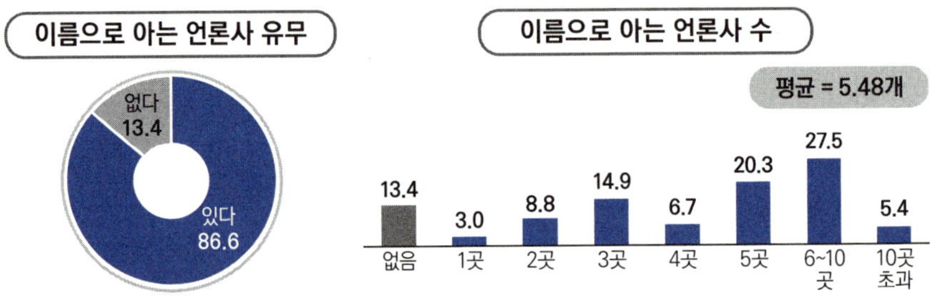

이름 단위의 언론사 인지율에 이어, 이용자들이 주관적으로 '선호한다'고 인식하는 언론사가 있는지,[9] 그리고 그 선호가 어느 정도의 범위로 형성돼 있는지를 조사

9) 실제 설문 당시에는 응답자들의 이해를 돕고 답변의 정확도를 높이기 위해, '선호하는 언론사'의 구체적인 예로 뉴스 편성 시간대에 TV를 보고 있으면 특정 방송사 채널로 돌리고 유튜브에서 그 방송사 콘텐츠가 보이면 눌러서 보는 것, 인터넷 포털에서 특정 언론사 기사를 보면 다른 언론사 것보다 더 많이 클릭해보는 것을 제시했다.

했다(〈그림 3-31〉 참조). 그 결과, 응답자 절반가량인 48.1%가 선호하는 언론사가 "있다"고 답했는데, 이는 앞서 이름으로 인지하는 언론사가 있다는 응답 비율(86.6%)에 비해 38.5%p 낮은 수치로, 언론사 인지가 곧바로 선호로 이어지지는 않음을 보여준다. 하위집단별로 살펴보면, 남성(53.7%)이 여성(42.3%)보다 선호 언론사가 있다고 답한 비율이 높았고, 연령대별로는 20대(36.6%)에서 30대(42.5%), 40대(46.9%), 50대(61.3%)로 갈수록 증가하는 경향이 확인됐다. 네이버 기자홈 구독 여부에 따른 차이도 뚜렷하게 나타났는데, 선호하는 언론사가 있다고 답한 비율은 기자홈 구독자 집단에서 78.0%로, 비구독자 집단(43.8%)에 비해 34.2%p나 높았다.

이어서, 선호하는 언론사가 있다고 답한 722명을 대상으로 그 구체적인 개수를 물었고, 선호 언론사가 없는 응답자에게 '0'의 값을 부여해 전체 응답자 기준 평균 선호 언론사 수를 분석한 결과는 1.28개로 나타났다. 선호 언론사가 있는 응답자에 한정할 경우 평균은 2.65곳으로 집계됐다. 선호 언론사가 있는 48.1% 응답자의 분포를 살펴보면, '2곳'(20.4%p)과 '3곳'(13.8%p)이 상대적으로 높은 비중을 차지한 반면, '4곳' 이상부터는 비율이 현저히 낮아져, 선호 인식이 형성된 경우에도 그 대상은 소수의 언론사에 집중되는 경향을 보였다. 이러한 결과는 다수의 이용자들이 여러 언론사를 이름으로는 인지하고 있지만, 실제로 선호의 대상으로 명확히 인식하는 언론사는 제한적인 범위에 머물러 있음을 보여준다.

〈그림 2-31〉 평소 '선호하는 언론사'

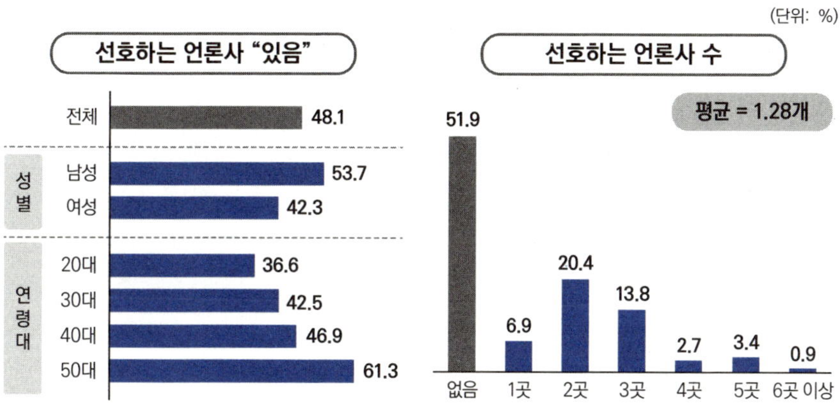

온라인에서 뉴스를 이용할 때 이용자들이 어느 언론사 기사인지를 얼마나 의식하는지, 그리고 실제로 그 정보를 어느 정도 고려하는지를 각각 4점 척도로 조사했다(〈그림 2-32〉 참조). 먼저, 온라인에서 뉴스를 볼 때 어느 언론사 기사라고 의식하는지를 살펴본 결과, "대부분 알고 본다"(20.5%)와 "절반 정도 알고 본다"(14.3%)를 합친 비율은 34.8%로 나타났다. 반면 "일부만 알고 본다"(43.1%)와 "전혀 모르고 본다"(22.1%)를 합친 비율은 65.2%로, 과반을 크게 웃돌았다. 즉, 온라인 환경에서 뉴스를 소비하는 다수의 이용자들은 기사 출처인 언론사를 명확히 인지하지 않은 상태에서 뉴스를 접하고 있는 것으로 확인됐다. 다만 네이버 기자홈 구독 여부에 따른 추가분석 결과를 보면, 언론사를 '알고 보는 편'에 해당하는 비율은 기자홈 구독자 45.0%, 비구독자 33.3%로 나타나, 기자 단위의 뉴스 이용 경험이 언론사 인지 수준과도 일정 부분 연결돼 있음을 알 수 있다.

온라인에서 뉴스를 이용할 때 어느 언론사 기사인지 고려하는 정도를 살펴보면, '많이 고려함'(14.7%)과 '약간 고려함'(38.3%)을 합친 '고려하는 편'의 비율은 절반을 소폭 넘긴 53.0%로 나타났다. 이는 언론사 인지 수준과 비교할 때, 실제 이용 과정에서 언론사 정보를 고려하려는 태도가 상대적으로 더 높은 수준에서 형성돼 있음을 보여준다. 이 조사 결과 또한 네이버 기자홈 구독 여부에 따라 차이를 보였는데, 언론사를 '고려하는 편'이라는 응답 비율은 기자홈 구독자 70.1%, 비구독자 50.4%로, 두 집단 간에 약 20%p의 격차가 확인됐다.

〈그림 2-32〉 온라인에서 뉴스 이용 시 어느 '언론사'인지 의식 및 고려

(단위: %)

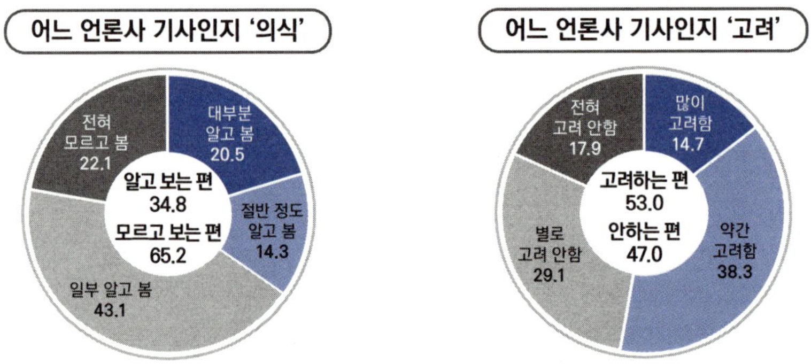

앞서 언론사에 대한 인지와 선호 경험을 살펴본 데 이어, 이번에는 이용자들이 평소 '신뢰'한다고 인식하는 언론사가 있는지, 그리고 그러한 신뢰가 어느 정도의 범위로 형성돼 있는지를 조사했다(〈그림 2-33〉 참조). 먼저, 신뢰하는 언론사, 즉 해당 언론사의 기사는 믿고 볼 수 있다고 생각하는 언론사가 있는지를 물은 결과, 응답자의 절반에 가까운 47.5%가 그렇다고 답했다. 이는 앞서 살펴본 선호 언론사가 있다는 응답 비율(48.1%)과 유사한 수준이다. 하위집단별 차이를 살펴보면, 성별에 따라서는 남성(54.6%)이 여성(39.9%)보다 높은 비율을 보였고, 연령대별로는 20~30대(38.0%, 40.2%)에서 40대(45.8%), 50대(60.8%)로 갈수록 증가하는 경향이 확인됐다. 네이버 기자홈 구독 여부에 따른 차이도 뚜렷했는데, 신뢰하는 언론사가 있다고 답한 비율은 기자홈 구독자 집단에서 79.1%, 비구독자 집단에서는 42.9%로, 36.2%p의 큰 격차를 보였다. 이는 기자 단위의 뉴스 이용 경험이 있는 이용자일수록 특정 언론사에 대한 신뢰 인식 역시 보다 분명하게 형성돼 있음을 보여준다.

신뢰하는 언론사가 있다고 답한 712명을 대상으로는 그러한 언론사가 대략 몇 곳인지 물었고, 신뢰하는 언론사가 없는 응답자에게 '0'의 값을 부여해 전체 응답자 기준 평균을 산출한 결과는 1.10곳으로 나타났다. 신뢰하는 언론사가 있는 응답자에 한정할 경우 평균은 2.31곳으로 높아졌다. 분포를 살펴보면, 신뢰하는 언론사가 있는 47.5%의 응답자 가운데 '2곳'(21.5%p)과 '3곳'(11.7%p)이 상대적으로 높은 비중을 차지했다. 반면, 4곳 이상을 신뢰한다고 답한 비율은 3.8%p에 그쳐, 신뢰 인식이 형성된 경우에도 그 대상은 소수의 언론사에 한정되는 경향을 보였다.

〈그림 2-33〉 **평소 '신뢰하는 언론사'**

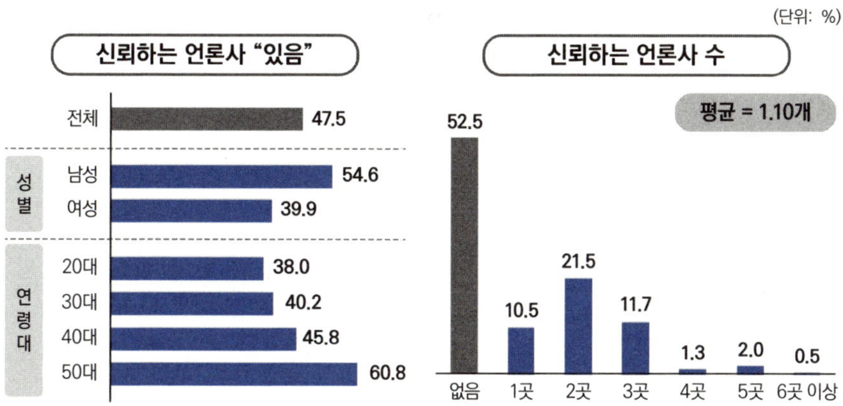

끝으로, 같은 내용의 뉴스라 하더라도 어느 언론사가 보도하는지에 따라 신뢰도가 달라진다고 인식하는지를 4점 척도(1점: 전혀 그렇지 않다, 4점: 매우 그렇다)로 조사했다(〈그림 2-34〉 참조). 그 결과, "매우 그렇다"(27.4%)와 "약간 그렇다"(48.9%)를 합친 '달라진다' 쪽 비율이 76.3%로 나타나, 응답자 다수가 동일한 뉴스라도 언론사에 따라 신뢰도가 달라질 수 있다고 생각하는 것으로 확인됐다. 이는 앞서 살펴본 신뢰 언론사의 범위가 제한적인 것과는 별개로, '뉴스 신뢰' 판단 과정에서 언론사라는 출처 정보 자체가 중요하게 인식되고 있음을 보여주는 결과로 해석할 수 있다.

네이버 기자홈 구독 여부에 따른 추가분석 결과를 보면, 언론사에 따라 신뢰도가 달라진다고 답한 비율은 기자홈 구독자 집단에서 83.8%, 비구독자 집단에서 75.2%로, 8.6%p의 차이를 보였다. 전반적으로 동일한 내용의 뉴스에 대해 언론사 출처에 따른 신뢰도 차이가 존재한다고 인식하는 경향이 높게 형성된 가운데, 개별 기자를 구독하는 보다 적극적인 뉴스 이용 성향을 보이는 집단에서 그 민감성이 약간 더 높게 나타난 것으로 정리할 수 있다.

〈그림 2-34〉 같은 내용 뉴스라도 '언론사'에 따라 '신뢰도' 달라진다는 인식

(단위: %)

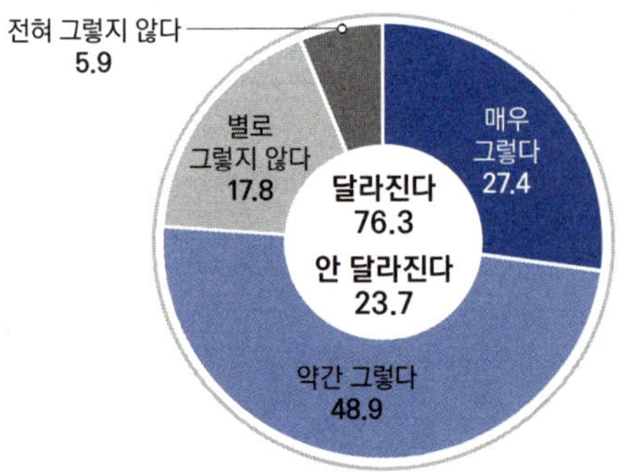

2) 언론인 브랜딩 경험 및 인식

앞서 언론사에 대한 브랜딩 경험을 살펴본 것과 동일한 방식으로, 이번에는 언론인에 대한 브랜딩 경험이 어느 정도 형성돼 있는지를 알아보기 위해, 이용자들이 이름이나 얼굴을 통해 인지하는 언론인이 있는지, 그리고 그러한 언론인이 몇 명

정도인지를 조사했다(〈그림 2-35〉 참조). 먼저, 이름이나 얼굴을 보고 떠올릴 수 있는 언론인이 있는지를 물은 결과, 전체 응답자의 65.6%가 “있다”고 답해, 응답자 3명 중 2명가량은 특정 언론인을 개인 단위로 인지하고 있는 것으로 나타났다. 이는 앞서 살펴본 이름으로 아는 언론사 인지율(86.6%)보다는 낮지만, 언론인이 플랫폼 환경 속에서 단순한 기사 생산자를 넘어 개별 인물로 인식되는 경험이 상당 부분 형성돼 있음을 보여준다.

성별 차이는 눈에 띄지 않았으나, 연령대별로는 20대(58.1%)와 30대(57.2%)에 비해 40대(68.8%), 50대(74.3%)에서 인지 비율이 더 높게 나타났다. 네이버 기자홈 구독 여부에 따른 차이도 뚜렷했는데, 이름이나 얼굴로 아는 언론인이 있다는 응답 비율은 기자홈 구독자 집단(86.9%)에서 비구독자 집단(62.5%) 대비 24.4%p 더 높은 수치를 드러냈다.

이어서, 이름이나 얼굴로 인지하고 있는 언론인의 구체적인 수를 살펴보면, 전체 응답자 기준으로 산출한 평균은 2.89명이고, “이름이나 얼굴로 아는 언론인이 있다”고 답한 984명으로 한정할 경우 평균은 4.41명으로 상승한다.

〈그림 2-35〉 이름이나 얼굴로 '아는 언론인'

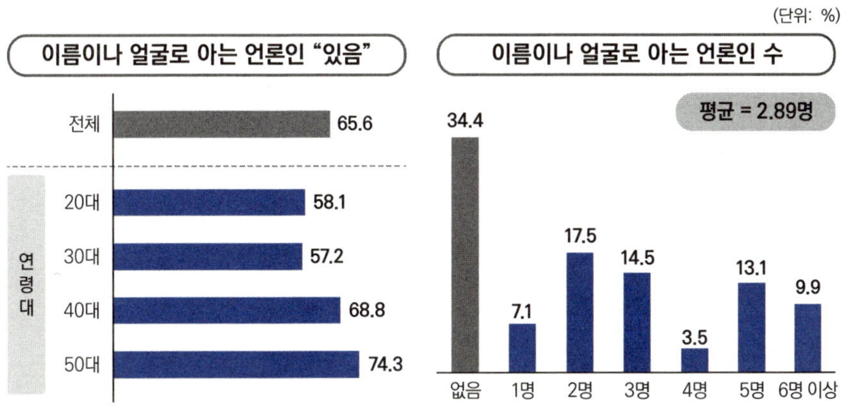

이러한 결과들을 종합하면, 디지털 플랫폼 중심의 뉴스 이용 환경에서도, 언론인이 단순히 소속 언론사의 일부가 아니라 개별 인물 단위의 인지 대상으로 일정 수준 이상 자리 잡고 있음을 보여준다. 즉, 언론인 브랜드 경험은 언론사 브랜드 경험에 비해 범위는 다소 제한적이지만, 일부 이용자층을 중심으로는 비교적 분명한

형태로 형성돼 있으며, 이는 이후 살펴볼 언론인 브랜딩 인식과 태도를 이해하는 중요한 토대가 된다.

앞서 언론사에 대한 선호 경험을 살펴본 것과 같은 맥락에서, 이번에는 이용자들이 주관적으로 '선호한다'고 인식하는 언론인이 있는지,[10] 그리고 그 선호가 어느 정도의 범위로 형성돼 있는지를 조사했다(〈그림 2-36〉 참조). 그 결과, 평소 선호하는 언론인이 "있다"고 답한 응답자는 전체 응답자의 37.1%에 그쳐, 앞서 이름이나 얼굴로 인지하는 언론인이 있다는 응답 비율(65.6%)에 비해 다소 낮은 수준을 보였다. 하위 집단별로 보면, 남성(40.2%)이 여성(33.9%)보다 비율이 살짝 더 높았고, 연령대별로는 20대(26.1%)와 30대(25.3%)에 비해 40대(39.8%), 50대(51.3%)로 갈수록 뚜렷하게 증가하는 경향이 나타났다. 네이버 기자홈 구독 여부에 따른 차이 역시 매우 컸는데, 기자홈 구독자 집단에서는 선호하는 언론인이 있다고 응답한 비율이 69.6%에 이르렀고, 비구독자 집단은 그 절반에 못 미치는 32.4%로 확인됐다.

이어서, 조사대상 전체의 선호 언론인 평균 수는 1.13명으로 집계됐으며, 선호 언론인이 있는 응답자 577명에 한정할 경우 평균은 3.04명으로 높아졌다. 분포를 보면, 선호하는 언론인이 있는 37.1% 응답자 가운데 '2명'(13.1%p), '3명'(9.0%p)이 비교적 높은 비중을 차지한 반면, '4명 이상'부터는 비율이 급격히 낮아졌다.

〈그림 2-36〉 평소 '선호하는 언론인'

(단위: %)

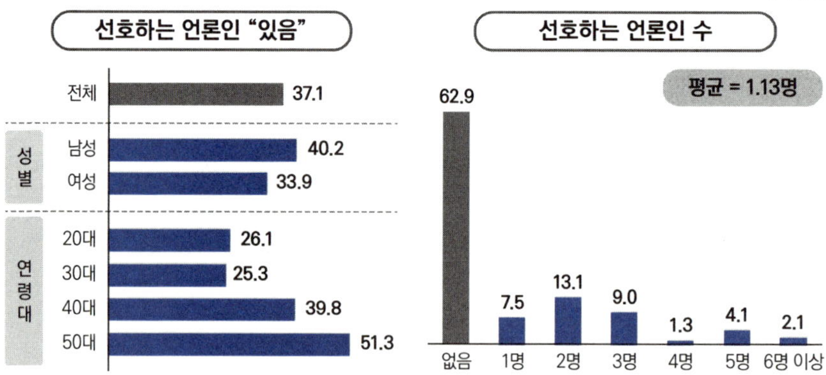

10) '선호하는 언론인'의 개념을 응답자들이 좀 더 분명하게 이해하고 답할 수 있도록, 실제 조사에서는 TV나 유튜브에서 특정 언론인이 보이면 더 집중해서 보는 것, 인터넷 포털에서 특정 언론인이 쓴 기사를 보면 다른 언론인 것보다 더 많이 클릭해보는 것을 구체적인 사례로 제시했다.

이러한 결과는 다수의 이용자들이 이름이나 얼굴로 인지하는 언론인이 있음에도, 실제 선호로까지 연결되는 경우는 한정돼 있음을 보여준다. 언론인 브랜딩이 충성 독자·시청자 확보와 같은 긍정적인 효과를 발생시키려면, 단순 인지를 넘어 선호의 단계로까지 이어져야 한다는 점에서, 아직은 이용자들 사이에서 언론인 브랜딩을 위한 기반이 충분히 마련된 단계는 아닌 것으로 짐작해볼 수 있다.

온라인에서 뉴스를 이용할 때 이용자들이 어느 언론인(기자)의 기사인지를 의식하는지, 그리고 실제 이용 과정에서 그 정보를 얼마나 고려하는지를 앞선 언론사 관련 문항과 동일한 방식으로 각각 4점 척도로 조사했다(〈그림 2-37〉 참조). 먼저, 온라인에서 뉴스기사를 볼 때 작성한 언론인을 의식하는 정도를 살펴본 결과, "대부분 알고 본다"(8.3%)와 "절반 정도 알고 본다"(14.3%)를 합친 '알고 보는 편'의 비율은 22.6%에 그쳤다. 즉, 온라인 환경에서 뉴스를 소비하는 이용자 다수는 기사 작성 주체인 언론인(기자)을 별로 신경 쓰지 않는 상태에서 뉴스를 접하고 있음을 보여준다. 다만 네이버 기자홈 구독 여부에 따른 추가분석 결과를 보면, 언론인을 '알고 보는 편'에 해당하는 비율에 있어 기자홈 구독자(43.5%)가 비구독자(19.5%)의 2배가 넘을 정도로 차이가 컸다.

〈그림 2-37〉 **온라인에서 뉴스 이용 시 어느 '언론인'인지 의식 및 고려**

(단위: %)

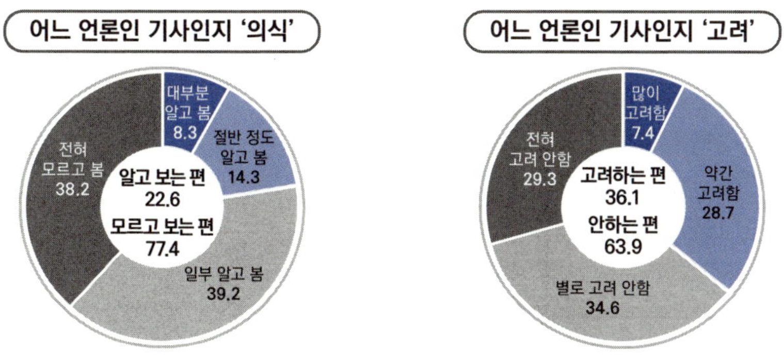

이어 온라인에서 뉴스를 이용할 때 어느 언론인의 기사인지를 고려하는 정도를 살펴보면, '많이 고려함'(7.4%)과 '약간 고려함'(28.7%)을 합친 '고려하는 편'의 비율은 36.1%로 나타났다. 이는 언론사 고려 비율(53.0%)과 비교하면 상당히 낮은

수준으로, 실제 뉴스 이용 과정에서 언론인 개인은 언론사보다 덜 중요한 선택 기준으로 작동하고 있음을 시사한다. 그럼에도 불구하고 네이버 기자홈 구독 여부에 따라서는 뚜렷한 차이가 관찰됐는데, 언론인을 '고려하는 편'이라는 응답 비율은 기자홈 구독자 66.0%, 비구독자 31.7%로, 두 집단 간 격차는 30%p 이상에 달했다.

이용자들이 평소 '신뢰'한다고 인식하는 언론인, 즉 "이 사람이 전하는 기사는 믿을 수 있다"고 생각하는 언론인이 있는지, 그리고 그러한 신뢰가 어느 정도의 범위로 형성돼 있는지를 알아보기 위해, 앞서 살펴본 신뢰하는 언론사 유무 및 범위에서와 동일한 형태의 4점 척도로 조사했다(〈그림 2-38〉 참조). 먼저, 신뢰하는 언론인이 있다고 답한 응답자는 41.2%로 나타났는데, 이는 신뢰 언론사 비율(47.5%)보다는 다소 낮은 수준이다. 하위집단별로 보면, 성별에 따라서는 남성(46.4%)이 여성(35.7%)보다 높은 비율을 보였고, 연령대별로는 20대(28.4%), 30대(31.6%)에서 40대(41.6%), 50대(56.9%)로 갈수록 뚜렷하게 증가하는 경향이 확인됐다. 네이버 기자홈 구독 여부에 따른 차이 역시 크게 나타났는데, 기자홈 구독자 집단(73.8%)이 비구독자 집단(36.4%)의 2배 수준이었다.

〈그림 2-38〉 평소 '신뢰하는 언론인'

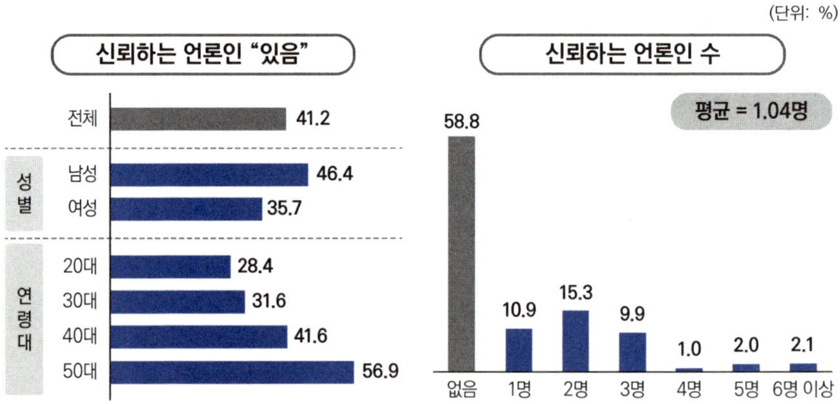

이어서 전체 응답자들의 신뢰 언론인 평균 수를 분석한 결과 1.04명으로 나타났고, "신뢰하는 언론인이 있다"고 밝힌 618명으로 한정하면 평균은 2.53명으로 늘었다. 응답자 41.2%에 해당하는 이 집단의 분포를 살펴보면 신뢰하는 언론인 수 1~3

명이 36.1%p(이 집단의 87.6%)로 대다수를 차지했고, 4명 이상인 경우는 소수에 그쳤다. 이러한 결과는 신뢰 인식이 형성된 경우에도 그 대상이 소수의 특정 언론인에 한정되는 경향이 강하다는 점을 보여준다.

다음으로, 특정 언론인에 대한 호감이나 신뢰가 실제 이용 행동으로 이어지는지를 살펴보기 위해, 두 가지 유형의 경험이 있었는지를 각각 물었다. 하나는 특정 언론인의 콘텐츠가 마음에 들어 그의 다른 기사, 프로그램이나 개인 채널(예: SNS, 유튜브, 블로그 등)을 직접 찾아본 경험이며, 다른 하나는 해당 언론인을 계기로 그가 소속된 언론사의 콘텐츠를 선택해 이용한 경험이다.[11] 먼저, 마음에 드는 기사를 작성한 언론인의 다른 콘텐츠나 채널 등을 찾아본 경험이 있다고 응답한 비율은 27.9%로 나타났다(〈그림 2-39〉 참조). 성별에 따른 차이는 크지 않았던 반면, 연령대별로는 20대(22.4%)와 30대(23.6%)에 비해 40대(27.5%), 50대(35.4%)에서 상대적으로 비율이 높게 나타났다. 네이버 기자홈 구독 여부에 따른 차이도 뚜렷했는데, 기자홈 비구독자(21.9%)에 비해 구독자(69.1%)는 해당 경험이 있다고 답한 비율이 3배가 넘었다.

이어서, 마음에 드는 언론인이 소속된 언론사의 콘텐츠를 선택해 이용한 경험을 살펴보면, 전체 응답자의 31.2%가 "있다"고 답해 개인 언론인 콘텐츠나 채널 탐색 경험보다 소폭 높은 수준이었다. 연령대별 분포 역시 유사한 양상을 보였는데, 20대(21.1%), 30대(24.4%)보다 40대(30.2%)와 50대(44.0%)에서 경험 비율이 높았다. 네이버 기자홈 구독 여부에 따른 추가분석 결과, 기자홈 구독자의 66.5%가 마음에 드는 언론인의 소속 언론사 콘텐츠를 선택해 이용한 경험이 있다고 답한 반면, 비구독자는 그 절반이 채 안 되는 26.1%에 머물렀다.

이러한 결과는 특정 언론인 또는 그가 만든 콘텐츠에 대한 호감이나 신뢰가 그의 다른 콘텐츠, 나아가 소속 언론사의 콘텐츠 이용으로까지 이어지는 선순환이 전반적으로는 제한적인 수준에 머물러 있음을 보여준다. 다만 기자홈 구독자 집단에서는 개인 언론인과 그 소속 언론사 콘텐츠를 모두 적극적으로 탐색하는 경향이 뚜렷하게 나타났다는 점에서, 개별 언론인의 브랜딩이 언론사의 충성 이용자층을 강화하는

---

11) 실제 설문 시에는 'ㅇㅇㅇ 앵커 때문에 A 방송사 뉴스 본다', 'ㅇㅇㅇ 기자 때문에 B 신문 본다', 'ㅇㅇㅇ 진행자 때문에 C 라디오 ㅇㅇ 프로그램 듣는다'와 같은 구체적 사례를 함께 제시했다.

데 긍정적으로 작용할 가능성이 높음을 시사한다.

〈그림 2-39〉 '마음에 드는 언론인'의 콘텐츠·활동이나 소속 언론사 콘텐츠 찾아본 경험

(단위: %)

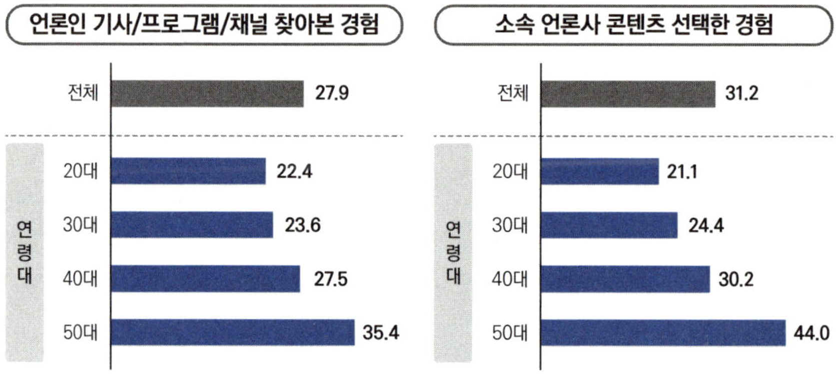

특정 언론인에 대한 평가가 그가 소속된 언론사에 대한 신뢰 인식에도 영향을 미치는지를, 신뢰도가 높아진 경험과 낮아진 경험으로 구분해 살펴봤다. 먼저 신뢰도가 높아졌다고 느낀 경험에 대해서는 "ㅇㅇㅇ 앵커 있는 A 방송사 뉴스 믿을 만하다", "ㅇㅇㅇ 기자 있는 B 신문을 더 신뢰하게 됐다", "ㅇㅇㅇ 진행자가 있는 C 라디오의 시사 프로그램들은 믿고 듣는다"와 같은 사례를 제시하고, 그와 같은 경험이 있는지를 물었다. 그 결과(〈그림 2-40〉 참조), 전체 응답자의 41.3%가 특정 언론인으로 인해 소속 언론사에 대한 신뢰가 "높아진 적이 있다"고 답했다. 연령대별로는 20대(29.0%)와 30대(33.0%)에 비해 40대(42.1%), 50대(55.1%)에서 비율이 뚜렷하게 높게 나타났다. 네이버 기자홈 구독 여부에 따른 추가분석에서는 그 차이가 더욱 분명했는데, 기자홈 구독자의 75.9%가 그러한 경험이 있다고 답한 반면, 비구독자는 그 절반 수준인 36.2%에 그쳤다.

이어서 "ㅇㅇㅇ 앵커 있는 A 방송사 뉴스는 못 믿겠다", "ㅇㅇㅇ 기자 있는 B 신문은 신뢰하기 어렵다", "ㅇㅇㅇ 진행자가 있는 C 라디오의 시사 프로그램들은 별로다"와 같은 경험이 있는지를 알아본 결과, 전체 응답자의 41.7%가 특정 언론인으로 인해 소속 언론사에 대한 신뢰가 "낮아진 적이 있다"고 답해, 신뢰 상승 경험과 거의 유사한 수준을 보였다. 연령대별 분포 역시 비슷한 경향을 나타냈는데, 20대

(37.3%), 30대(37.9%)에서 시작해 40대(41.6%), 50대(47.6%)로 갈수록 점진적으로 증가했다. 네이버 기자홈 구독 여부에 따른 차이를 보면, 기자홈 구독자 가운데 69.6%가 특정 언론인으로 인해 소속 언론사 신뢰가 낮아진 경험이 있다고 답해, 비구독자(37.6%)와 비교해 상당한 격차(32.0%p)를 보였다.

이 두 결과를 함께 놓고 보면, 특정 언론인의 존재는 소속 언론사에 대한 신뢰를 일방적으로 강화하는 방향으로만 작용하기보다는, 긍정과 부정 양쪽 모두에서 유의미한 영향을 미치는 요인으로 기능하고 있음을 알 수 있다. 즉, 언론인 개인의 브랜딩은 단순히 개인 차원의 호감 형성에 그치지 않고, 언론사 브랜드 신뢰를 강화하거나 훼손할 수 있는 잠재적 변수로 작동할 가능성이 크다. 특히 기자홈 구독자 집단에서 신뢰 상승과 하락 경험이 모두 높게 나타난 점은 이들이 언론인 개인의 보도 태도나 발언에 보다 민감하게 반응하고, 그 평가를 소속 언론사 전체로 확장해 인식하는 경향이 강함을 시사한다.

〈그림 2-40〉 특정 언론인 때문에 '소속 언론사 신뢰도' 상승·하락 느낀 경험

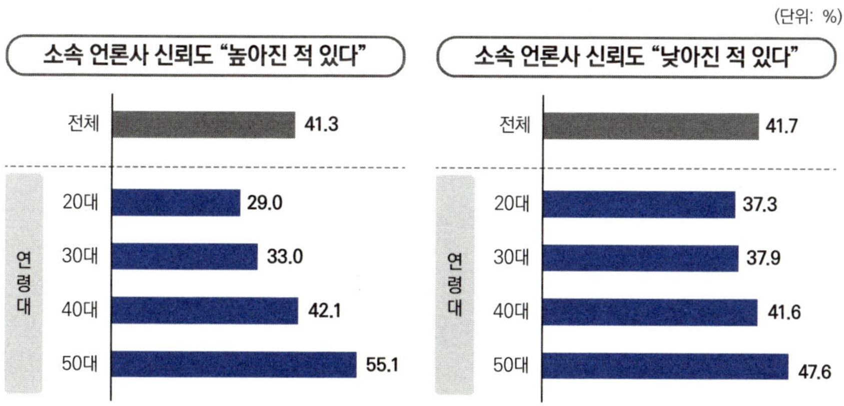

앞서 살펴본 언론사 브랜딩 관련 마지막 문항과 동일한 방식으로, 이번에는 같은 내용의 뉴스라도 어느 '언론인'이 보도하는지에 따라 신뢰도가 달라진다고 인식하는지를 4점 척도(1점: 전혀 그렇지 않다, 4점: 매우 그렇다)로 조사했다(〈그림 2-41〉 참조). 분석 결과, "매우 그렇다"(16.9%)와 "약간 그렇다"(46.5%)를 합친 '달라진다' 쪽 응답 비율은 63.4%로 나타났고, 이 수치는 앞서 살펴본 언론사 기준의 '달라진다'

응답 비율(76.3%)보다는 다소 낮은 수준이었다. 이러한 결과는 뉴스 신뢰 판단에 있어 언론인 개인보다는 언론사 출처의 영향력이 상대적으로 더 크게 작용하고 있음을 보여준다.

네이버 기자홈 구독 여부에 따른 추가분석 결과를 보면, 언론인에 따라 신뢰도가 달라진다고 답한 비율은 기자홈 구독자 집단에서 79.1%, 비구독자 집단에서는 61.1%로, 두 집단 간에 18.0%p의 격차가 확인됐다. 즉, 동일한 내용의 뉴스에 대해서도 언론인 개인의 신뢰도를 중요한 판단 기준으로 삼는 경향이 기자 단위의 뉴스 이용 경험이 있는 집단에서 더 강하다는 것이다.

종합하면, 뉴스 신뢰 판단 과정에서 언론인 개인의 영향력은 언론사에 비해서는 상대적으로 제한적이지만 무시할 수 없는 수준으로 작동하고 있으며, 특히 기자홈 구독자와 같이 특정 언론인에 대한 충성도가 높은 이용자층에서는 뉴스 전달자 요인이 뉴스 신뢰도 평가에 있어 더욱 중요한 기준으로 기능하고 있음을 시사한다.

〈그림 2-41〉 **같은 내용 뉴스라도 '언론인'에 따라 '신뢰도' 달라진다는 인식**

(단위: %)

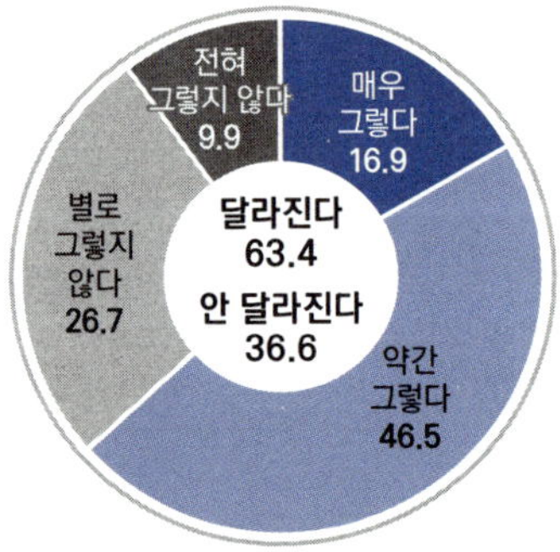

언론인 브랜딩에 대한 응답자들의 인식을 보다 직접적으로 알아보기 위해, 소속 언론사와는 별도로 '언론인 개인의 독립된 브랜드'가 형성될 수 있는지, 그리고 그러한 브랜드가 필요하다고 보는지를 각각 물었다. 이때 인터넷 포털, 각종 소셜미디어, AI 등 디지털 중심으로 발달하고 있는 현재 미디어 및 언론환경을 종합적으로 고려해서 답해 달라고 요청했다. 먼저 언론인이 소속 언론사와 별개로 독립된 브랜드를 형성할 수 있는지 여부에 대해, 응답자의 과반인 58.2%가 그렇다고 답했다(〈그림

2-42〉 참조). 네이버 기자홈 구독 여부에 따른 추가분석 결과를 보면, 기자홈 구독자 집단은 긍정 응답이 80.1%에 달했고, 이는 비구독자 집단(55.0%)에 비해 25.1%p 높은 비율이다.

이어서, 언론인 개인의 독립된 브랜드 형성이 필요한지를 4점 척도(1점: 전혀 필요 없다, 4점: 많이 필요하다)로 조사한 결과를 살펴보면, "많이 필요하다"(11.9%)와 "약간 필요하다"(49.3%)를 합친 '필요하다' 쪽 응답 비율이 61.2%로 확인됐다. 기자홈 구독 여부에 따라서는 필요하다고 답한 비율이 기자홈 구독자 70.6%, 비구독자 59.8%로 나타나, 그 차이(10.8%p)는 독립 브랜드 가능성 인식에서보다 훨씬 작았다.

한편, 가능성 인식과 필요성 인식을 교차해 보면, 독립된 브랜드 형성이 "가능하다"고 본 집단에서는 "필요하다"는 응답 비율이 77.5%, "가능하지 않다" 쪽은 38.4%로 확인됐다. 이는 언론인 개인 브랜드가 현실적으로 구현되기 어렵다고 믿는 이용자들 사이에서도 그 필요성에 대해서는 어느 정도 공감하는 경우가 있다는 것을 보여준다.

〈그림 2-42〉 소속 언론사와 별도의 '언론인 브랜드' 형성 가능성과 필요성 인식

(단위: %)

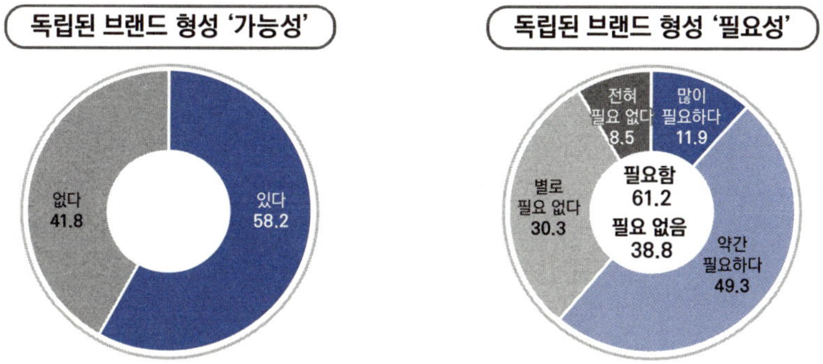

다음으로, 뉴스 이용자 입장에서 본 '언론사' 브랜드와 '언론인' 개인 브랜드 간 상대적 중요도 인식을 파악하기 위해, 특정 뉴스기사가 어느 언론사 기사인지와 어느 기자·앵커가 보도하는 기사인지 중 어떤 쪽을 더 중요하다고 생각하는지를 5개의 선택지 가운데 택일하게 하는 방식으로 조사했다(〈그림 2-43〉 참조). 그 결과, 응답자의 42.8%가 "양쪽이 비슷함"을 고른 가운데, '언론사' 쪽을 선택한 비율

도 그와 엇비슷한 40.8%로 나타났다(전적으로 '언론사' 7.9%, 대체로 '언론사' 32.9%). 이는 '전적으로' 혹은 '대체로 언론인'을 선택한 비율(16.4%)보다 두 배 이상 높았다. 즉, 뉴스 이용 맥락에서 언론인 개인의 역할과 영향력이 어느 정도 인식되고 있음에도 불구하고, 전반적인 중요도 판단에서는 여전히 언론사 브랜드가 상대적으로 우위에 놓여 있다는 것이다.

네이버 기자홈 구독 여부에 따른 추가분석 결과를 보면, 언론인을 더 중요하게 본다는 응답 비율은 기자홈 구독자 집단에서 19.9%, 비구독자 집단에서 15.9%로, 구독자 쪽이 4.0%p 높았다. 반면 언론사를 더 중요하게 본다는 응답 비율은 두 집단 모두 40% 정도로(구독자 40.4%, 비구독자 40.9%) 거의 차이가 없었다. 이는 기자 단위의 뉴스 이용 경험이 언론인 개인 브랜딩의 중요성 인식과 관련돼 있지만, 그 효과가 언론사 브랜드의 전반적인 상대적 우위를 뒤집을 정도로 크지는 않다는 점을 보여준다.

〈그림 2-43〉 '언론사' 브랜드와 '언론인' 브랜드 중 더 중요한 쪽

(단위: %)

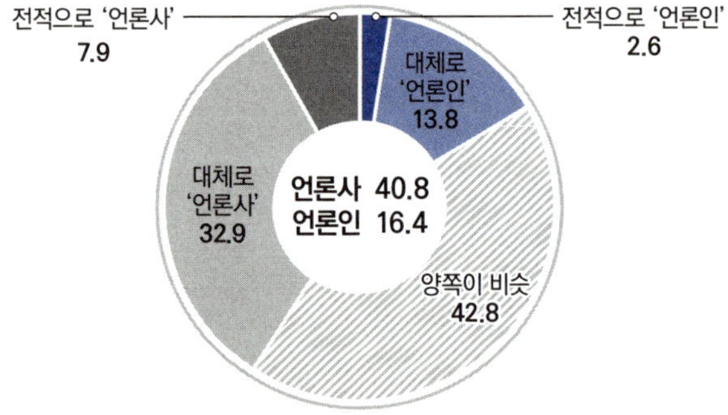

마지막으로, 뉴스 이용자들은 언론인 브랜드가 형성·발전하는데 어떤 요인들이 중요하게 영향을 미친다고 생각하는지를 알아보기 위해, 총 10개 항목을 제시하고 각각에 대해 6점 척도(1점: 전혀 중요하지 않음, 6점: 매우 중요함)로 중요도를 평가하게 했다. 앞선 유사 형태 문항들과 마찬가지로 긍정 응답을 합산해 요인별 중요도를 산출한 결과를 살펴보면(〈그림 2-44〉 참조), 전반적으로 모든 항목에서 중요하다고 평가한 비율이 80%를 상회해, 응답자들이 언론인 브랜드 형성을 단일

요인보다는 다층적인 요소들의 결합 결과로 인식하고 있음을 확인할 수 있다. 그중에서도 상위권에는 전통적인 저널리즘 역량과 직결된 요인들이 뚜렷하게 자리했다. 특히 '주제 전문성'(94.7%), '윤리의식'(94.2%), '진정성'(93.7%), '일관성'(93.1%)은 모두 93% 이상의 비율을 보였다.[12)]

〈그림 2-44〉 '언론인 브랜드' 형성·발전 영향 요인별 "중요하다" 응답

(단위: %)

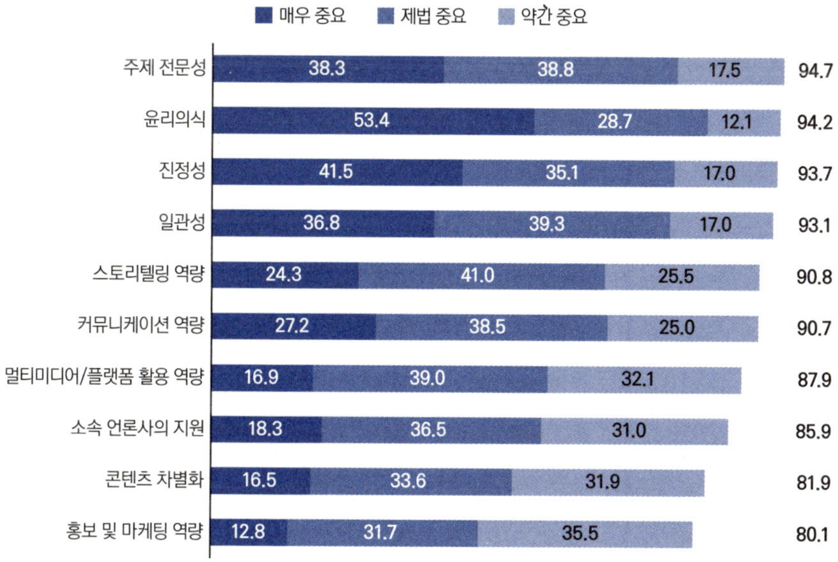

그다음으로는 스토리텔링 역량(90.8%)과 커뮤니케이션 역량(90.7%)이 약 91%의 비슷한 비율을 보였는데, 이를 통해 디지털 환경에서 자신의 전문성과 메시지를 효과적으로 전달하는 능력 역시 이용자들에게 중요한 요소로 인식되고 있음을 알 수 있다. 반면, 멀티미디어·플랫폼 활용 역량(87.9%), 소속 언론사의 지원(85.9%), 콘텐츠 차별화(81.9%), 홍보 및 마케팅 역량(80.1%) 등은 상대적으로 하위권에

12) 실제 설문에서는 각 항목에 대해 좀 더 구체적인 설명을 함께 제공했다. 예를 들어, '윤리의식'은 "보도·취재 규범과 같은 저널리즘의 기본 원칙 철저하게 준수", '진정성'은 "독자·시청자·청취자 편에서 진짜 목소리를 내는 태도", '일관성'은 "취재 태도, 문제 접근 방식, 표현하는 스타일 등에서 일관된 톤과 메시지 유지", '스토리텔링 역량'은 "복잡한 사실을 명확하고 흥미롭게 풀어내는 능력", '홍보 및 마케팅 역량'은 "프로그램·채널·연재물의 제목, 로고, 캐치프레이즈 등에 일관된 브랜드 이미지·정체성 반영"과 같은 내용이었다.

위치했다. 이 요인들 역시 중요도가 낮다고 보기는 어렵지만, 이용자들 사이에서는 언론인 브랜드의 '기본 조건'이라기보다는 보완적·확장적 요소로 인식되고 있을 가능성이 높아 보인다.

이상의 결과를 종합하면, 뉴스 이용자들은 언론인 브랜드의 형성과 발전을 플랫폼 활용이나 홍보 전략과 같은 기술적 요인보다는, 전문성·윤리성·진정성과 같이 저널리즘의 본질과 직결된 자질에 더 밀접하게 연결해 인식하고 있다. 언론인 브랜딩이 이용자의 인식과 실제 이용 행태를 토대로 형성된다는 점을 고려할 때, 이를 단순한 개인 PR이나 노출 전략의 문제로 취급하기보다는, 장기적으로 축적되는 직업적 태도와 콘텐츠의 품질에 기반해 지속적으로 관리·형성해 나가야 할 전략적 과제로 접근할 필요가 있다.

03 국내 언론인들의 브랜딩 현황

이 장의 목적은 국내 언론인들의 브랜딩이 구체적으로 어떠한 방식으로 형성 및 전개되고 있는지 그 전반적 현황을 분석·정리하고, 그 과정에서 나타나는 특성들을 면밀하게 관찰해 종합적으로 제시함으로써, 궁극적으로는 브랜딩을 추구하는 언론인들에게 실질적 참고 자료를 제공하는 데 있다. 이를 위해 앞서 서론의 연구방법 부분에서 밝혔듯이, 연구진은 브랜딩을 실천하고 있는 언론인들을 직접 접촉해 그들의 경험과 인식, 관련 문제의식 등을 심층적으로 청취했다. 이러한 인터뷰 내용을 바탕으로 본 연구에서는 언론인 브랜딩의 주요 유형을 몇 가지 범주로 나누어볼 수 있었다.

연구 전반에서 개념 정의와 유형 분류는 최종적 결론을 도출하는 데 핵심적인 과정이다. 언론인 브랜딩을 유형화한 이유는 현재의 브랜딩 현황을 보다 명료하게 파악하고 정리하는 데 도움이 될 뿐 아니라, 향후 브랜딩을 시도하려는 언론인들에게도 현실적인 참고가 될 수 있기 때문이다. 그러나 언론인의 브랜딩 형성 과정은 매우 다양하며, 개인별 환경 요인이 더해지면서 그 결과 또한 각양각색일 수밖에 없다. 브랜딩을 이뤄낸 언론인들은 대체로 뚜렷한 강점, 꾸준한 노력, 일정 정도의 행운이 결합된 경우가 많았다. 그런데 연구 대상의 개별적 특수성에만 지나치게 주목할 경우, 언론인 브랜딩의 일반성과 보편성을 간과해 오히려 시도 가능성을 차단할 위험이 있다. 이러한 이유로 본 연구에서는 애초부터 언론인 브랜딩의 공통적·일반적 측면에 주목했고, 유형 분류 또한 이러한 관점에서 시도했다.

본 연구에서는 언론인 브랜딩 유형을 크게 두 가지 틀로 나누어 검토했다. 하나는 브랜딩 언론인들의 콘텐츠 특성이나 성장·발전 경로를 중심으로 한 유형이며, 다른 하나는 플랫폼별 유형이다. 연구 초기에는 브랜딩의 출발점과 형성과정을 기준으로 유형을 구분하고자 했으나, 인터뷰를 진행하는 과정에서 언론인들의 브랜딩이 소속사를 넘어 다른 플랫폼으로 확산되는 흐름이 반복적으로 관찰됐다. 브랜딩의 본질이 '널리 알려지는 것'이라는 점에서 이러한 확산은 자연스러운 현상이지만, 어떤 플랫폼이 해당 언론인의 브랜딩에 결정적 역할을 했는지에 따라 분명한 차이가 존재했다. 일부 언론인은 애초부터 특정 플랫폼을 기반으로 성장한 반면, 또 다른 일부는 처음 의도와 무관하게 특정 플랫폼의 영향력에 힘입어 예상보다 빠르게 알려지기도 했다. 이러한 점에서 플랫폼별 유형 분류는 언론인 브랜딩 현상을 또 다른 시각에서 해석할 수 있는 의미 있는 분석 틀이라고 판단했다. 따라서 이 장에서는 두 가지 틀을 중심으로 언론인 브랜딩을 분류하고 그에 따라 각각 "1. 언론인 브랜딩 유형", "2. 플랫폼별 브랜딩 경로"라는 2개의 절을 통해 해당 내용을 소개했다.

이 장의 마지막 절은 국내 언론인 브랜딩의 실제 운영 현황을 '정량적' 형태로 보여주고자, 네이버가 제공하는 뉴스 서비스인 '기자홈'을 전수조사한 결과를 담았다. 이 절에서는 전반적인 기자홈 운영 현황(언론사 유형별, 언론사별)을 비롯해, 기자홈을 개설한 언론인들의 분야 분포, '구독'과 '응원' 현황, 기타 항목(메뉴 구성, '기자 톡' 운영 등)에 이르기까지, 세부적인 유목별로 수집·분석한 결과를 표와 함께 구체적으로 정리했다. 앞선 두 절이 브랜딩을 이해하기 위한 개념적 틀을 제공했다면, 이 절은 디지털 환경에서 나타나는 브랜딩의 실제 양상을 객관적 정량 데이터에 기반해 제시하는 데 목적이 있다. 이렇듯 정성·정량 데이터를 함께 살펴봄으로써, 국내 언론인 브랜딩이 현재 어떤 방식으로 구현되고 있는지, 그리고 플랫폼 활용을 통한 브랜딩 작동의 특성이 어떠한지를 보다 입체적으로 확인할 수 있을 것이다.

1. 언론인 브랜딩 유형

브랜딩 언론인 인터뷰를 진행하기 위해 사전에 준비한 질문지에는 '유형 분류'를 전제로 한 문항이 포함돼 있었다. 먼저 다음의 네 가지 유형을 제시하고, 본인이 이 중 어디에 해당한다고 생각하는지를 직접 선택하도록 했다.

① 회사의 필요에 의해 특정 언론인을 집중 지원하고 성장시킨 경우
② 본인이 맡은 업무를 꾸준히 수행하다 보니 결과적으로 브랜딩으로 이어진 경우
③ 특정 주제에 집중적으로 천착하며 일종의 버티컬화를 통해 브랜드를 형성한 경우
④ 언론 활동 외의 다른 활동이나 일화로 인해 유명세를 타게 된 경우

그런데 인터뷰에 응한 브랜딩 언론인들 대부분은 자신이 이 네 가지 유형 가운데 어디에 속하는지 선뜻 답하지 못했다. 이는 브랜딩 과정이 단일 원인이 아니라 여러 요인이 복합적으로 작용한 결과이며, 개인별 브랜딩 형성에 다양한 요소가 동시에 영향을 미치기 때문이다. 그럼에도 연구진은 인터뷰 시 어떤 요인이 상대적으로 더 큰 영향을 미쳤는지 인터뷰이 스스로 판단해보도록 했으며, 이를 참고하되 개별 언론인의 자가 진단을 절대적 기준으로 삼지 않고 연구진의 종합적·세부적 검토를 거쳐 최종적으로 유형을 분류했다.

연구가 진전되는 과정에서, 애초 질문지에서 설정한 네 가지 유형만으로는 언론인 브랜딩 현상을 충분히 포착할 수 없다는 점이 확인되었다. 이에 따라 브랜딩 언론인의 유형을 다음과 같이 여섯 가지 대분류로 확장했다. 또한 이 여섯 가지 대분류 아래에 소분류를 두어 보다 세부적으로 구조화했다.

① 장기 지속·성실 축적형
② 버티컬 특화·개척형
③ 진행자·설명자형
④ 현장 돌진·리액티브형
⑤ 조직 레버리지·플랫폼 전략형
⑥ 외생변수 점화형

인터뷰 참여자 대부분은 하나의 유형에만 온전히 포함되기보다는 복수의 유형에 걸쳐 있었기 때문에, 본 연구에서는 이를 주 유형과 보조 유형으로 나누어 정리했다. 이러한 분류 결과는 〈표 3-1〉에 제시하였다. 이후 연구 결과는 각 유형에 해당하는 언론인들을 묶어 기술하는 방식으로 구성했으며, 복수 유형에 속하는 언론인의 경우 해당 유형과 관련된 내용만 그 항목에서 서술하는 방식을 취했다. 따라서 한 명의

브랜딩 언론인이 여러 유형에 중복해 등장하는 경우도 있다.

〈표 3-1〉 '콘텐츠'를 기준으로 한 언론인 브랜딩 유형 분류

	주 유형	보조 유형
장기 지속·성실 축적	성한용(한겨레), 강찬수(전 중앙일보), 주성하(동아일보), 김현정(CBS), 김지수(전 조선비즈), 김주완(전 경남도민일보)	조동찬(전 SBS)
버티컬 특화·개척	성수영(한국경제), 강영운(매일경제), 조동찬(전 SBS), 방종임(전 조선에듀), 안진용(문화일보)	주성하(동아일보), 김지수(전 조선비즈)
진행자·설명자	오대영(JTBC), 조현용(MBC), 구교형(경향신문), 김은지(시사IN)	김현정(CBS)
현장 돌진·리액티브	봉지욱(전 뉴스타파), 이따끔(제주MBC), 남형도(머니투데이), 장윤선(전 오마이뉴스)	박대기(KBS)
조직 레버리지·플랫폼 전략	박지윤(한국일보)	구교형(경향신문), 성수영(한국경제), 조현용(MBC), 김현정(CBS), 오대영(JTBC)
외생 변수 점화	박대기(KBS)	이따끔(제주MBC), 봉지욱(전 뉴스타파)

주: '주 유형'은 해당 기자의 가장 대표적인 유형을, '보조 유형'은 복수 분류 방식을 택했음.

1) 장기 지속·성실 축적형

본 연구의 인터뷰에 참여한 언론인들은 모두 이 유형에 일정 부분 속한다고 볼 수 있다. 특히 일반 대중에게 이름이 알려지는 '브랜드'가 형성되기까지는 상당한 시간과 노력이 필수적으로 수반되며, 인터뷰 참여자 다수는 애초 브랜딩을 목표로 업무를 수행했다기보다, 기자로서 맡은 일을 성실하게 지속해 온 시간이 축적되면서 자연스럽게 브랜딩으로 이어진 경우가 대부분이었다. 이는 양적 축적이 질적 전환으로 이어진 사례로 설명할 수 있다.

본 연구에서는 인터뷰 참여자 가운데 전통적인 의미에서 '꾸준한 업무 수행 → 전문성 형성 → 브랜딩'의 흐름을 가장 잘 보여주는 대표적인 사례들을 선별해 이 유형으로 분류했다. 성한용 《한겨레》 정치부 선임기자, 강찬수 전 《중앙일보》 환경전문기자, 주성하 《동아일보》 기자, 김현정 《CBS》 PD, 김지수 전 《조선비즈》 기자, 김주완 전 《경남도민일보》 기자가 이에 해당한다.

또한 이 유형은 다시 두 가지 소분류로 구분된다. 하나는 특정 분야에서 전문성을 집중적으로 축적해 해당 영역의 전문기자(specialist)로 자리 잡은 경우이며, 다른

하나는 여러 분야를 폭넓게 다루면서 종합적 시각과 설명 능력을 기반으로 제너럴리스트(generalist)형 브랜드를 구축한 경우이다.

(1) 전문기자(Specialist)

'장기 지속·성실 축적형'에 속하는 브랜딩 언론인은 대체로 '전문기자(specialist)' 유형에 해당한다. 본 연구에서 다루지 못한 브랜딩 기자들, 그리고 향후 브랜딩될 가능성이 높은 기자들 또한 대부분 이 범주에 속할 것으로 보인다. 일반적으로 '언론인 브랜딩'을 떠올릴 때 가장 먼저 연상되는 전형적 모델이기도 하다. 한 분야에 장기간 집중하면서 전문성, 취재 경험, 네트워크 등을 꾸준히 축적해 나간 결과, 어느 시점부터 기자 개인의 이름이 해당 분야에서 널리 알려지고 공신력을 갖게 되는 방식이다. 한 마디로 '가장 전통적인 기자 브랜딩의 경로'라고 요약할 수 있다. 이들 가운데 상당수는 공식적으로 '전문기자'라는 직함을 갖고 있거나, 직함이 없더라도 실질적으로 전문기자로 분류될 수 있는 경우였다.

대표적 사례로는 《한겨레》 성한용 정치부 선임기자를 들 수 있다. 그는 1985년 서울신문에서 기자 생활을 시작한 뒤, 1988년 《한겨레》 창간 시기에 합류해 2025년 현재까지 40년 가까이 《한겨레》에서 근무하고 있다. 정치부 기자로는 1993년부터 줄곧 활동해 왔다. 평기자·차장·사회부장·정치부장 등 일반적 승진 경로를 밟다가, 정치부장 임기를 마친 2005년 무렵 스스로 국회 출입기자로 복귀했다. 지금이야 유사한 경로가 상대적으로 흔해졌지만, 당시에는 거의 유일했다. 대개 정치부장을 마치면 편집국장단이나 논설위원으로 이동하는 것이 일반적이었기 때문이다. 성한용은 2009년에는 편집국장을 맡았으나 2년 임기를 마친 뒤인 2011년 다시 현장으로 복귀해, 2005~2009년(4년), 2011~2025년(14년)까지 총 18년 동안 현장 선임기자로 활동했다. 정년퇴직 이후에도 회사와 계약을 맺고 국회 출입 정치부 선임기자로 계속 활동하고 있다.

'장기 지속·성실 축적형' 브랜딩은 단순히 같은 업무를 오래 수행하는 것만으로 형성되는 것은 아니다. 성한용은 '정치'라는 단일 분야에 깊이 천착하여 전문성을 축적하는 동시에, 활동 영역을 칼럼·디지털 콘텐츠·방송·유튜브 등으로 확장해 왔다. 이는 '성한용'이라는 브랜드가 견고하게 자리잡는 데 중요한 요인으로 작용했다.

그는 2000년 정치부 차장 시절부터 칼럼을 집필해 25년째 이어오고 있으며, 이를 통해 '현장 기반 정치 칼럼니스트'라는 차별적 위치를 구축했다. 정치 칼럼니스트는 많지만, 현장기자 신분을 유지하며 장기간 칼럼을 쓰는 사례는 드물다.

또한 2015년부터 《한겨레》 인터넷판에 〈정치 막전막후〉라는 디지털 정치 칼럼을 연재하며 장문의 롱폼 포맷을 적극 도입했다. 디지털 환경의 특성을 활용해 원문 자료를 그대로 삽입하는 방식으로 정보 접근성을 높이는 것이 특징이다. 2025년 11월 24일 기준 〈정치 막전막후〉는 총 615회에 이른다. 그는 이후 〈한겨레TV〉의 정치 콘텐츠, 지상파 방송과 국회방송 등 외부 프로그램에도 정치 패널로 꾸준히 참여하며 활동 폭을 넓혀 왔다. 이처럼 신문기자로서의 기사 작성에 더해 방송·영상 등 다양한 매체 활동을 지속함으로써 브랜딩 효과가 더욱 확대되었다.

성한용의 또 다른 특징은 《한겨레》 후배 기자는 물론 국회 출입 타사 후배들과도 폭넓게 교류한다는 점이다. 이는 그가 장기간 현장 기반의 감각을 유지할 수 있었던 중요한 이유 중 하나로, 1차 정보가 생산되는 현장에 지속적으로 머물러 있다는 점과도 맞닿아 있다.

이 유형의 가장 대표적 사례로 성한용 《한겨레》 선임기자를 상세히 살펴보았으나, 이 유형에 속하는 다른 브랜딩 기자들 또한 기본적인 구조는 크게 다르지 않다. 오랜 기간 특정 분야에 집중하며 전문성과 경험을 축적해 브랜드를 형성해온 점에서 대체로 유사한 경로를 보인다.

환경 분야에 장기간 집중해 퇴직 이후 환경단체 공동대표를 맡게 된 강찬수 전 《중앙일보》 환경 전문기자, 그리고 북한 전문으로 자리매김한 《동아일보》 주성하 기자 역시 이 유형에 속한다. 다만 동일한 스페셜리스트 유형이라 하더라도, 성한용이 여러 부서를 경험한 뒤 10여 년 만에 자신의 전문 분야를 찾아 정치부로 정착한 경우라면, 강찬수와 주성하는 경력 출발점부터 다른 기자들에 비해 뚜렷한 전문성을 갖추고 입직한 사례라는 점에서 차이가 있다.

강찬수 전 《중앙일보》 기자는 과학 박사 출신으로, 1994년 환경 전문기자로 입사한 이후 29년 4개월 동안 한결같이 환경 분야를 담당해 왔다. 이번 연구에서 인터뷰한 기자 중 비슷한 유형으로는 강찬수만큼 오랜 기간 재직하지는 않았지만 의사(신경외과 전문의) 출신으로 2008년부터 2025년까지 《SBS》에서 의학 전문기자로 활동한 조동찬 전 《SBS》 기자가 있다. 또한 주성하 《동아일보》 기자(콘텐츠기획본부 소속)는 탈북자 출신으로 일반 공채를 통해 입사한 매우 희귀한 사례로, 입사 초기 몇 년은 일반적인 기자 경로를 따랐으나 2008년 무렵부터 본인의 특수성을 활용해 북한 문제에 집중해 왔다. '탈북자 출신 북한 전문기자'라는 독보적 브랜드를 구축한 사례라는 점에서, 전문기자 유형으로 소분류할 수 있다.

강찬수는 약 30년에 이르는 기자 생활 동안 6,700여 건의 기사를 작성했는데, 이는 연간 200건에 해당하는 수준이다. 한 분야에서 이처럼 오랜 기간 다량의 기사 작성이 이어졌다면 해당 분야에서 확고한 브랜딩이 형성되는 것은 자연스러운 귀결이다. 주목할 점은 강찬수가 기자를 시작할 때 '언론인이 되는 것'보다 '환경 문제를 우리 사회에 알리는 것'을 더 큰 목표로 삼았다는 점이다. 이는 과거 민주주의와 언론 자유를 위해 헌신했던 '지사형 기자'의 환경 특화형이라고 할 수 있다. 그 결과, 그의 브랜딩에는 장기적 취재 경험뿐 아니라 출발 단계부터 갖고 있던 환경 분야 전문성과 운동가적 목적의식이 중요한 비중을 차지한다.

그는 팬데믹 개념을 확장한 '환경신데믹(Eco-Syndemic)' 프레이밍을 고안해, 기후·생물다양성·대기·플라스틱 등 상호 얽혀 있는 환경 위기들의 동시적 관리 필요성을 강조하기도 했다. 또한 취재와 기사 작성에 더해 개인 연구소인 '환경신데믹연구소'와 '에코파일' 사이트를 운영하며 환경 관련 자료를 큐레이션·데이터베이스화했다. 후배 기자들에게 개방된 이 연구소와 사이트는 오픈 리소스 허브 역할을 수행하고 있다. 이는 환경 분야의 전문성을 특정 언론사 내부에만 머무르게 하지 않고, 일종의 공유재 형태로 확산시키는 활동이라 할 수 있다. 또한 강찬수는 2023년 10월 말에 《중앙일보》에서 정년퇴직한 후 환경운동연합 공동대표를 맡았고, 2025년 8월부터 《에너지경제신문》의 기후환경 전문기자로 다시 기자 일을 시작하게 되면서 대표직에서 물러났다. 정년을 넘긴 나이에 상근(전임) 기자로 돌아가게 된 데는 그가 수십 년 동안 쌓아온 전문성, 그리고 거기에 기반한 브랜딩이 중요하게 작용했을 것으로 짐작된다.

김일성대를 졸업한 탈북자 출신 《동아일보》 주성하 기자는 입사 후 사회부 등 일반적인 부서를 거치며 활동하던 중, 2008년 북핵 문제가 주요 현안으로 부상하자 〈서울에서 쓰는 평양 이야기〉라는 블로그를 개설했다. 이는 본인의 경험과 네트워크를 바탕으로, 국내에 잘못 알려진 북한 관련 정보를 바로잡고자 하는 취지에서 시작된 개인 블로그였다. 이후 그의 북한 전문성은 회사의 정식 활동으로 자연스럽게 전환되었고, 2013년부터는 북한 문제를 다루는 기명 칼럼 〈주성하 기자의 서울과 평양 사이〉를 꾸준히 연재하고 있다. 그는 국내 기자가 경험하기 어려운 북한 주민의 삶과 사고방식을 생생하게 전달할 뿐만 아니라, 현재도 중국 연변 지역을 포함한 북·중 접경 지역 및 북한 이탈 주민들과 직접 연락하며 보다 정확한 사실(fact)을 확인하는 데 집중하고 있다.

'전문기자형'으로 분류되는 브랜딩 기자들의 가장 큰 공통점은 오랜 시간에 걸쳐 전문성을 축적했다는 점이다. 여기에 더해 또 다른 공통점은 자신이 구축한 전문 영역을 지속적으로 확장해 나갔다는 점이다. 성한용이 현장 칼럼, 디지털 롱폼 칼럼, 방송 등으로 활동 영역을 넓혀 소속 언론사를 넘어섰던 것처럼, 강찬수 역시 지면 기사, 디지털 기사, 오픈 아카이브, 사회단체 활동 등으로 언론사를 넘어 환경 분야 전반으로 활동 범위를 확장해 왔다. 주성하 또한 블로그에서 출발해 현재는 유튜브 등에서 북한 전문 콘텐츠를 꾸준히 제작하고 있으며, 이를 통해 '주성하'라는 브랜드는 북한 이슈 영역에서 이미 《동아일보》의 경계를 넘어서고 있음을 보여준다.

또한 성한용, 강찬수, 주성하 등 전문기자형으로 분류되는 이들 모두는 해당 분야에서 특정 정파성에 흔들리지 않고 저널리즘 원칙에 기반해 명확한 사실관계에 천착해 왔다는 공통점을 지닌다. 이러한 태도는 장기간 신뢰를 유지할 수 있었던 핵심 요인이며, 이 신뢰가 곧 이들의 브랜딩으로 연결된 것으로 평가할 수 있다. 전문기자형 브랜딩에서는 해당 분야를 얼마나 오래 취재했는가보다, 이러한 사실 기반의 신뢰 구축이 더 핵심적 요소라고 할 수 있다.

(2) 제너럴리스트(Generalist)

특정 분야에 장기간 집중해 깊이 있는 전문성을 확보한 기자가 '전문가형' 브랜딩을 형성하는 것은 매우 자연스러운 일이다. 이러한 점에서 보면 전문기자가 브랜딩 측면에서는 여러 분야를 폭넓게 다루는 일반기자(제너럴리스트)에 비해 상대적으로 유리한 조건에 있다. 그럼에도 '장기 지속·성실 축적형' 가운데에는 특정 '콘텐츠 분야'의 뚜렷한 전문성 없이, 제너럴리스트적 속성 위에서 자신만의 브랜딩을 구축한 사례들이 존재한다. 본 연구에서 인터뷰한 인물 중에서는 김현정 《CBS》 PD, 김지수 전 《조선비즈》 기자, 김주완 전 《경남도민일보》 기자 등이 대표적이다.

김현정 PD는 2001년 입사 후 일반적인 PD 트랙을 밟아오다 2008년 〈김현정의 뉴스쇼〉 앵커를 맡으면서 본격적인 브랜딩의 전환점을 맞았다. 인터뷰 참여자 중 유명도만 놓고 보면 가장 높은 수준에 있다고 할 수 있다. 지금은 대중에게 널리 알려진 인물이 되었지만, 《CBS》 시사방송의 인지도가 지금보다 낮았던 시절에는 긴 무명 기간을 스스로 버텨내야 했다. 앵커라는 직업적 특성상 정치·사회·경제 등 거의 모든 이슈를 폭넓게 다뤄 왔다. 그는 자신의 장점으로 '어려운 문제를 쉽게 설명하는 능력'을 꼽았다. 시사 프로그램 진행자가 반드시 특정 분야의 전문가일 필요는 없다는 점에서, 오히려 김현정의 진정성 있는 태도와 성실성이 청취자에게 신뢰를 형성해 주었고, 이것이 곧 지금의 '김현정 브랜드'로 이어진 것으로 보인다.

김지수 전 《조선비즈》 기자는 인터뷰어(interviewer)로서 독자적인 위상을 구축한 사례이다. 그는 특정 분야 전문기자라기보다는 다양한 영역의 인물들을 인터뷰라는 형식으로 풀어내는 데서 탁월함을 보여왔고, 그 점이 그의 브랜드가 되었다. 김지수는 패션잡지 《보그》에서 13년간 기자로 활동하다 2015년 디지털 경제매체 《조선비즈》로 이직했다. 입사 초기에는 패션 전문기자로서의 역할이 기대되었으나, 그와 전혀 다른 〈김지수의 인터스텔라〉라는 인터뷰 코너를 시작했다.

초기에는 패션지 시절 인맥을 활용한 연예인 인터뷰 위주로 진행했으나, 점차 학자·사상가·작가 등 지식 분야 인물들을 비롯해 다양한 영역으로 대상을 확장했다. 패션지에서 익힌 내러티브 기반 글쓰기와 문학적·서정적 문체는 기존 신문 기사에서는 보기 어려웠던 형식이었고, 이러한 차별성이 단숨에 주목을 끄는 요인이었다. 코너명에 '김지수'라는 이름을 전면적으로 내세운 것도 조기 브랜딩에 효과적이었다. 그는 회사를 떠난 지금도 《조선비즈》에서 〈김지수의 인터스텔라〉를 계속 연재하고 있다. 이전에도 신문 한 면을 채우는 긴 인터뷰는 존재했지만, 김지수는 아예 지면 제약에서 벗어난 디지털 장문 인터뷰 포맷을 정착시킨 대표적 기자로 평가된다. 이후 여러 언론사에서 유사한 포맷의 인터뷰 코너가 등장하게 된 데에도 영향을 미쳤다. 그가 인터뷰 기사만으로 자신의 이름을 브랜드로 만들 수 있었던 이유는 인터뷰이(interviewee)의 '말' 자체보다 그 '사람'에 초점을 맞춰 깊이 있게 탐구하는 접근 방식 때문이었다. 김현정과 김지수는 방송 진행과 인터뷰라는 형식은 다르지만, 두 사람 모두 "사람을 진실하게 대한다"는 공통점을 지니고 있다.

김주완 전 《경남도민일보》 기자는 지역지 기자로서 지역 저널리즘 혁신가의 성격을 지니고 있지만, 특정 분야의 전문성을 갖춘 스페셜리스트라기보다는 제너럴리스트적 성향이 더 크다고 볼 수 있다. 그는 지역지라는 구조적 한계를 블로그, 유튜브, 그리고 최근에는 다큐멘터리 영화 등 다양한 플랫폼을 활용해 넘어섰다. 특히 오랫동안 취재해 온 김장하 선생을 다룬 다큐멘터리 영화 〈어른 김장하〉에 출연하면서, 지역 내에서 알려진 수준을 넘어 전국적 인지도를 확보하게 되었다. 그는 지역을 기반으로 전국적 의제를 생산해내는 '아키비스트형 저널리스트'라고 할 수 있다.

이처럼 본 연구에서 인터뷰한 기자들 가운데 제너럴리스트형 브랜딩 기자들의 공통점은 '사람'에 초점을 맞춘다는 점이다. 이는 제너럴리스트 언론인들이 보이는 일반적 속성으로도 볼 수 있다. 이 유형에 속하는 김현정, 김지수, 김주완의 공통점은 이들이 본인의 전문 분야나 자신의 이야기를 직접 전달하기보다는 '누군가의 이야기' 혹은 '누군가의 말'을 잘 풀어내는 중간자의 역할을 수행해 왔다는 것이다. 이는 스페셜리스트가 아니라 제너럴리스트의 영역에서 브랜딩이 구축되는 기자들의 중요한 특징인 셈이다.

2) 버티컬 특화·개척형

전문성을 갖추고 있다는 점에서 '버티컬 특화·개척형'은 '장기 지속·성실 축적형'과 유사한 측면이 있다. 다만 '버티컬 특화·개척형'은 해당 분야에서 활동한 기간이 상대적으로 짧다는 차이가 있으며, 무엇보다 기존 언론사에 없던 영역을 본인이 직접 개척해 새로운 콘텐츠 분야로 확장했다는 점에서 뚜렷하게 구분된다. 이 유형은 다시 기존 언론사에 전혀 존재하지 않던 영역을 완전히 새롭게 구축한 경우(무(無)에서 유(有)를 창조한 사례)와, 기존 분야가 있기는 했지만 이를 보다 깊고 넓게 확장해 나간 경우로 소분류할 수 있다.

(1) 지적 콘텐츠 스토리텔러

경제지 기자인 《한국경제》의 성수영, 《매일경제》의 강영운은 입사 이전부터 지니고 있던 소양·지식·취미 등을 '일(業)의 영역'으로 승화시킨 대표적 사례이다. 이들은 자신의 역량을 활용해 소속 언론사의 콘텐츠 확장에 기여하는 동시에, 기자 개인의 브랜딩을 구축하는 데 성공했다.

성수영은 2016년 《한국경제》에 입사해 사회부(1년), 경제부(세종 주재, 4년) 등 일반적인 경제지 기자 경로를 밟았다. 그러던 중 2021년 문화부로 이동해 미술·문화재 담당을 맡게 되었고, 2022년 7월부터 디지털 콘텐츠 연재물 〈그때 그 사람들〉을 시작했다. 그는 미술사의 거장들, 고고학·역사적 인물 등을 깊이 있게 다루면서, 옛이야기를 풀어놓듯 매끄러운 서술 방식과 풍부한 미술 작품 삽입을 결합해, 지면 기사로는 구현하기 어려운 수준의 콘텐츠를 독자에게 매주 제공하고 있다.

기자 경력이 길지 않고 브랜딩의 핵심이 되는 콘텐츠 활동도 3년가량에 불과하다는 점을 고려하면, 그 성과는 매우 두드러진다. 2025년 11월 30일 기준 네이버 기자홈에서 성수영의 구독자 수는 84,062명으로, 문화 분야 최다 구독자를 보유하고 있다. 또한 연재 콘텐츠를 묶은 책도 이미 3권 출간됐다.

성수영은 스스로 "미술에 조예가 깊지 않았고, 담당 업무를 맡으면서 공부하게 되었다"고 언급했지만, 입사 이전부터 미술에 대한 높은 관심과 지식을 지니고 있었던 것으로 보이며, 이를 기반으로 소속 언론사의 문화 콘텐츠를 풍부하게 만들었고 개인 브랜딩까지 성취한 사례로 평가할 수 있다.

《매일경제》 강영운 기자도 다루는 콘텐츠만 다를 뿐, 브랜딩 형성과정은 성수영과 거의 동일하다. 그는 2015년 입사해 일반적인 기자 경로를 거쳤고, 2022년 말부터 성과 역사를 다루는 〈사색〉, 2023년부터는 주제별 경제사를 다루는 〈히코노미〉를 매주 연재해 왔다. 그의 주요 활동 무대 역시 포털 네이버였으며, 2025년 11월 30일 기준 네이버 기자홈 구독자 수는 58,121명에 이른다. 강영운은 어릴 적 부모가 서점을 운영해 독서량이 상당했다고 밝힌 바 있는데, 이러한 독서 기반이 네러티브형 지적 콘텐츠 생산의 동력으로 작용한 것으로 보인다.

성수영과 강영운의 공통점은 만약 이들이 직접 나서지 않았다면 해당 언론사에서는 이러한 형태의 콘텐츠가 생산되지 않았을 것이라는 점이다. 이들의 콘텐츠를 전통적인 의미의 '기사'로 볼 수 있는지에 대한 논쟁은 가능하겠으나, 최소한 해당 언론사 내부에서는 대체 불가한 콘텐츠로 자리 잡았다는 점은 분명하다.

(2) 전문분야 심화형

이 유형은 앞선 사례와 달리, 소속 언론사에 이미 존재하던 관련 분야를 기반으로 하되, 이를 보다 깊고 넓게 확장해 자신만의 브랜드를 구축한 것이 특징적이다. 이번 연구에서 인터뷰한 인물 중에서는 조동찬 전 《SBS》 기자, 방종임 전 《조선에듀》 기자, 안진용 《문화일보》 기자, 주성하 《동아일보》 기자가 이 유형에 속한다.

조동찬 전 《SBS》 기자는 전문의 자격증을 가지고 2008년에 의학 전문기자로 입사해 2025년 1월까지 17년간 활동했다. 의사 출신 의학 전문기자는 과거 《중앙일보》 홍혜걸을 시작으로 《조선일보》, 《한겨레》, 《KBS》, 《MBC》 등 여러 언론사에서 존재해 왔으며, 조동찬에게도 이들과 유사한 역할 수행이 요구되었다. 그는 입사 후 신종플루, 아이티 대지진, 가습기 살균제 사건 등 여러 재난·참사 현장을 의학 전문기자로 취재하며 방송 리포팅을 수행했다.

조동찬이 기존 의학 전문기자들과 뚜렷하게 구별되는 지점은 단순한 전문성뿐 아니라, 때로는 '지사형 기자'와 유사한 강한 공공성 지향을 보였다는 점이다. 그는 의료계가 아닌 환자와 피해자의 시각에서 사안을 바라보고 문제 해결을 시도해 왔다. 가습기 살균제 사건의 원인을 취재·보도하는 과정에서 피해자 커뮤니티를 꾸준히 접촉해 신뢰를 형성했고, 코로나19 국면에서는 사전 경보 미흡 및 정책 딜레마를 비판하며 치료제 도입 지연 문제를 제기하기도 했다. 대형 제약사나 권력과의 충돌도 마다하지 않는 이러한 태도는 시청자들의 강한 신뢰로 이어졌다.

그의 설명 방식은 시청자 관점에서의 해설, 그리고 필요할 때는 간절한 호소나 울분까지 결합된 정서적 전달력을 특징으로 한다. 이러한 모습은 종종 차갑고 냉정하다고 여겨지는 의료인의 이미지와는 대조적이었다. 그 결과 조동찬은 '의사 출신이지만 대중을 대리하는 공익 지향형 의학 전문기자', '위기 상황에서 먼저 경고하고 끝까지 따지는 보건의료 감시자'라는 브랜딩을 확립하게 되었다. 즉 조동찬은 전문성을 단순히 심화한 것에 그치지 않고, 대중과의 지속적 교감을 통해 브랜딩을 형성한 유형이라고 할 수 있다.

방종임 전 《조선에듀》 기자는 2007년 《조선일보》 교육법인 《조선에듀》에 입사한 뒤 줄곧 교육 분야 기자로 활동했다. 같은 '전문분야 심화형'으로 분류되지만, 의과대학 출신이었던 조동찬과 달리 방종임은 입사 이전에는 교육 분야에 높은 전문성을 갖고 있던 것도, 특별한 관심을 지니고 있던 것도 아니었다. 언론사 입사를 준비하던 중 《조선에듀》에 입사하면서 자연스럽게 교육 기자로 성장한 경우였다. 이후 2020년 개인 유튜브 채널 〈교육대기자 TV〉를 개설하면서 방종임 브랜드는 《조선에듀》의 한계를 넘어서는 단계로 확장됐다. 〈교육대기자 TV〉는 개설 1년이 채 되지 않아 구독자 8만 명을 넘겼고, 2025년 현재는 52만 명에 이르고 있다. 그는 오은영 강사, 대치동 일타강사 등 교육계의 소위 '핫'한 인물을 인터뷰하며 입시전략·학습법 등 소비자가 가장 궁금해하는 정보를 직접 제공했고, 이러한 콘텐츠 전략이 성장의 주요 요인이 되었다.

방종임의 브랜딩은 장기적 전문성 축적과 버티컬 확장의 속성이 결합된 형태라고 할 수 있다. 그는 교육 기자 → 《조선에듀》 편집장 → 교육 전문 크리에이터로 이어지는 경로에서 전문성을 심화·확장해 왔고, 독자들의 신뢰를 꾸준히 확보하면서 출판·강연과 교육사업까지 활동 폭을 넓혀 갔다.

안진용 《문화일보》 기자는 종합일간지 연예 담당 기자로서는 독보적 위치를 차지하고 있다. 연예 관련 매체는 매우 많고 '연예 저널리즘'이라는 말까지 존재하지만, 종합일간지들은 연예 분야를 깊이 있게 다루지 않으며, 대부분 문화부 방송 담당 기자가 겸임하는 등 별도 전문기자를 두지 않는 경우가 많다. 그럼에도 안진용은 20년 동안 연예·엔터테인먼트 분야를 꾸준히 담당해 왔다. 그는 스포츠신문에서 기자 생활을 시작했으며, 연예 분야를 계속 맡겠다는 뚜렷한 의지를 갖고 취재, 기사 작성, 네트워킹에 몰두해 왔다. 그 결과, 회사 차원에서 연예 분야를 전략적으로 확장할 계획이 있었던 것이 아니었음에도, 안진용은 스스로 해당 분야에서 전문적 영역을 구축할 수 있었다.

안진용은 우선 '종합일간지의 연예 담당 기자'라는 구조적 희소성 덕분에 주목을 받았고, 이후 장기간 한 분야를 담당하면서 넓은 네트워크와 지식을 기반으로 취재력을 강화했다. 그는 자극·편파 대신 '취재·검증·전달력 중심의 연예 뉴스'를 표방하며, 선정적이고 단편적인 연예 뉴스와는 다른 차원의 기사를 꾸준히 내놓았다. 이 점이 독자들의 신뢰 형성으로 이어졌고, 결과적으로 '안진용 브랜드'를 구축한 핵심 요인이 되었다.

또한 그는 《문화일보》 외부로 활동을 넓혀 방송 프로그램 출연과 2020년 개설한 유튜브 채널 〈올댓스타〉를 통해 영향력을 확장했다. 2025년 11월 기준 〈올댓스타〉 구독자는 약 55만 명, 업로드된 영상은 1,000여 편에 이른다. 안진용은 스포츠지에서 연예 분야를 맡으며 기본기와 전문성을 다진 뒤, 종합지에서 외형적 신뢰성과 위상을 더했고, 종합지 내부에서 연예 뉴스라는 특화 영역에 집중해 사실관계 중심의 취재 보도를 이어오는 과정을 통해 브랜딩이 강화되었다고 할 수 있다.

앞서 '장기 지속·성실 축적형'으로 분류했던 《동아일보》 주성하 기자는 동시에 이 '버티컬 특화·개척형'에도 해당한다. 그는 2002년 탈북해 2003년 《동아일보》에 입사했다. 통일·외교 분야에서 일한 기간은 길지 않고, '북한 전문기자' 등의 공식 직함을 가진 적도 없다. 국제부 소속으로 일반적인 국제 기사를 주로 쓰면서, 북한 관련 이슈가 있을 때만 해당 기사를 작성하는 정도였다.

그러나 2008년 개설한 블로그 〈서울에서 쓰는 평양 이야기〉를 통해 본인의 북한 전문성을 기반으로 차별적인 콘텐츠를 꾸준히 생산했고, 이후 이를 유튜브로 확장해 나갔다. 그는 북한 전문성을 인정받아 2014년 삼성언론상 전문기자상을 수상하기도 했다. 현재는 편집국 소속 통일·외교 담당이 아니라 콘텐츠기획본부 기자로 활동하고 있지만, 소속 부서와 관계없이 지속적으로 북한 관련 콘텐츠를 생산해 왔고, 이로 인해 뚜렷한 전문성을 확보하고 있다.

또한 23년 전 탈북한 이후에도 차별적 전문성을 유지하기 위해 새로운 탈북자들을 꾸준히 만나며 정보를 업데이트하고 있다. 《동아일보》에는 이전에도 통일·외교 담당 기자들이 있었지만, 주성하는 '탈북자 출신'이라는 독보적 위치를 바탕으로 기존에 없던 '북한 전문' 영역을 개척했다. 그는 해당 분야를 지속적으로 취재하고 많은 양의 관련 콘텐츠를 생산했으며, 특히 블로그·유튜브 등 다양한 플랫폼을 활용해 《동아일보》의 경계를 넘어 '북한 전문기자 주성하'의 위상을 공고히 해 왔다.

앞서 '장기 지속·성실 축적형'으로 분류했던 김지수 전 《조선비즈》 기자 역시 이 '특화·개척형'으로도 분류가 가능하다. 《조선비즈》는 디지털 기반의 경제 매체지만, 김지수는 문화·지식 분야를 기반으로 기존에 없던 '인터뷰 전문기자' 영역을 새롭게 개척했고, 이를 〈김지수의 인터스텔라〉라는 독립적 브랜드로 구축했다.

3) 진행자·설명자형

방송 진행자는 활자매체 기자에 비해 훨씬 빠른 속도로 일반 대중에게 브랜딩될 수 있는 이점을 갖는다. 얼굴과 목소리로 시청자에게 직접 다가가 대화할 수 있기 때문에 친숙도가 강하게 형성되는 것이다. 이러한 '퍼블릭 페이스형' 브랜딩은 전통적 의미의 방송 앵커와 유튜브 기반의 방송 진행자로 구분해 볼 수 있다.

(1) 방송 앵커

이번 연구에서 인터뷰한 언론인 가운데 《JTBC》 오대영, 《CBS》 김현정, 《MBC》 조현용이 이 유형에 속한다. 모두 전통적 의미의 방송 앵커이며, 특히 조현용 기자의 경우 '전문 앵커'와 '유튜브 진행'의 양쪽 속성을 모두 지니고 있는 사례다.

오대영 《JTBC》 앵커는 19년차 기자로, 현재 《JTBC》의 대표 프로그램 〈뉴스룸〉을 진행하며 동시에 뉴스룸부장으로서 제작을 총괄하고 있다. 그는 2016~2019년에는 팩트체크 전담 기자로 활동했으며, 입사 초기부터 방송 진행자로 성장하고 싶다는 의지를 꾸준히 피력해 왔다고 한다.

'손석희'라는 대형 브랜드가 강하게 자리 잡고 있던 《JTBC》에서 '오대영'이라는 이름이 본격적으로 알려지기 시작한 출발점은 '팩트체크' 코너의 2대 팩트체커 자리였다. 이후 그는 2021~2022년 〈뉴스룸〉 메인 앵커를 맡았고, 2024년 5월부터 1년 정도 자신의 이름을 건 정치 뉴스쇼 〈오대영 라이브〉를 진행했다. 이후 2025년 7월부터 다시 〈뉴스룸〉의 메인 앵커로 복귀했다. 이러한 경로는 오대영이 메인뉴스 앵커를 향해 단계적으로 성장해 왔음을 잘 보여준다.

방송 분야에서는 메인뉴스 앵커가 아니더라도 TV 노출이 잦으면 브랜드가 빠르게 형성되는 경우가 많다. 특히 오대영은 자신의 이름을 내건 〈오대영 라이브〉가 명태균 게이트, 12·3 비상계엄 국면과 맞물리면서, 앵커로서 대통령과 여당을 향해 비판적 논조를 유지했고, 클로징 코너 '오 앵커 한마디'에서 날카롭고 직설적인 멘트를 보여주며 '오대영 브랜드'를 더욱 확고하게 만들었다. 그가 다시 메인뉴스 앵커로 복귀할 수 있었던 데에는 〈오대영 라이브〉를 통해 형성된 오대영 브랜드의 영향이 크게 작용한 것으로 보인다.

현재 시청자들이 인식하고 있는 오대영의 이미지는 반듯하고 단정하며 신뢰감 있는 전통적 뉴스 앵커의 모습과 거의 일치한다. 실제 성격 또한 이와 유사하다고 전해진다. 그는 말투와 제스처 등 작은 요소들까지 세심하게 신경 쓰는데, 이러한 일상의 노력들이 오늘의 '오대영 브랜드'를 구축해 왔다고 할 수 있다. 특히 '팩트 우선', '품위 있는 전달', '필요 시 즉각 정정' 원칙은 신뢰 형성의 기반이 되었다. 방송 앵커에게 신뢰는 곧 생명이며, 오대영은 외형적 모습과 실제 취재 및 전달 방식 모두에서 '오대영 = 신뢰'라는 이미지를 구축하기 위해 지속적으로 노력해 왔고, 현재도 그 노력을 이어가고 있다.

뉴스 메인 앵커는 대체로 기자들이 맡는 경우가 많고, 방송사에서 PD가 직접 진행을 맡는 사례는 흔치 않다. 전통적 의미의 뉴스가 아닌 뉴스쇼 형태 프로그램이긴 하지만, 《CBS》 김현정 앵커는 PD 신분으로 진행을 맡게 된 독특한 사례다. 2001년 입사한 그는 2008년부터 자신의 이름을 건 〈김현정의 뉴스쇼〉를 진행하기 시작했으며, 당시만 해도 '김현정'이라는 이름은 대중에게 거의 알려지지 않은 상태였다.

김현정 브랜드의 핵심은 공정성과 신뢰, 그리고 따뜻함이다. 그는 양쪽의 이야기를 균형 있게 전달하며, 그 사이에서 합리적 결론을 청취자와 함께 고민하는 장을 유지하고자 노력해 왔다. 라디오 매체 특유의 친밀감과 김현정 특유의 온화한 태도가 결합되면서 '따뜻한 공정'이라는 독창적 브랜딩이 형성되었다. 프로그램 청취율이 0%에서 1%로 오르기까지 약 5~6년이 걸렸고, 이 과정에서 회차별 성과에 흔들리지 않고 프로그램을 지켜준 회사의 지원 역시 중요한 기반이 되었다.

유튜브와 알고리즘 중심의 미디어 환경에서는 '공정'을 우선시하는 방송이 상대적으로 확장성에서 불리할 가능성이 높다고 본인도 인정한다. 그럼에도 김현정은 〈김현정의 뉴스쇼〉를 찾는 청취자들을 위해 합리의 장을 지키는 일을 계속하고 있으며, 이러한 태도가 그의 브랜딩을 더욱 견고하게 만드는 역할을 하고 있다.

조현용은 2007년 입사해 사회부·정치부·경제부 등 일반적인 기자 성장 경로를 밟았다. 이후 《MBC》의 젊은 층 타깃 브랜드 〈14F〉 채널 기획에 참여하던 가운데, 2020년 초 유튜브 기반 콘텐츠 〈소비더머니〉를 제작하기 시작했다. 이후 이 콘텐츠는 채널 독립 및 단독 운영으로까지 확장되었다. 조현용이 2024년 5월부터 〈뉴스데스크〉 앵커로 활동하고 있긴 하지만, 대중에게 '조현용'이라는 브랜드를 널리 알린 데는 〈뉴스데스크〉보다 〈소비더머니〉의 영향이 훨씬 컸다. 이 점에서 그는 전통적 뉴스 앵커와 유튜브 진행자 두 유형을 모두 경험한 사례라고 할 수 있다.

조현용은 경제부에서 오래 근무한 경험을 바탕으로 〈소비더머니〉를 실험적으로 시작했다. 보도국 기자가 유튜브 콘텐츠를 단독으로 기획·제작하는 방식은 당시로서는 이례적이었다. 〈소비더머니〉는 예상보다 빠르게 호응을 얻어, 〈14F〉 내부에서 최초로 채널 독립까지 이뤄냈다. 현재 후임자가 운영 중인 〈소비더머니〉는 2025년 11월 기준 구독자 약 92만 명, 업로드 영상 660여 개, 누적 조회 수 약 2억 4천만 회에 이르고 있다. 조현용이 현재 〈뉴스데스크〉 앵커로 활동하고 있음에도 〈소비더머니〉 브랜드는 여전히 견고하게 유지되고 있다.

조현용은 〈소비더머니〉에서 자신을 전면에 드러내기보다 콘텐츠 중심의 편집·제작 방식을 유지했지만, 프로그램이 성공적으로 안착하면서 자연스럽게 '조현용 브랜드' 또한 대중에게 널리 알려졌다. 〈소비더머니〉의 성공은 그가 〈뉴스데스크〉 메인 앵커가 되는 과정에도 일정한 역할을 했을 것으로 보인다. 종합하면, 조현용 브랜드는 지상파 방송기자로서는 이례적으로 유튜브를 기반으로 먼저 형성되었고, 이후 전통적 뉴스 프로그램의 메인 앵커라는 두 번째 브랜딩을 더해 현재의 이중적 브랜드 구조가 완성되었다고 할 수 있다.

(2) 유튜브 진행 전환형

앞서 언급한 3인의 방송 앵커들은 모두 방송사 소속이지만, 달라진 언론환경에서는 활자매체 기자들도 영상매체 활동에 적극 나서는 경우가 많아졌다. 신문사와 시사지들이 유튜브 시사 방송을 본격적으로 운영하기 시작하면서 소속 기자들을 자사 유튜브 채널의 진행자로 세우는 사례가 늘어나고 있다. 이번 연구에서 인터뷰한 기자 중에서는 《경향신문》 구교형, 《시사IN》 김은지가 이 유형에 해당한다. 이들은 각각 신문, 잡지 기자로 정치부에서 주로 활동해 왔으며, 그 과정에서 여러 방송의 패널로 출연한 경험 등이 진행자로 발탁된 배경이 되었다.

구교형 《경향신문》 기자는 〈구교형의 정치비상구〉, 김은지 《시사IN》 기자는 〈김은지의 뉴스IN〉이라는 자신의 이름을 내건 유튜브 라이브 프로그램을 2024년 1월부터 시작했다. 두 프로그램 모두 그때부터 구독자 수가 비약적으로 증가했다. 〈경향 TV〉와 〈유튜브 시사IN〉은 개편 이전까지만 해도 구독자 수가 약 8만 명 수준이었으나, 2025년 11월 10일 기준으로 〈경향 TV〉는 55만 명, 〈유튜브 시사IN〉은 68만 명으로 성장했다. 여기에는 윤석열 정부의 거듭된 실정, 12.3 비상계엄 사태 등 정치적 환경이 영향을 미쳤으나, 데일리 방송 체제의 운영과 두 진행자에 대한 구독자들의 호감도 역시 큰 역할을 한 것으로 분석된다.

2008년 《경향신문》에 입사한 구교형은 흔히 '정·경·사(정치·경제·사회)'라고 하는 언론사의 주요 세 축을 모두 경험했으며, 그중 가장 오래 근무한 부서는 사회부였다. 최근 정치 이슈에서 법조·사회적 맥락이 강하게 작용하는 점을 고려하면, 그의 사회부 경험은 정치 프로그램 진행에 도움이 되는 측면이 있다. 《경향신문》은 2024년 1월 유튜브 방송을 본격 개시하면서 사내 진행자를 물색했고, 이 과정에서 구교형이 선발되었다.

2009년 《시사IN》에 입사한 김은지 역시 정치·사회 분야를 주로 취재해 왔다. 김은지는 특히 2017~2019년 약 2년간 《TBS》 아침뉴스 브리핑을 진행하는 등 방송 경험이 비교적 풍부했다. 두 사람 모두 활자매체 소속 기자이지만 현재는 매일 라이브 방송을 진행하고 있어, 실제 업무는 방송인에 더 가깝다고 볼 수 있다.

이 두 기자는 전통적인 공중파 방송 진행자와는 결이 다소 다르다. 그러나 현장 취재를 통해 다져진 감각과 순발력으로 핵심 개념을 평이하게 설명하는 능력, 그리고 바로 옆에서 이야기를 나누는 듯한 친근함·편안함·유쾌함이 이들의 강점이다. 덕분에 다소 심각하고 어려운 정치·사회 이슈들도 두 진행자는 시청자들이 부담 없이 접근할 수 있게 풀어내고 있다. 이러한 특성이 곧 방송 진행자 구교형과 김은지의 브랜드라고 할 수 있다.

〈구교형의 정치비상구〉는 유튜브 특성상 구독자와의 공감대를 형성하는 언어를 적극 활용하면서 《경향신문》의 위상 회복(혹은 보완)과 새로운 독자층 확보에 실질적인 도움을 주고 있다. 〈김은지의 뉴스IN〉 역시 매 방송마다 《시사IN》 구독으로 자연스럽게 유도하며 활자매체와 영상매체 간 시너지를 만들어 내고 있다. 활자매체가 제공하기 어려운 친근함과 접근성을 두 사람이 효과적으로 전달하고 있는 점도 특징이다.

또한 이들은 유튜브 방송 진행자이지만 여전히 기자로서의 정체성을 분명하게 유지하고 있다. 이는 정파성에서 자유롭기 어려운 시사 유튜브 시장에서도 사실(fact)에 기반해 평론을 전개하는 데 중요한 역할을 한다. 이러한 공정성과 검증 중심의 관점은 이들의 브랜드를 구성하는 중요한 축이기도 하다.

4) 현장 돌진·리액티브형

브랜딩된 기자들 가운데는 '현장형 기자'가 적지 않다. 기자라는 직업의 본래 속성에 가장 가깝게 활동하는 이들로, 현장 중심 활동을 통해 자신의 브랜드를 널리 알린 유형이다. 본 연구에서 인터뷰한 현장형 기자들은 다시 ① 권력감시·탐사형, ② 재난·사건 초동대응형, ③ 체험·몰입 취재형, ④ 현장-스튜디오 하이브리드형이라는 4가지 소유형으로 분류할 수 있었다.

(1) 권력감시·탐사형

《뉴스타파》 봉지욱 전 기자가 대표적인 사례다. 그는 윤석열·김건희 국면에서 탐사취재와 해설을 병행하며, 특히 권력감시에 주력하는 활동을 이어왔다. 기자의 정체성을 유지하면서도 일반 대중에게는 '민주화 운동가 이미지'까지 부여될 만큼 강한 서사를 형성한 경우이기도 하다.

봉지욱은 《YTN》과 방송위원회를 거쳐 2011년 《JTBC》에 입사했다. 2016년 탐사 프로그램 〈이규연의 스포트라이트〉 제작에 참여하면서 탐사취재에 본격적으로 집중하기 시작했다. 2022년 탐사팀이 해체된 뒤 퇴사해 같은 해 《뉴스타파》에 합류했다. 그는 기자 생활 대부분을 탐사취재에 집중해 왔으며, 특히 권력감시형 탐사취재에 최적화된 기자로 평가된다.

윤석열·김건희 및 검찰 관련 이슈를 집중적으로 취재해 온 과정에서, '봉지욱'이라는 브랜드는 《JTBC》 시절부터 이미 '거대 권력과 맞서 싸우는 집요한 현장형 기자'의 이미지로 자리매김했다. 그는 방송기자이면서도 스스로 "스튜디오에 갇히지 말자"는 원칙을 세웠고, 제보 전용 휴대폰을 따로 둘 정도로 일상 자체가 권력감시와 밀접하게 연결돼 있다.

2025년 여름 봉지욱은 《뉴스타파》를 퇴사하고 유튜브 개인 채널 〈오프더레코드〉

운영에 본격적으로 나섰다. 대선일인 2025년 6월 3일을 기점으로 본격 영상 업로드를 시작했으며, 두 달도 채 지나지 않아 구독자 수가 30만 명을 넘었다. 초기에는 그가 출연한 〈뉴스공장〉, 〈매불쇼〉 영상 등을 편집해 게시하는 방식으로 출발했으나, 이후 직접 제작한 콘텐츠 비중을 점차 늘려가고 있다.

그는 의도적으로 브랜드 이미지를 구축하려 한 적은 없다고 밝힌 바 있다. 언론사를 떠난 뒤에는 기존의 탐사취재 외에, 보다 가벼운 콘텐츠를 시도하겠다고 했고, 실제로 그의 팬들은 이러한 다소 가벼운 영상에도 상당한 호응을 보이고 있다. 그러나 '거악과 맞서 싸우는 정의로운 현장기자'라는 봉지욱 브랜드의 핵심 속성이 지속적으로 작동하지 않을 경우, 이러한 부캐(부 캐릭터)적 콘텐츠는 오히려 채널 정체성의 혼란으로 이어질 가능성이 있다. 이는 향후 봉지욱이 해결해야 할 중요한 브랜딩 과제일 것이다.

(2) 재난·사건 초동대응형

본 연구에서 인터뷰한 기자 중에서는 《제주MBC》 이따끔, 《KBS》 박대기 기자가 이 유형에 속한다고 볼 수 있다. 2022년 입사한 이따끔 기자는 아직 4년차에 불과한 초년 기자이지만, 독특한 이름으로 조금씩 주목을 받다가 2023년 예능 프로그램 〈유퀴즈 온더블럭〉 출연을 계기로 대중에게 강한 인상을 남겼다. 그러나 이러한 외형적 요소를 제외하고 볼 때, 이따끔 브랜드의 핵심 정체성은 '재난 현장 기자'라고 할 수 있다. 《제주MBC》라는 지역 방송의 특성과 막내 기자라는 위치가 결합되면서, 태풍·강풍·폭우·사고 등 재난 현장에 누구보다 빠르게 출동하는 기자로 자리 잡았다. 일종의 '현장형 로컬 리포터'로 분류할 수 있다.

2022년 9월 태풍 힌남노가 한반도를 통과할 당시, 그는 제주에서만 17차례 중계를 진행하며 특이한 이름과 함께 전국적 인지도를 처음 확보했다. 이 경험이 〈유퀴즈 온더블록〉 출연으로 이어지며 브랜드를 더욱 확장하는 계기가 되었다. 이따끔 기자의 대표적 취재물은 재난 보도뿐 아니라, 2022년 제주에서 발생한 차량 문 끼임 아동 사망 사건(일명 세림이법 사건), 제주 돌고래 이송 관련 취재 등으로, 대부분 현장 기반의 기사였다.

'이따끔'이라는 이름의 독특함과 현장형 초년 기자라는 속성이 결합되면서, 《MB

C》는 그의 현장 리포트를 별도로 묶어 〈따끔한 현장 고발〉이라는 유튜브 쇼츠 형태의 콘텐츠로 제작·배포하기도 했다. 그의 브랜딩을 조직 차원에서 적극적으로 활용한 사례라고 할 수 있다.

사실 이 유형의 기자로는 이따끔보다 먼저 《KBS》 박대기가 있었다. 이따끔이 단숨에 사람들의 주목을 끌 수 있었던 것도 실상은 이미 '눈사람 기자'로 널리 알려진 박대기가 있었기 때문이다. 이따끔의 재난 현장 리포팅을 보며 시청자들이 자연스럽게 '여자 박대기'라는 연상을 할 수 있었던 배경이기도 하다. 또한 이따끔은 소속사가 비와 바람이 많은 제주에 있었기에, 1회성 노출이 아니라 지속적이고 반복적인 재난현장 취재를 맡게 되면서, 재난현장형 기자로서의 브랜딩이 꾸준히 강화되는 배경을 가지고 있다.

반면 박대기는 '눈사람'으로 기억되는 그 한 번의 리포팅 외에, 이따끔처럼 지속적으로 재난현장을 전담했다고 보기에는 다소 무리가 있다. 당시의 박대기 역시 초년기자였고, 그 또래 방송기자들이 흔히 경험하는 것처럼 날씨 관련 현장에 배치돼 거의 하루 종일 눈을 맞으며 리포트를 이어갔다. 바로 그 장면이 지금까지 지속되고 있는 '박대기'라는 브랜드를 형성한 계기가 되었던 것이다. 본 연구에서 '박대기 브랜드'를 대분류에서 '현장 돌진·리액티브형'이 아닌 '외생 변수 점화형'으로 분류한 이유도 여기에 있다. '눈사람 박대기'는 워낙 강렬했던 1회성 장면이 브랜딩의 핵심요인인데, 이 단 한 번의 리포팅만으로 그를 소분류인 '재난·사건 초동대응형'에 넣는 것은 적절하지 않다고 판단했기 때문이다. 따라서 브랜딩 형성과정의 성격을 고려해 박대기는 '외생 변수 점화형'을 주 유형으로, '현장 돌진·리액티브형'(소분류로는 '재난·사건 초동대응형')을 보조 유형으로 분류했다.

어쨌든 이따끔과 박대기 모두 재난 현장 리포팅을 통해 브랜딩이 처음 형성되었다는 점은 같다. 다만 박대기가 성실·진중·순응의 이미지를 갖는다면, 이따끔은 세대 차이를 보여주듯 과감·돌진·발랄함의 이미지가 더 두드러진다.

(3) 체험·몰입 취재형

《머니투데이》 남형도 기자는 '체험 저널리즘'이라는, 기존 한국 언론에는 없었던 새로운 장르를 개척한 사례다. 2010년 말 기자 생활을 시작한 그는 세 번째 직장인

《머니투데이》에서 〈체헐리즘〉 연재를 시작하기 전까지는 일반적인 기자 경로를 밟았다. 그러다 2018년 여름 디지털뉴스부로 이동한 뒤 본인의 제안으로 〈남 기자의 체헐리즘〉을 시작했다. 과거에도 3D 업종 등을 직접 체험한 후 기사화하는 형태의 체험형 기사가 간헐적으로 존재했지만, 이는 주로 1회성 기획이었고 잠입형 르포에 가까운 경우가 많았다. 남형도처럼 체험을 주요 취재 방식으로 삼아 정기 연재로 안정적으로 이어간 사례는 거의 없었다. 물리적 난이도와 섭외의 어려움에도 불구하고 연재를 7년간 지속해 왔다는 점은 주목할 만하다. 그는 체험 기사들을 묶어 〈제가 한번 해보겠습니다〉(2020)라는 책도 출간했다.

〈남 기자의 체헐리즘〉은 단순히 흥미 위주의 체험이나 외지인의 시각에서 특정 분야를 들여다보는 기사로 보기 어렵다. 그가 쓰레기통 위에서 쉬는 청소노동자들을 보며 체헐리즘을 시작했다고 밝힌 것에서도 드러나듯, 사회적으로 중요하지만 주목받지 못하는 대상, 즉 사회적 약자와 소수자를 향한 관심을 환기하는 성격이 강하다. 남형도가 선택하는 체험의 주제는 사회적 이슈와 밀접하게 연동돼 있으며, 그중에서도 약자와 소외된 사람들에게 초점을 맞춘 경우가 많다. 그 스스로 "이건 알려져야 한다", "이를 알리면 뭔가 바뀔 수 있지 않을까"라는 문제의식을 기준으로 삼는다고 설명했다.

또한 〈남 기자의 체헐리즘〉은 사진·구성·문체 등 기사 자체의 완성도에서도 높은 수준을 보여준다. 남형도는 취재·섭외·기획·촬영까지 모든 과정을 혼자 맡아 수행하고 있으며, SNS·설문조사 등을 활용해 독자와 직접 소통하며 주제 제안을 받고 취재 과정에서 독자 의견을 반영하는 등 지속적인 피드백 순환을 만들어 왔다.

이처럼 새로운 장르 개발, 높은 완성도, 꾸준한 연재, 독자와의 소통이 결합되면서 〈남 기자의 체헐리즘〉은 소속 매체를 넘어 독자적 영역을 구축했고 명확한 브랜드로 자리 잡았다. 2020년 〈유퀴즈 온더블럭〉 출연 이후 네이버 기자홈 구독자, 인스타그램 팔로워 수 등이 크게 증가했으며, 2025년 11월 30일 기준 네이버 기자홈 구독자 수는 114,270명으로 전체 기자들 중 1위를 기록하고 있다. 그의 기사가 자극적이지도 선정성을 띠지도 않으며, 속보나 정치사회 이슈를 중심으로 하지 않음에도 많은 독자가 꾸준히 찾아 읽는다는 점은 〈체헐리즘〉이 시장에서도 충분한 인정을 받고 있음을 보여준다.

다만 〈남 기자의 체헐리즘〉은 현재 중요한 분기점에 서 있는 것으로 평가할 수 있다. 처음부터 제기돼 온 "〈체헐리즘〉이 언론이 해야 할 일인가, 저널리즘의 영역인가"라는 질문은 여전히 유효하다. 이러한 본질적 의문과 더불어 변화한 언론환경도 새로운 도전 요인이다. 유튜브에는 다양한 '체험 콘텐츠'가 넘쳐나지만 대부분 럭셔리 체험이나 소비 중심 콘텐츠가 주류를 이루기 때문에 사회적 약자나 노동 문제를 다루는 체헐리즘과는 방향성이 다르다. 결국 고유의 독특함을 유지한 채 독자의 관심을 계속 끌어낼 수 있을지가 관건이다.

또 하나의 과제는 언론환경이 활자 중심에서 영상 중심으로 빠르게 재편되면서 〈체헐리즘〉도 영상화를 요구받고 있다는 점이다. 〈남 기자의 체헐리즘〉은 모든 과정을 혼자서 담당하는 구조이기 때문에 영상화를 시도할 경우 추가 인력·설비 등 현실적 어려움이 따를 수 있다.

마지막으로, 《머니투데이》라는 경제매체와 남형도의 〈체헐리즘〉이 어떤 방식으로 교집합을 형성하고 정체성을 조율할 수 있을지가 향후 핵심적인 과제다. 즉, 사회적 약자에 주목하는 〈체헐리즘〉과 경제매체라는 조직의 특성 사이에서 어떤 방향성을 찾을 것인지가 다음 단계의 숙제라고 할 수 있다.

(4) 현장-스튜디오 하이브리드형

유튜브 기반 온라인 매체 〈취재편의점〉을 운영하고 있는 장윤선 기자가 이 유형에 해당한다. 장윤선은 월간 《참여사회》 편집장을 맡다가 2003년 《오마이뉴스》로 옮겨 2018년까지 주로 정치·사회 분야 취재를 담당하며 정치 전문기자로 자리 잡았다. 이후 2023년 9월 유튜브 채널 〈취재편의점〉을 개설했고, 현재도 여러 방송 매체의 패널로 활발히 활동하고 있다.

장윤선 브랜드를 한마디로 요약하면 '취재하는 패널'이다. 그는 《오마이뉴스》 재직 시절부터 현장 중심의 기획 취재를 적극적으로 수행해 왔으며, 〈취재편의점〉 개설 이후에도 이러한 현장성을 그대로 유지하고 있다. 2023년 10월 서울 강서구청장 보궐선거, 2024년 4월 총선, 박정훈 대령 재판과 청문회 등 주요 정치 현안을 직접 찾아 다니며 취재했고, 국회의원회관을 찾는 '습격 라이브'도 진행했다. 이러한 현장 생중계에 동시접속자가 몰릴 만큼 대중적 반응이 컸다. 특히 이종섭 장관의 호주 대사 부임 출국 당시 시도한 인천공항 라이브는 동시접속자 수가 5만 명을 넘어서기도 했다. 국민이 궁금해하는 현장으로 거침없이 진입해 시민과 공감하며 소통하는 모습이 신뢰를 형성했고, 이 점이 구독자 수가 단숨에 70만 명을 넘어 폭발적으로 증가한 주요 요인으로 분석된다.

현장 취재와 더불어 장윤선의 또 다른 강점은 오랜 방송 패널 경험을 통해 축적된 뛰어난 전달력과 진행 능력이다. 그는 2014년 9월부터 팟캐스트 〈장윤선의 팟짱〉을 약 4년간 운영했으며, 《오마이뉴스》 정책상 소속 기자들의 타 방송 출연을 적극 독려하는 분위기였기 때문에 《TBS》 등 다양한 방송에서 패널 활동을 지속해 왔다. 이 때문에 〈취재편의점〉 개설 이전부터 이미 정치 전문기자로서의 브랜드를 공고하게 구축한 상태였다.

장윤선은 앞서 설명한 봉지욱과 마찬가지로 '권력감시형' 기자의 속성도 띤다. 그러나 봉지욱이 장기 취재를 통해 특정 시점에서 특종을 터뜨리는 탐사기자적 성향이 더 강하다면, 장윤선은 주요 정치 현안을 따라가며 취재한 내용을 거의 매일 바로바로 방송으로 전달하는 방식에 가깝다. 즉, 현장과 스튜디오를 활발히 오가는 하이브리드형 속성이 더욱 두드러진다. 두 사람을 별도의 소분류로 구분한 이유도 여기에 있다. 한편 장윤선이 존재감을 드러낸 이후, 시사 방송 패널들 사이에서도 취재력을 기반으로 한 '취재하는 평론가' 유형이 등장하기 시작했다는 점 또한 주목할 만하다.

5) 조직 레버리지·플랫폼 전략형

자신의 이름을 브랜딩한 기자들 중에는 회사가 새롭게 마련한 공간이나 기회를 적절히 활용해 이를 발전·진화시킨 사례들이 적지 않다. 특히 회사가 새로운 사업이나 영역을 시작할 때 그 흐름에 합류해 자연스럽게 기자 브랜드도 구축된 경우가 많았다. 또 다른 유형으로는 이미 형성된 회사의 공간을 더욱 확장해 개인 브랜드를 키운 형태가 있었다.

(1) 출범 조직 점화형

구교형 기자는 2024년 1월, 《경향신문》이 유튜브 채널에서 매일 방송하는 정치·

시사 프로그램을 신설하는 과정에서 사내 진행자로 발탁되었다. 정치부 기자였던 그가 이 제안을 수용하고 적극적으로 역할을 수행한 결과, 단기간에 '구교형'이라는 독립적 브랜드를 구축할 수 있었다. 회사의 새로운 시도에 합류하면서 개인 브랜드가 함께 점화된 사례다.

성수영 기자는 경제지 소속임에도 미술 연재 기사로 브랜딩을 형성했다. 이는 《한국경제》가 독자층 특성에 맞춰 고급 문화예술 소비를 촉진하고, 디지털과 오프라인을 결합한 '원소스멀티유즈/OSMU(One Source Multi-Use)' 전략을 본격화한 시점과 맞물린다. 한경미디어그룹은 2022년 국내 클래식 음악 채널 《아르떼TV》를 인수해 문화예술 채널로 재개국하며 '아르떼 프로젝트'를 추진했고, 《한국경제》 취재 파트에서도 클래식·미술 영역을 확장하는 장기 계획을 세웠다. 2023년 5월에는 문화예술 콘텐츠 플랫폼 '아르떼'(arte.co.kr) 서비스까지 개설했다.

또 《한국경제》는 2022년 '기자별 개인 코너 개설'을 방침으로 세웠다. 성수영은 초기에 다소 부담을 느꼈으나, 문화재·미술 취재 과정에서 지면 제약으로 담지 못한 이야기들을 "그때 그 사람들"이라는 제목으로 풀어내기 시작하면서 적극성을 갖게 되었고, 이는 결국 자신의 브랜드로 이어진 장기 연재의 출발점이 되었다.

성수영이 2021년 미술 담당 기자로 발령되었을 때만 해도 경제지에서는 주변부에 해당하는 영역으로 여겨졌으나, 이후 회사의 '아르떼 프로젝트' 확장과 맞물리며 한 분야에 지속적으로 머물면서 전문성을 발전시킬 수 있었다. 회사가 제공한 초기 레버리지에 기자 본인의 기획력과 역량을 결합해 개인 브랜드 형성으로 이어진 대표적 사례라 할 수 있다.

박지윤 《한국일보》 기자는 아직 이름이 본격적으로 브랜딩된 기자라고 보기는 어렵지만, 성장 방향과 흐름은 '출범 조직 점화형'에 해당한다고 볼 수 있다. 2017년 입사한 그는 수습 기간 직후 디지털뉴스부에 배치돼 1년간 긴 호흡의 내러티브 기사 〈인물360도〉 디지털 연재를 맡았다. 이 시기는 마침 네이버가 기자 페이지 제도를 도입해 본격 추진하던 때와 맞물렸고, 연재물은 꽤 주목을 받았다. 덕분에 기자로서 비교적 이른 시기에 '독자와의 직접 소통' 경험을 하게 되었다.

이후 박지윤은 멀티미디어부(사진부)로 이동해, 기존 장기 연재물이었던 〈뷰엔(View&)〉에 투입되어 사진·기사·영상 제작을 모두 맡았다. 뿐만 아니라 새로운 유튜브 채널 개설에도 참여하며 활동 영역을 확장했다. 2022년 《한국일보》 뉴스룸에 '1인랩(Lab)' 형태의 실험적 조직인 '커넥트팀'이 신설되자 이번에는 이 팀에 소속되었고, 거기서 '일'을 주제로 사람들을 취재해 소개하는 롱폼 버티컬 〈커리업(CareerUp)〉을 약 3년(2022~2024) 동안 운영했다. 이와 함께 뉴스레터, 인터뷰 시리즈 〈일잼원정대〉를 병행했고, 이 콘텐츠는 사내 출판사를 통해 단행본으로 엮이기도 했다.

대부분의 기자가 출입처 기반 취재로 커가는 것과 달리, 박지윤은 처음부터 디지털 기반 '노마드형 기자'로 성장해 왔다. 본인의 의지가 작용한 측면도 있지만, 큰 틀에서는 회사가 새로운 장(場)을 만들고 공간을 열어주면, 그 안에서 자신의 영역을 구축해간 사례라고 볼 수 있다.

구교형, 성수영, 박지윤의 공통점은 이들이 처음 특정 영역에 진입하게 된 출발점이 기자 본인의 선택이 아니라 회사 결정에 의해 마련됐다는 점이다. 즉, 회사가 새로운 사업 또는 신규 프로젝트를 추진하면서 이들을 선발하거나 관련 부서로 배치했기 때문에 그 일을 시작할 수 있었다. 만약 이 같은 회사의 일차적 결정이 없었더라면 오늘의 '브랜딩된 기자'로 이어지지 않았을 가능성도 있다. 다른 한편으로, 이러한 배치는 기자로서 익숙한 성장 경로, 즉 출입처 취재 중심의 루틴에서 벗어나는 결정이었기에, 때로는 경력 이탈처럼 느껴질 수도 있었을 것이다.

그러나 이들의 사례를 보면, 전형적 의미의 '장기 지속·성실 축적형'의 모습인 출입처를 오래 담당하여 전문성을 높이고 브랜드를 형성하는 방식보다, 조직의 전략적 결정을 레버리지 삼아 새로운 분야를 개척하는 방식이 오히려 브랜딩 가능성을 높일 수 있음을 보여준다. 흥미롭게도, 세 사람 모두 신문사 소속 기자이지만 브랜딩이 구축된 영역은 공통적으로 유튜브·디지털 등 활자매체 바깥의 확장된 공간이었다는 점도 눈여겨볼 만하다.

(2) 기존 조직 확산형

'출범 조직 점화형'이 회사의 초기 결정과 구조적 지원에 의해 브랜딩이 촉발되는 유형이라면, '기존 조직 확산형'은 기자가 기존 조직의 틀 안에서 스스로 영역을 확장해 나가며 자신의 이름을 더욱 널리 알린 경우를 의미한다. 즉, 조직이 만들어

놓은 공간 위에서 개별 기자의 독자적 결단과 실천이 중요한 역할을 한 유형이다. 본 연구에서는 《MBC》 조현용, 《CBS》 김현정, 《JTBC》 오대영을 이 유형으로 분류했다.

조현용은 2018년 스스로 유튜브 부서에 자원했다. "MBC라는 타이틀 없이 한 개인 언론인으로서 시청자에게 얼마나 통할 수 있을까"라는 실험적 호기심이 동력이 되었다고 한다. 그는 2018~2020년 동안 〈엠빅뉴스〉, 〈14F〉 기획에 참여하며 디지털 제작 경험을 쌓았고, 이러한 경험을 기반으로 〈소비더머니〉를 출범시켰다.

〈소비더머니〉는 시장에는 분명 수요가 있지만 기존 방송에서는 다루지 않던 기업·브랜드 역사·서사 콘텐츠다. 예상보다 훨씬 뜨거운 반응을 얻어 약 6~8개월 만에 〈14F〉 구독자가 100만을 돌파하는 데 결정적으로 기여했고, 이후 채널 단독 운영으로 이어졌다. 현재 〈소비더머니〉는 구독자 약 90만 명, 누적 조회 수 2억 4천만 회에 이르는 큰 성과를 기록하고 있다. 조현용의 사례는 기존 조직 안에서 본인의 선택과 실험정신이 개인 브랜드 확장으로 직접 연결된 대표적 사례라 할 수 있다.

김현정 PD는 〈김현정의 뉴스쇼〉를 진행하면서 이 프로그램을 통해 자신을 단순 진행자의 역할을 넘어 브랜드 단위로 확대·발전시킨 사례다. 일반 아나운서 기반 진행자들과 달리, PD인 그는 프로그램 제작 전반에 직접 관여하며 프로그램과 개인 브랜딩의 경계를 함께 확장시켰다. 가장 큰 성과는 독립 채널 구축과 유튜브 전략 도입이었다. 대부분의 방송사는 뉴스 프로그램을 독립 채널로 분리하지 않는다. 기존 방송 채널과 시청자층이 겹치고 독립 운영의 실익이 크지 않다고 보기 때문이다. 그러나 〈김현정의 뉴스쇼〉는 독립 채널을 운영하며 160만 명 가까운 구독자를 확보했다. 이는 프로그램의 브랜드 정체성을 선명하게 하고, 동시에 '김현정'이라는 개인 브랜드를 더욱 굳건하게 만드는 역할을 했다.

또한 본방송 직후 운영되는 유튜브 전용 라이브 '댓꿀쇼'는 프로그램 브랜드 확산에 크게 기여했다. 유튜브에서는 공중파보다 훨씬 자유롭고 편안한 방식으로 대화할 수 있고, 실시간 댓글 소통도 가능하기 때문에 충성 구독자층을 강화하는 데 유리했다. 이러한 확장 전략은 지금은 다른 방송사 뉴스쇼들도 대부분 차용하고 있을 정도로 영향력이 컸다. 결과적으로 김현정 PD는 기존 조직의 공간을 주도적으로 넓혀가며 개인 브랜드와 프로그램 브랜드를 동반 성장시킨 사례로 평가된다.

오대영은 뉴스룸부 부장으로서 조직을 지휘하는 동시에, 메인뉴스 〈뉴스룸〉의 진행자 역할을 함께 수행하고 있다. 일종의 감독과 선수를 동시에 맡는 구조다. 이전에도 〈오대영 라이브〉를 진행할 당시 디지털부장과 자신의 이름을 건 뉴스쇼 앵커를 겸한 경험이 있다. 그는 조직 내에서 부서장 역할을 수행하면서도 개인 브랜드를 확장하는 이중적 역할을 지속적으로 병행한 사례라 할 수 있다.

6) 외생 변수 점화형

(1) 바이럴 점화형

취재 현장을 전하는 일상적인 보도 과정에서 몇 가지 우연이 겹치며 하루아침에 이름이 널리 알려지게 된 유형이다. 이번 연구에서 인터뷰한 기자들 가운데 가장 대표적인 인물은 《KBS》 박대기 기자다. 2009년 2월 입사한 그는 2010년 1월 4일, 이른바 '100년 만의 서울 폭설' 보도의 한복판에 있었다. 그리고 15년이 지난 2025년 현재까지도 많은 시민이 그의 이름을 또렷하게 기억하게 된 '눈사람 보도'가 바로 그날 나왔다.

박대기는 당시 상황이 의도된 것이 전혀 아니었다고 했다. 입사 1년도 안 된 신입이었고, 중계차에 나간 것도 두 번째였다. 폭설을 맞으며 카메라 앞에 그대로 서 있을 수밖에 없었던, 다소 코믹하게까지 보였던 그 장면이 시청자들에게 큰 반향을 일으킬 것이라고, 그리고 그것이 단숨에 '박대기'라는 이름을 국민들에게 각인시키게 될 것이라고는 전혀 예상하지 못했다. 시청자들이 그날 장면에서 본 것은 신입 기자의 서툴지만 성실한 태도였을 것이다. 여기에 '대기'라는 이름까지 더해지며 박대기 특유의 이미지가 하루 만에 형성됐다. 그런데 실제 박대기의 성향도 시청자들이 느꼈던 이미지와 크게 다르지 않아 보였다.

본 연구의 인터뷰에서 만났던 많은 기자들의 경우 대부분 전문성이 축적되는 과정에서 브랜딩이 자연스럽게 따라왔다면, 박대기는 먼저 '브랜드'가 형성되고 정작 그가 어떤 기자인지에 대한 정보는 제대로 알려지지 않은 다소 독특한 상황이 벌어졌다. 폭설 현장 취재는 사회부 초년 기자라면 누구나 한 번쯤 경험하는 업무이고, 특별한 전문성이 필요한 것도 아니다. 그런 기사로 한순간 유명해진 사례는 박대기

이전에는 없었다.

입사 초기에 형성된 강렬한 이미지는 이후 그가 여러 분야에서 오랜 기간 활동했음에도 완전히 벗어나지 못한 채 남아 있다. 그렇다고 해서 이를 박대기가 어떻게 할 수 있는 종류의 사안도 아니다. 다행히도 유명세 덕분에 기자 업무에서 섭외가 잘 되는 장점도 있었다고 한다. 초기 이미지가 긍정적이었기에 어떤 사안이든 진정성 있게 접근할 것이라는 신뢰를 받았기 때문이다. 그러나 동시에 "이미지가 모호하다", "인지도가 너무 강해 정작 전달하려는 메시지가 가려질 때가 있다"는 어려움도 느낄 때가 있었다고 그는 전했다.

박대기는 기자들 중에서도 흔치 않은 과학고-공대 출신이고, 이후 경제부·산업부에서 IT, 반도체, 인공지능 등 경제·기술 분야를 오랫동안 담당해 왔다. 그럼에도 이 분야에서의 전문성 기반 인지도는 기자 초년 시절의 '눈사람 기자' 이미지를 온전히 넘어설 만큼 확장되지는 못했다. 다만 LG에너지솔루션 분할·상장 이슈, 포항 지진 보도 등 복잡하고 난이도가 높은 보도에서 그는 자신이 가진 높은 친근성을 장점으로 활용해 시청자들에게 내용을 더 쉽게 전달할 수 있었다는 평가도 있다.

다만 공영방송인 《KBS》의 비교적 보수적인 조직 문화는 하루아침에 유명해진 그를 별도로 활용하지 않았고, 박대기 역시 진중한 성격 탓에 당시 쏟아지던 방송 출연 요청을 사양하는 등 이를 기반으로 다른 영역으로 진출하려는 시도는 하지 않았다. 역설적으로 이러한 부분들이 초기 이미지를 다른 방향으로 변형시키지 않고 지금까지 그대로 유지되도록 만든 요인이기도 하다. 만약 당시의 이미지를 더 적극적으로 활용했다면, 지금쯤 박대기는 상당한 브랜드 파워를 갖고 있을 가능성도 있어 보인다.

《제주MBC》의 이따끔 기자도 브랜딩 과정은 박대기와 매우 흡사하다. 입사 첫해였던 2022년 9월, 제주에 상륙한 태풍 힌남노 보도를 위해 무려 17차례 현장 중계를 진행했는데, 여기에 '이따끔'이라는 독특한 이름까지 더해지면서 하루아침에 전국적으로 이름이 알려졌다. 이름 덕을 본 점까지 포함하면 박대기 사례와 거의 같다고 할 수 있다.

이 보도로 인해 2023년 2월 《tvN》 〈유퀴즈 온더블록〉에 출연하면서 '이따끔' 브랜드는 더욱 크게 확산됐다. MZ세대 감성을 그대로 보여주는 쾌활한 분위기로 많은 이들의 호감을 얻었고, 이후 유튜브 기반의 MZ 타깃 콘텐츠 등을 통해 '이따끔' 브랜드를 보다 분명하게 구축해 나갔다.

브랜딩의 출발은 박대기와 이따끔이 매우 비슷했지만, 이후 브랜드 확산 과정은 이따끔 쪽이 더 경쾌하게 전개되고 있다. 기자 브랜딩에 대한 인식 차이가 2010년과 2022년 사이에 그만큼 크게 벌어진 데다, 소속 회사의 분위기, 브랜딩에 대한 개인적 적극성 등이 이러한 차이를 만들어낸 것으로 볼 수 있다.

(2) 정치환경 점화형

봉지욱 전 《뉴스타파》 기자는 《JTBC》 재직 시절부터 탐사 전문기자로 활동하며 '대장동 사건'을 비롯한 굵직한 사회적 의혹과 정치적 사건들을 끈질기게 추적·보도해 이름을 알려왔다. 특히 단순한 사건 전달을 넘어 수사 구조와 권력 작동 방식을 해부하는 탐사 저널리즘의 전형을 보여주었다. 대장동 사건을 파헤치는 과정에서도 검찰의 수사 조작 의혹과 수사팀·정치권 간의 연관성을 집요하게 추적하며, 기존 언론 보도의 프레임을 흔드는 문제 제기를 이어갔다. 이러한 보도는 단발성 이슈를 넘어 사회적 논쟁을 촉발시키며 큰 주목을 받았다.

그 과정에서 봉지욱이라는 이름을 전국적으로 확실히 각인시킨 대표적 계기가 바로 이른바 '윤석열 전 대통령 명예훼손' 사건이다. 그는 2022년 2월, 부산저축은행 수사와 관련해 당시 대선 후보였던 윤석열 전 대통령이 검사 시절 관련 수사를 무마했다는 의혹을 제기했다. 이 보도는 대선 국면에서 검찰·정치권 내부의 긴장을 전면화시키며, 탐사보도가 정치권력과 직접 충돌하는 장면을 상징적으로 드러냈다. 윤 전 대통령 당선 후 검찰은 그를 대통령 명예훼손 혐의로 기소했고, 이 사건은 언론 자유와 권력 비판의 경계를 둘러싼 사회적 논쟁 속에서 '봉지욱'이라는 이름을 더욱 널리 확산시키는 계기가 되었다.

그 사건이 없었더라도 봉지욱은 이미 '윤석열과 싸우는 기자', 더 넓게는 사정권력과 대립하는 탐사 기자라는 이미지로 일정 부분 브랜딩돼 있었다. 그러나 본인의 기획이나 전략과 무관한 외부적 사건이 겹치면서 그의 서사는 더욱 극적으로 증폭되었다. 결과적으로 '거악과 맞서는 기자', '권력의 언어를 해체하는 탐사 스피커'라는 인상 역시 한층 공고해졌다.

2. 플랫폼별 브랜딩 경로

앞서 설명했듯이 브랜딩 기자들을 콘텐츠나 성장·발전 경로뿐만 아니라, 브랜딩에 이르게 된 주요 플랫폼별로도 그 유형을 구분해 볼 수 있다. 전통적 의미에서 기자들은 소속 언론사의 매체를 통해 자신의 이름을 알리는 것이 일반적이었다. 하지만 언론환경이 급변하고 매체와 플랫폼이 다양해지면서, 브랜딩이 형성되는 공간 역시 크게 확장되었다. 일부 기자들은 이러한 변화된 플랫폼 환경을 적극적으로 활용하기도 한다.

따라서 언론인 브랜딩이 플랫폼별로 어떻게 형성되고 구축되는지를 살펴보는 것은 매우 유의미한 분석이라 할 수 있다. 플랫폼별 브랜딩 경로에 따른 언론인 브랜딩 유형 분류를 주 유형과 보조 유형으로 나누어 정리한 것이 〈표 3-2〉이다. 일부 언론인들은 플랫폼별 브랜딩 경로에서도 여러 유형에 복수로 해당된다. 다만 개별 언론인의 브랜딩 형성 과정에서 가장 영향을 많이 미친 플랫폼을 기준으로 주 유형은 단수로 정하고, 보조 유형은 필요에 따라 복수로 분류했다.

〈표 3-2〉 '플랫폼'을 기준으로 한 언론인 브랜딩 경로 분류

	주 유형	보조 유형
전통적 소속 매체 전념	성한용(한겨레), 강찬수(전 중앙일보), 조동찬(전 SBS), 김지수(전 조선비즈), 오대영(JTBC), 조현용(MBC), 이따끔(제주MBC) 박대기(KBS),	김현정(CBS)
방송 출연 통한 셀럽 진화	안진용(문화일보), 장윤선(전 오마이뉴스), 김현정(CBS)	조동찬(전 SBS), 성한용(한겨레), 이따끔(제주MBC), 봉지욱(전 뉴스타파), 김은지(시사IN)
포털 적극 활용	남형도(머니투데이), 성수영(한국경제), 강영운(매일경제)	김주완(전 경남도민일보)
유튜브 진출	구교형(경향신문), 김은지(시사IN), 방종임(전 조선에듀), 봉지욱(전 뉴스타파)	안진용(문화일보), 장윤선(전 오마이뉴스), 주성하(동아일보), 조현용(MBC)
기타	김주완(전 경남도민일보), 주성하(동아일보), 박지윤(한국일보)	

주: '주 유형'은 해당 기자의 가장 대표적인 유형을, '보조 유형'은 복수 분류 방식을 택했음.

1) 전통적 소속 매체 전념형

가장 일반적인 경우는 소속 매체를 통해 전문성을 쌓아가며 자신의 브랜드를 알려 나가는 형태다. 이번 연구에서 인터뷰한 기자들 상당수가 이 유형에 속한다. 성한용《한겨레》 정치 선임기자, 강찬수 전《중앙일보》 환경 전문기자, 조동찬 전《SBS》 의학 전문기자, 김지수 전《조선비즈》 기자, 오대영《JTBC》 기자, 조현용《MBC》 기자, 이따끔《제주MBC》 기자, 박대기《KBS》 기자가 모두 이에 해당한다.

그러나 이들 브랜딩 기자들은 대부분 소속 매체를 넘어 여러 매체에 걸쳐 노출되는 경우가 많았다. 브랜딩이 형성된 이후에는 타 언론사의 출연 요청이 많아지기 때문에 자연스럽게 활동 영역이 확장되는 것이다. 대표적인 사례가 성한용 선임기자다. 그는《한겨레》 소속이지만 오래전부터 여러 방송사의 토론 프로그램과 시사 방송의 패널로 꾸준히 출연해 왔다. 지금도 그의 주 무대는《한겨레》지만, 유튜브 방송인 〈한겨레TV〉는 물론《SBS》 등 다른 방송국에도 고정 출연하며, 이를 통해 '성한용' 브랜드가 더 널리 알려지는 긍정적 효과를 얻고 있다.

신문기자에 비해 방송기자들은 타 방송 출연이 상대적으로 제한적이지만, 이따끔《제주MBC》 기자는《tvN》의 〈유퀴즈 온더블록〉 출연을 통해 전국적 유명세를 확보한 경우다. 조동찬 전《SBS》 기자는 〈8뉴스〉를 통해 널리 알려졌지만, 코로나19 팬데믹 기간에는 같은 방송국의 라디오 프로그램 〈김태현의 정치쇼〉에 매주 고정 게스트로 출연하면서 대중적 친밀도를 더욱 높였다. 조현용 기자 역시 처음 이름이 알려진 계기는《MBC》 메인 뉴스 〈뉴스데스크〉가 아니라, 유튜브 채널의 콘텐츠 〈소비더머니〉를 통해서였다.

이처럼 전통적 의미에서 소속 매체를 기반으로 브랜딩된 기자라 하더라도, 이후에는 대부분 자연스럽게 '확장형'으로 발전하는 경향이 있다.

2) 방송 출연 셀럽형

'전통적 소속 매체 전념'형과 맞닿아 있는 유형이지만, 방송 출연을 통해 인지도가 높아져 셀럽(Celebrity)에 가까운 존재가 되는 경우다. 이번 연구에서 인터뷰한 기자들 가운데서는 대중적 인지도가 가장 높은 축에 속한다. 안진용《문화일보》

기자, 장윤선 전 《오마이뉴스》 기자 등이 대표적이다.

안진용은 《문화일보》에서 방송·연예 분야를 오랫동안 담당해 왔다. 그러나 실제로 '안진용' 브랜드는 《문화일보》 지면보다는 다양한 방송 프로그램 출연을 통해 더 크게 확장된 측면이 있다. 지상파와 종편을 넘나들며 방송에 자주 등장했는데, 종합일간지 소속 기자로 연예 분야를 전문적으로 다루는 경우가 드물다는 점, 그리고 기자가 되기 전 아나운서를 준비할 정도로 외모·발음·표정 등이 방송에 적합했다는 점이 출연 섭외로 이어졌다. 그 결과, 안진용은 자사 기사뿐 아니라 방송을 통한 발언·이미지를 통해 '사실·균형·전달력'을 많은 사람들에게 각인시킬 수 있었고, 이를 바탕으로 '종합지 연예전문 저널리스트'라는 독보적 브랜드를 구축했다.

2020년 그는 유튜브 채널 〈올댓스타〉를 본격적으로 시작했다. 정기적으로 콘텐츠를 업로드하면서도 일부러 라이브는 지양해 왔다. 연예 뉴스 특성상 실시간 진행 시 선정성의 유혹이 생길 수 있어 이를 사전에 차단하려는 판단이다. 구독자 증가 속도에서는 다소 손해를 볼 수 있지만, 연예 뉴스 영역에서 '안진용 브랜드'가 가진 높은 신뢰성을 더욱 공고히 하는 데는 효과적이었다. 2025년 11월 현재 그의 개인 채널 〈올댓스타〉 구독자는 55만 6천여 명에 이르며, 단기간 폭발적 증가가 아닌 꾸준한 상승세를 유지하고 있다.

이 유형에 함께 해당하는 기자로는 장윤선도 있다. 장윤선은 원래 디지털매체 《오마이뉴스》 기자였다. 이후 회사가 마련한 팟캐스트, 유튜브 방송 등에 참여하면서 개인 기자 브랜드가 점차 넓어졌고, 회사를 그만둔 뒤 2023년 9월부터 유튜브 채널 〈취재편의점〉을 개설해 매일 방송을 진행하고 있다. 장윤선이 〈취재편의점〉을 만들 수 있었던 배경에는 그가 이미 오랫동안 여러 방송에 적극 출연하며 쌓아온 높은 인지도가 있었다. 그는 매일 오전 〈취재편의점〉에서 뉴스쇼를 진행하는 동시에, 지상파, 유튜브를 넘나들며 다양한 방송에 출연하는 등 방송 패널로서도 활발히 활동하고 있다. 즉, 《오마이뉴스》에서 출발해 지금은 〈취재편의점〉이 주 무대이지만, 실제로 장윤선 브랜드가 구축되고 확장된 공간은 그가 소속되지 않았던 여러 방송이었다. 정치 분야로 놓고 보면 성한용 《한겨레》 선임기자와 비슷한 흐름으로 볼 수도 있다. 다만 성한용이 소속 매체 중심으로 활동해 온 데 반해, 장윤선은 타사 활동 비중이 훨씬 높다는 점에서 차이가 있다.

신문·디지털 매체 기자들에 비해 방송기자들은 대체로 자사 방송국 울타리를 벗어나기 어려운 경향이 있다. 기자가 아닌 PD이긴 하지만 《CBS》 김현정도 마찬가지다. 〈김현정의 뉴스쇼〉는 새벽부터 준비를 시작해야 하고, 뉴스 특성상 방송 이후에도 계속 상황을 점검해야 하기 때문이다. 김현정이 한때 《MBN》 〈판도라〉를 1년 3개월간 진행했고, 《tvN》 8부작 프로그램에 참여하기도 했지만, 그는 기본적으로 〈김현정의 뉴스쇼〉에 전념하며 청취자와 꾸준히 소통해 자신만의 브랜드를 구축했다. 오랫동안 한 방송을 진행했고 그 방송이 널리 알려지면서 가족형 팬덤이 형성되었고, 이를 통해 본인 또한 유명인이 된 것이다.

조동찬 전 《SBS》 보건의료 전문기자 역시 소속 뉴스룸뿐 아니라, 같은 방송국 라디오 프로그램인 〈김태현의 정치쇼〉 고정패널로 출연했고, 주요 보건·의료 이슈가 발생할 때 유튜브 라이브를 활용하는 등 확장된 대체 채널을 통해 브랜드를 강화한 사례다.

3) 포털 적극 활용형

소속 매체가 아닌 포털을 통해 자신의 브랜드를 형성한 기자들도 있다. 네이버는 2015년 '기자홈' 제도를 도입했다. 네이버와 제휴한 언론사 기자들의 활동 프로필을 소개하고, 그 기자가 작성한 기사들을 한곳에 모아 모바일 중심으로 제공하는 서비스인데, 이후 PC 버전까지 확대되면서 기자홈은 기자 개인 브랜딩 및 구독자와의 소통 채널로 기능한고 있다.

출범 당시에는 11개 언론사 1,200여 명의 기자가 참여했지만, 2025년에는 83개 언론사, 9,600여 명의 기자가 기자홈을 운영하고 있으며, 총 구독 수는 약 1,600만 규모로 크게 성장했다. 최근 네이버가 유튜브 등 영상 플랫폼에 밀리고 이전보다 포털 페이지뷰가 감소하는 추세이긴 하나, 여전히 개별 매체에 비해서는 상당한 영향력을 유지하고 있다.

이 제도를 적극적으로 활용해 소속 매체의 울타리를 넘어 브랜드 인지도를 크게 확대한 사례도 적지 않다. 본 연구에서 인터뷰한 기자 중에서는 《머니투데이》 남형도, 《한국경제》 성수영, 《매일경제》 강영운이 이에 해당한다. 네이버 기자홈 구독자 수를 기준으로 보면, 남형도가 11만 4천여 명으로 가장 많아 전체 기자 중 1위를 기록하고 있다. 성수영 약 8만 4천 명, 강영운 약 5만 8천 명으로, 모두 상당한 구독자 규모다. 이들이 디지털 연재물을 시작한 시점이 남형도는 2018년, 성수영과 강영운은 2022년인 점을 감안하면, 매우 빠른 시간에 기자 개인 브랜드가 확립된 것으로 볼 수 있다. 이런 성과가 가능했던 이유는 이들이 자사 홈페이지가 아닌, 전파력이 압도적으로 강한 포털을 중심으로 콘텐츠를 유통하고 그 기능을 적극적으로 활용했기 때문이다.

흥미로운 점은 이들이 모두 경제매체 소속임에도, 다루는 콘텐츠는 각각 체험, 문화예술, 역사로 소속 매체에서는 큰 비중을 차지하지 않는 분야라는 사실이다. 어찌 보면 그 때문에 대중적 플랫폼인 포털을 통해 독자들과 만나고 영역을 넓혀 가며 브랜드를 구축할 수 있었던 것인지도 모른다. 동일한 콘텐츠를 꾸준히 생산하더라도, 만약 유통을 자사 홈페이지로 국한했다면 지금과 같은 브랜딩은 가능하지 않았을 것이다. 자사 홈페이지 조회 수 기준으로도 큰 반향을 얻기 어려웠을 것이며, 어쩌면 연재 자체가 지속되지 못했을 가능성도 있다.

남형도는 2018년 여름 〈남 기자의 체헐리즘〉 연재를 시작했다. 나중에 주 2회로 늘렸지만 초반에는 독자의 신뢰를 쌓고 파급력을 유지하기 위해 주 1회 연재를 고집했다. 애초 포털 중심 전략을 염두에 둔 것은 아니지만, 구조적으로 포털 중심 유통이 불가피했고, 그에 맞춰 기획 단계부터 포털 노출 방식을 고려했다. 제목, 부제, 첫 문단의 문장 수까지 포털에서 어떻게 보일지를 계산하며 더 많은 독자가 기사를 보게 할 방법을 고민했다고 한다. 그는 네이버뉴스의 '기자 톡'도 운영하고 있는데, 실제 소통은 많지 않더라도 독자와 연결된 창구가 있다는 점 자체가 유의미하다고 보았다. 이를 통해 독자와 함께 취재를 만들어 가는 감각, 독자의 요구를 수렴하는 과정 등을 일정 부분 충족하고 있다.

성수영 역시 네이버 기자홈을 통해 자신만의 브랜드를 구축했다. 그는 남형도보다 한 단계 더 세밀하게 네이버 조회수 전략을 관리하고 있다. 특별한 기술이 있는 것은 아니지만, 예를 들어 매 기사 말미에 "구독 부탁드립니다"라는 문구를 넣고, 매주 토요일 게재되는 〈그때 그 사람들〉 연재가 더욱 돋보이도록 금요일까지 올라온 자신의 모든 기사를 기자홈에서 내려 해당 연재물만 집중 노출되도록 구성하는 방식이다. 유튜브 채널 운영과 매우 유사한 전략이다. 이런 작은 정성만으로도 효과는 확연했다. "구독 부탁드립니다"라는 문구 하나로 많을 때는 일주일에 1,000~2,000명씩 구독자가 증가했다고 한다. 명확한 수치로 성과가 드러나는 점이 성수영에게 강력한 동기 부여가 된 셈이다. 그 결과 '네이버 기자홈 문화 분야 구독자 1위'라는 타이틀을 얻었고, 이는 곧 성수영 브랜드로 정착됐다. 지금도 그는 이 자리를 유지하기 위해 꾸준히 기자홈을 관리하고 있다.

성수영은 네이버 기자홈을 주무대로 생각하고 있어, 소속 매체인 《한경닷컴》이나 타 포털(다음 등)에 유통되는 기사 하단에도 '네이버 구독하기' 링크를 붙여둔다. 즉 다른 플랫폼에서 우연히 그의 기사를 본 독자들을 오히려 소속 매체가 아닌 네이버로 유도해 고정 독자로 만드는 전략이다. 본 연구에서 인터뷰하지는 않았지만, 《헤럴드경제》에서 명화를 스토리텔링으로 소개하는 〈후암동 미술관〉을 연재하는 이원율 기자도 비슷한 전략을 쓰고 있다. 흥미롭게도 성수영은 이원율 기자를 만난 적은 없지만 서로를 자연스럽게 의식하며 '은근한 라이벌 관계'를 형성하고 있다고 한다. 이런 긴장감이 콘텐츠 품질을 지속적으로 유지·개선하는 동력이 되고 있다. 이뿐 아니라, 한쪽의 조회수가 늘어나면 네이버 알고리즘 구조상 상대방의 연재에도 유입이 생기는 등, 결과적으로 서로에게 윈윈 효과가 나타난다고 한다.

강영운이 자신의 브랜드를 구축한 무대 역시 네이버 기자홈이다. 2022년 말 연재를 시작했고 네이버를 통해 기사가 널리 알려졌다. 동일한 기사를 자사 홈페이지와 네이버에 동시에 게재하지만, 체감되는 반응은 네이버와 자사 홈페이지의 비중이 9 대 1 정도라고 했다. 강영운의 네이버 뉴스홈 구독자는 약 5만 8천 명으로 사내 2위다. 그런데 2022년 말 연재를 시작하기 전 그의 네이버 기자홈 구독자는 2,000명 정도에 불과했다. 연재를 시작한 뒤 단기간에 폭발적으로 늘어난 것이다.

강영운도 성수영과 마찬가지로 본인만의 네이버 대응 전략을 세우고 꾸준히 실행해 왔다. "제목은 과감하게 달아 문턱을 낮춰 클릭을 유도하되, 본문은 치밀한 근거와 맥락으로 채운다"는 일종의 이중화 전략이다. 때로는 자극적인 제목 때문에 악플이 달릴 때도 있지만, "읽히려면 불가피하다", "제목과 달리 내용은 탄탄하다"는 독자들의 옹호가 힘이 된다고 한다. 이러한 반복이 하나의 패턴이 되었고, 결과적으로 강영운의 또 다른 브랜드로 자리 잡았다.

그런데 이 기자들은 모두 포털이 주춤하고 유튜브가 대세가 된 변화 속에서 어떻게 적응할지 고민하고 있다. 남형도는 2020년 3월 유튜브 채널을 별도로 개설했지만, 최근 3년간 콘텐츠를 업데이트하지 못하고 있다. 하지만 남형도의 기사 중 하나를 어떤 유튜버가 쇼츠로 제작해 올렸는데 조회수가 280만을 넘은 적이 있는 것을 보고, 남형도는 "이제는 영상이 메인 플랫폼이구나"라는 생각이 들었다고 전했다. 특히 남형도의 체험 기사는 영상화하면 파급력이 훨씬 크다는 장점이 있다. 다만 그는 취재의 깊이를 중시하는데, 영상 촬영 시 취재원이 몰입하기 어려운 문제가 있다고 한다. 이를 해결하려면 시간과 인력이 더 투입돼야 하고, 실제 방송사들도 그런 방식으로 콘텐츠를 제작한다. 지금까지 거의 모든 일을 혼자 처리해온 남형도로서는 체험 콘텐츠를 유튜브 영상으로 전환하는 데 현실적 어려움이 클 수밖에 없는 상황이다. 그럼에도 언젠가는 영상 포맷으로 확장할 수밖에 없다는 생각을 하고 있다. 그가 휴대폰으로 간단히 촬영해 올린 영상이 조회수 10만을 넘은 적도 있어, 이미 대세가 영상으로 이동하고 있음을 체감하고 있기 때문이다.

성수영과 강영운도 비슷한 고민을 하고 있다. 실제로 외부에서 유튜브 관련 제안을 받은 적도 있고, 참여 여부를 놓고 고민도 해봤다고 한다. 그러나 문제는 시간이다. 기존 일상 업무, 연재, 책 작업, 강연 등으로 이미 일정이 빡빡해 유튜브까지 병행하기 어렵다는 것이다. 유튜브를 제대로 하려면 훨씬 많은 시간과 인력이 필요해 두 사람 모두 당장은 개인 유튜브 채널을 개설할 계획이 없다고 했다.

본 연구에서 인터뷰한 이 유형의 기자들은 모두 소속 플랫폼을 넘어 내용·구성·형식에서 훨씬 자유로운 포털을 통해 브랜드를 구축했다. 네이버의 기자홈 전략과 이들의 콘텐츠가 잘 맞아떨어져 일종의 윈윈이 된 셈이다. 그러나 이들은 유튜브로 대표되는 새로운 환경 변화 앞에서 또 다른 기로에 서 있다. 이들이 네이버를 기반으로 브랜드를 키워왔기 때문에, 만약 네이버가 예전만큼의 영향력을 유지하지 못하고 쇠퇴한다면 이들의 브랜드 역시 위축될 수밖에 없다.

이들은 새로운 플랫폼 변화가 일어날 당시 기자 연차가 높지 않았고, 소속 매체에서 가진 자산이 많지 않아 포털 플랫폼으로 이동하기가 비교적 수월했다. 그러나 이제는 기자홈을 통해 적지 않은 '자산'을 확보하게 되었고, 상황은 달라졌다. 새로운 시장과 플랫폼이 열렸지만 기존 자산을 쉽게 포기하기도 어렵고, 그렇다고 양쪽을 동시에 충실히 운영하는 것도 쉽지 않은 이중의 난관에 놓인 것이다. 앞으로 이들이 어떻게 이 상황을 슬기롭게 극복하고 새로운 플랫폼 환경 속에서 자신의 브랜드 구조를 만들어갈지가 중요한 과제가 될 것이다.

4) 유튜브 진출형

최근 기존 텍스트 매체들이 잇따라 유튜브 채널을 통해 라이브 방송을 시작하면서, 신문·잡지 기자들을 자사 유튜브 방송에 내보내는 사례가 많아지고 있다. 이를 통해 일부 기자들은 텍스트·방송 기자를 겸업하거나, 아예 방송 앵커처럼 활동하기도 한다. 본 연구에서는 《경향신문》 구교형, 《시사IN》 김은지가 이에 해당한다. 이들은 자사 유튜브 채널의 진행자로 활동하면서 개인 기자 브랜드를 구축했다. 신문·잡지 기자로 오랫동안 활동했던 시기보다 최근 1~2년 유튜브 방송을 통해 브랜드가 훨씬 빠르게 형성된 것이다. 이는 사람의 얼굴과 말투를 그대로 각인시키는 영상 매체의 특성 때문일 가능성이 높다.

위 두 기자는 모두 소속 언론사가 매체 전략을 세우는 과정에서, 회사의 결정에 따라 발탁된 경우다. 이에 비해, 전 《조선에듀》 방종임, 《문화일보》 안진용은 소속사와 별도로 개인 유튜브 채널을 개설해 이를 확장해 간 사례다. 방종임과 안진용의 공통점은 회사와의 불필요한 마찰을 방지하기 위해 초기부터 충분히 협의했고, 회사 업무와 유튜브 운영이 충돌하지 않도록 조율했다는 사실이다. 이는 유튜브라는 플랫폼의 특성과 구조를 이들이 이미 어느 정도 파악하고 있었다는 점을 보여준다. 다만 두 사람의 차이는 분명하다. 방종임은 유튜브 개설 단계부터 퇴사를 염두에 둔 반면, 안진용은 회사에 남아 영향력을 확장하는 데 초점을 맞췄다. 이는 '교육'과 '연예'라는 분야별 시장 규모와 경쟁 강도 등의 차이도 관련이 있을 것이다.

방종임은 2020년 《조선에듀》 편집장을 맡던 시절 〈교육대기자 TV〉를 개설했다. 그리고 퇴사한 뒤에도 채널을 이어오며 확대·발전시켰다. 방종임 이전에도 《조선일보》 및 그 계열사 소속 기자 일부가 유튜브를 운영한 적은 있었지만, 주로 정치·경제 분야였다. 방종임은 유튜브 개설을 준비하면서 회사에 미리 허락을 구하고 계약서까지 작성해 혹시 모를 불상사를 미연에 방지했다. 업무 시간에는 유튜브 촬영이나 편집을 하지 않고, 인력·비용 등은 모두 본인이 감당하되, 유튜브 수익은 회사와 절반씩 나누도록 명시했다. 그동안 쌓아온 《조선에듀》 경력과 네트워크를 본인이 활용하고 있음을 스스로 인정한 것이고, 회사도 이를 수락했다.

채널 개설 초기 3개월 동안은 반응이 거의 없었다. 그러나 대치동 1타 수학강사 인터뷰 영상이 뒤늦게 큰 관심을 받으면서 상황이 달라졌다. 개설 1년이 되기 전 구독자는 8만 명을 넘었고, 당시 '방종임 브랜드'가 지금처럼 알려지지 않았던 것을 감안하면 상당한 성과였다. 그 시기 교육 전문 유튜브 채널이 많지 않았다는 점에서 일종의 선점 효과도 있었다. 또한 교육 분야를 오래 취재해 온 강점 덕분에 1타강사나 오은영 박사 등 시청자가 보고 싶어 하는 인물들을 섭외하는 데 상대적으로 유리했고, 출연자와 콘텐츠 구성에서 기성 언론의 제약에서 벗어나 자유롭게 접근할 수 있었던 점도 긍정적인 요인으로 작용했다.

채널 개설 3개월차에 대치동 학원강사 인터뷰가 주목받자 다른 콘텐츠들도 함께 재조명되기 시작했다. 개설 1년 무렵엔 교육계에서 '방종임'이라는 이름이 확실히 알려졌다. 오랫동안 《조선에듀》 기자였지만 브랜드를 만들지는 못했던 그가 유튜브 1년 만에 확실한 브랜드를 구축한 것이다. 결국 유튜브 생태계에서 더 성장하려면 몰입이 필요하다고 판단해 퇴사를 결정했다.

장윤선 전 《오마이뉴스》 기자와 봉지욱 전 《뉴스타파》 기자도 유튜브를 통해 자신의 브랜딩을 더욱 공고히 한 사례이지만, 두 사람은 유튜브에서 개인 채널을 시작하기 전부터 이미 이름이 상당히 알려져 있었다. 두 기자 모두 소속 회사를 그만둔 뒤 유튜브에 본격적으로 진출했다. 장윤선은 퇴사 후 2019~2022년 3년간 중국에서 생활하다가, 2023년 9월 후배들의 권유로 유튜브 채널 〈취재편의점〉을 개설했다. 마침 서울 강서구청장 보궐선거를 한 달 앞둔 시점이었다. 채널 개설 후 2년도 지나지 않아 구독자 수는 이미 77만 명을 넘어섰다. 장윤선 개인의 영향력도 작용했지만, 윤석열 정권의 실정과 언론 탄압 분위기 등 정치환경 변화가 〈취재편의점〉 구독자 증가에 상당한 영향을 미친 것으로 보인다. 또한 2014년부터 《오마이뉴스》 팟캐스트에서 꾸준히 쌓아온 경험도 〈취재편의점〉의 기반이 되었다. 새로운 플랫폼이 등장할 때마다 빠르게 흐름을 포착해 적절한 시점에 진출한 것이 오늘의 장윤선을 만든 핵심 요소로 보인다.

봉지욱이 개설한 유튜브 채널 〈오프더레코드〉의 본격 시작은 2025년 6월이다. 개설 두 달도 되지 않아 구독자 30만 명을 넘었는데, 이미 '봉지욱'이라는 브랜드가

지지층 사이에서 널리 알려져 있었기 때문이다. 초반에는 〈뉴스공장〉, 〈매불쇼〉 등 그가 출연했던 타 방송의 장면을 업로드하는 정도였음에도, 목표였던 '10만 명'을 훨씬 뛰어넘는 '30만 명'이라는 수치를 단기간에 달성했다.

봉지욱 역시 장윤선과 마찬가지로 새로운 플랫폼에 적극적으로 열려 있었고, 이를 연구하며 활용하려는 태도가 강했다. 《뉴스타파》 합류 이후 일부 유튜브 채널 출연을 제한하려는 회사 방침에 반대하며, 오히려 외부 출연을 더 적극적으로 제안할 정도로 플랫폼 변화에 개방적이었다. 또한 〈오프더레코드〉는 시사 중심의 채널이지만, 시사 외 콘텐츠로도 영역을 확장하고 있다. 이는 유튜브 채널 〈매불쇼〉가 시사 외에도 역사·철학 코너를 운영하는 방식과 비슷한 맥락이다. 주말에는 유튜브 경쟁이 상대적으로 약하다는 점에 착안해 매주 일요일 오후 5시에 방송을 업로드하는 편성을 계획하는 등, 유튜브에 맞춘 전략을 꾸준히 고민하며 실행하고 있는 점도 눈에 띈다.

5) 기타

언론인 브랜딩에 활용되는 플랫폼은 대체로 신문, 방송, 포털, 유튜브 등이지만, 이와 다른 독특한 경로를 통해 브랜드를 확립한 사례도 적지 않다. 본 연구에서 인터뷰한 기자들 가운데 전 《경남도민일보》 김주완, 《동아일보》 주성하, 《한국일보》 박지윤이 이에 해당한다. 김주완과 주성하는 오랫동안 자신만의 분야에 꾸준히 집중해 왔다는 공통점이 있지만, 처음에는 개인적 관심사를 정리하는 차원에서 출발했다가 시대 변화에 맞춰 주요 플랫폼으로 계속 이전해 가며 브랜드를 더욱 공고히 한 사례라는 점에서도 유사하다.

김주완은 1990년부터 지역지에서 기자 생활을 시작했고, 정규 기자 생활을 마칠 때까지 쭉 지역지에서 근무했다. 2010~2014년에는 《경남도민일보》 편집국장을 맡았고, 이후 이사와 출판미디어국장으로도 활동했다. 그의 이름이 대중적으로 널리 알려진 결정적 계기는 다큐멘터리 〈어른 김장하〉였지만, 그 이전부터 이미 전국적으로 인지도가 높은 기자였다. 특히 콘텐츠 유통 경로인 플랫폼을 적극적으로 활용한 점이 두드러지는데, 본 연구에서 인터뷰한 브랜딩 기자들 중에서도 가장 눈에 띄는 수준이다.

김주완이 경남 지역을 넘어 전국으로 활동 반경을 넓히게 된 출발점은 2008년 블로그 활동이었다. 그는 2008년부터 2023년까지 티스토리 블로그에 3,500편이 넘는 글을 게시했다. 동시에 페이스북, 트위터, 인스타그램, 네이버TV 등 다양한 채널을 운영했고, 현재는 유튜브 채널 〈김주완TV〉도 운영하고 있다. 이를 통해 김주완이 다양한 플랫폼에서 폭넓은 독자와 꾸준히 소통해 왔고, 새로운 플랫폼이 등장할 때마다 망설임 없이 뛰어들었다는 점을 확인할 수 있다. 그의 연령대까지 감안하면 더욱 눈에 띄는 행보다.

김주완이 블로그를 시작한 2007년은 '블로그의 시대'였다. 개설 직후 하루 방문자가 100만 명을 넘는 날도 있을 정도였고, 수십만 명대 방문은 일상이었다고 한다. 김주완 본인도 자신의 브랜드 확산 핵심 계기가 블로그였다고 말했다. 당시 아이엠피터, 미디어몽구 등 전국적 인플루언서들도 대부분 블로그에서 출발했다. 페이스북이 없던 시절, 블로그는 사실상 유일한 소셜미디어였다. 포털 다음이 '블로거 뉴스' 시스템을 운영해 블로거 글을 다음 메인에 뉴스 기사와 동등하게 배치하던 시기이기도 했다. '지역신문 기자'에게는 큰 매력으로 작용했다.

김주완은 블로그 활동뿐 아니라 유명 블로거들과 '블로그 투어'를 다니며 전국적 네트워크도 쌓았다. 파워블로거들이 함께 정치인을 인터뷰하는 자리도 만들었다. 또 《경남도민일보》 지면에서는 〈김주완이 만난 사람〉이라는 고정 코너를 맡아 매월 한 차례 1개 면을 온전히 인물 기사로 구성하기도 했다. 개인 브랜드의 전국적 확산이 소속 매체에도 선순환 효과로 돌아가는 구조를 만든 것이다. 당시는 '기자 김주완'보다 '블로거 김주완'으로 더 많이 알려진 시기였다고 한다.

최근에는 사용 편리성을 이유로 브런치로 플랫폼을 옮겨 글을 올리고 있다. 특정 플랫폼에 머물지 않고 시대 흐름에 따라 새로운 플랫폼을 꾸준히 시도해 온 점이 오늘날 김주완 브랜드 성공의 바탕임을 알 수 있다. 많은 기자들이 새로운 플랫폼을 받아들이는 데 주저하지만, 김주완은 언제나 거침없이 먼저 시도하는 쪽이었다. 페이스북, 트위터, 인스타그램, 스레드 등 거의 모든 SNS를 남들보다 빠르게 받아들여 사용해 왔다.

유튜브 채널 〈김주완TV〉도 유튜브 초창기였던 2010년에 개설했다. 아이폰이 국내에 처음 도입되던 시점으로, 일반인들이 '유튜브'라는 단어조차 낯설어하던 때였다. 김주완은 아이폰 출시 이전 '아이폰 전도사'로 불리던 이찬진 씨를 만나 직접 이야기를 듣고, "핸드폰으로 영상을 찍을 수 있다"는 새로운 개념에 매력을 느껴 유튜브 채널을 개설했다. 본격적으로 유튜브를 활용하기 시작한 것은 2016년 촛불 집회 때였다. 그는 지역 촛불집회를 100편 이상 영상으로 남겼고, 이 시기를 기점으로 그의 콘텐츠 조회수와 구독자가 급격히 증가했다.

2025년 11월 현재 950개 가량의 영상을 올렸으며, 시사형 코너뿐 아니라 맛집·여행 등 생활형 콘텐츠도 포함돼 있다. 최근에는 맛집 채널을 별도로 분리해 독립시키는 등 총 3개의 유튜브 채널을 운영 중이다. 김주완은 유튜브 외에도 페이스북, 인스타그램, 스레드, 브런치 등 거의 모든 플랫폼을 전방위로 활용하고 있다.

그러나 김주완 브랜드를 양적으로 가장 넓게 확산시킨 것은 '영화'였다. 다큐멘터리 〈어른 김장하〉를 계기로 그의 대중적 인지도는 한층 높아졌다. 〈어른 김장하〉 이전에는 언론계, 시민사회 활동가, 현대사 연구자들 사이에서 주로 알려진 정도였다면, 〈어른 김장하〉 이후에는 거리에서도 김주완을 알아볼 만큼 대중적으로 범위가 확장됐다.

김주완의 브랜딩 과정을 보면 블로그 활동, 다큐멘터리 〈어른 김장하〉 등 몇몇 주요 계기를 기점으로 비약적으로 도약한 경향이 분명히 눈에 띈다. 새로운 플랫폼에 지속적으로 열려 있고, 누구보다 빠르게 시도하며 적응해 온 일련의 패턴을 감안하면, 김주완 브랜드의 형성은 우연이 아니라 필연에 가깝다.

냉정하게 말하면 김주완이 주력한 지역과 민주화 이슈는 독보적인 영역이라기보다 많은 기자들이 다뤄 온 주제이며, 그 분야에서 전문성을 쌓은 기자들도 적지 않다. 그럼에도 김주완 브랜드가 이처럼 유독 확장력과 지속성을 가진 것은 콘텐츠의 기여도 외에 플랫폼을 적극적으로 활용해 온 전략적 선택이 큰 역할을 했다고 볼 수 있다.

《동아일보》 주성하 역시 비교적 이른 시기부터 블로그를 통해 자신의 브랜드를 구축한 경우다. 그는 2003년 《동아일보》에 입사해 국제부 기자로 활동했으며, 2008년 개설한 블로그 〈서울에서 쓰는 평양 이야기〉가 브랜드 형성의 출발점이 됐다. 즉, 소속 회사에서 작성한 기사보다 개인 블로그 활동이 브랜딩의 기원이었다.

주성하 브랜드의 특징은 질적 차별성뿐 아니라, 압도적 생산량에서도 드러난다.

그는 북한 관련 글을 이틀에 한 번꼴로 올렸는데, 이처럼 빈번한 업데이트는 브랜드 형성을 빠르게 가속시켰다. 당시에는 지금처럼 종편 시사 프로그램이 활성화되기 전이었기에, 그의 콘텐츠는 더욱 독보적인 위치를 확보할 수 있었고, 국내에서 북한 전문성에 대해 인정받는 중요한 기반이 됐다. 블로그 글을 카테고리별로 묶어 출간한 책만 16권에 이를 정도다.

이후 블로그의 전성기가 지나고 관심이 유튜브로 이동하자, 그는 2019년 개인 유튜브 채널을 개설했다. 2025년 11월 기준 구독자 수는 35만 명에 달한다. 정치 중심 시사 유튜브가 아닌 '북한'이라는 비교적 협소한 주제에서 이 규모의 구독자를 확보한 점은 상당히 이례적이다. 유튜브에서도 그는 특유의 다작성을 유지해, 5년이 채 되지 않는 기간 동안 1,300여 개의 영상을 올렸다. 모든 콘텐츠는 혼자 기획하고, 개인적으로 빌린 스튜디오에서 촬영하며, 편집자 급여까지 직접 부담하는 방식으로 운영하고 있다. 영어권 시청자를 위한 별도 채널 운영을 시도하기도 했다. 이 모든 작업은 회사 업무가 없는 토요일에 집중적으로 이뤄진다.

결과적으로 주성하는 블로그를 통해 '탈북자 출신 북한 전문기자'로서 1차 브랜딩에 성공했으며, 이어 유튜브가 주력 플랫폼으로 부상하자 이를 신속히 활용해 2차 브랜딩을 구축했다. 이 모든 과정은 소속 매체인 《동아일보》의 공식 조직이 제공한 경로라기보다, 주로 개인적 활동을 통해 이뤄진 측면이 강하다. 고유한 콘텐츠 역량도 중요했지만, 김주완과 마찬가지로 당대 지배적 플랫폼의 흐름에 민감하게 반응하고, 발 빠르게 이동·적응한 점이 지금의 주성하 브랜드를 만드는 데 결정적 역할을 했다.

《한국일보》 박지윤 역시 경로를 살펴보면, 전통적인 신문 지면이나 고유 콘텐츠보다는 디지털 홈페이지 기반의 별도 콘텐츠를 통해 브랜딩 가능성을 보여준 사례라는 점에서, 기존의 다른 브랜딩 언론인들과 차이를 보인다. 김주완, 주성하가 소속 매체 외부 플랫폼을 적극 활용해 개인 브랜딩을 구축·확장했다면, 박지윤은 소속 언론사의 디지털 전략과 맞물려 브랜딩의 기반이 마련된 경우라 할 수 있다.

2017년 입사한 박지윤은 2025년 기준 9년차 기자로, 동기들과는 전혀 다른 커리어 패스를 밟아왔다. 수습 직후 곧바로 디지털뉴스부에 배치돼 기존 디지털 연재물인 〈인물 360도〉를 담당했는데, 입사 1년도 안 된 기자가 단독 연재를 맡는 일은 매우 이례적이다. 신문 지면이 아닌 디지털 공간이었기에 가능한 결정이었고, 마침 네이버가 기자 페이지 제도를 본격 추진하던 시기와 맞물리면서 이 연재물이 더욱 주목받을 수 있었다.

이후 박지윤은 2020년 사진부가 담당하던 장기 연재물 〈뷰엔(View&)〉을 맡아 사진·기사·영상 취재를 함께 수행했고, 2022년에는 신설 조직인 '커넥트팀'에 합류해 '일'을 주제로 한 〈커리업(CareerUp)〉 프로젝트를 시작했다. 이 프로젝트는 3년 가까이 운영되며 뉴스레터, 인터뷰 시리즈 연재, 단행본 출간 등으로 확장됐다. 나아가 하나의 버티컬 브랜드로 발전해 개발자와 디자이너가 합류했고, 《한국일보》와 별도로 〈커리업〉 전용 홈페이지까지 구축됐다. 이 공간에서는 인터랙티브 콘텐츠 제작도 시도해, 인물의 일터를 시각화하고 현장의 소리·분위기까지 그래픽으로 구현한 〈맨땅 브레이커〉, 〈베테랑의 한끗〉 같은 시리즈가 이어졌다.

박지윤의 브랜딩 과정은 신문 지면이 아니라, 철저히 디지털 기반 콘텐츠를 통해 이뤄졌다는 점이 특징이다. 또한 그의 경로는 스스로 주도한 선택이라기보다 회사의 전략적 결정 속에서 배치가 이뤄지고, 그 안에서 최선을 다해 주어진 역할을 수행하며 점차 능동적으로 변모해 간 형태였다. 즉, 출발은 수동적이었지만, 과정은 능동적이었다고 평가할 수 있다. 이를 통해 박지윤은 자사 브랜드 강화에 크게 기여했으며, 개인 브랜딩으로 이어지기 직전 단계까지 나아갔다.

다만 박지윤이 가장 공을 들였던 〈커리업〉은 안착 단계까지 가지 못했다. 뚜렷한 성과가 부족하다고 판단한 회사가 버티컬 전략 대신 유튜브 라이브 중심 전략으로 방향을 바꾸면서 프로젝트가 중단됐다. 즉, 회사 전략에 따라 개별 콘텐츠나 개인의 브랜딩이 빠르게 성장할 수도 있지만, 반대로 한순간에 중단될 수도 있다는 현실적 한계가 드러난 셈이다.

이처럼 플랫폼을 기반으로 브랜드를 확장해 온 김주완, 주성하, 박지윤은 서로 다른 양상을 보인다. 김주완은 소속 매체와 별도로 새로운 플랫폼을 적극 개척하며 개인 브랜딩을 극대화했고, 박지윤은 회사의 디지털 전략 속에서 배치된 역할을 충실히 수행하며 브랜딩 경로를 확보했다. 주성하는 이 둘의 중간쯤에 위치한다고 볼 수 있다. 그러나 공통점은 분명하다. 본인의 개척이든, 회사의 결정이든, 새로운 플랫폼에 적극적으로 임한 자세와 노력이 브랜딩 구축의 핵심 동력이었다는 점이다.

3. 언론인 브랜딩 실태 분석: 네이버 기자홈 전수조사

1) 언론사별, 언론사 유형별 '기자홈' 운영 현황

2025년 5월 28일부터 9월 1일까지 약 3개월에 걸쳐 네이버에서 제공하는 '기자홈' 전수를 조사한 결과, 총 83개 언론사,[13] 9,585명의 기자가 기자홈을 개설한 것으로 나타났다. 언론사당 평균 기자홈 개설 인원은 115.5명이었다. 이 수치는 각 언론사가 실제로 보유한 전체 기자 규모를 의미하지는 않는다. 네이버 기자홈 운영 여부는 언론사 정책, 부서 관행, 개인 선택 등이 복합적으로 작용하기 때문에, 기자홈 개설 인원은 플랫폼 활용도와 조직 내 디지털 운영 기조의 차이를 반영하는 지표 정도로 해석할 필요가 있다.

〈표 3-3〉은 소속 기자 가운데 기자홈을 개설한 언론인이 있는 총 83개 언론사들을 유형에 따라 구분하고, 각 언론사별로 기자홈을 운영중인 언론인 수를 정리한 것이다.

〈표 3-3〉 언론사별 기자홈 운영 현황

언론사 유형	언론사명	기자 수	언론사 유형	언론사명	기자 수
통신사(3)	연합뉴스	480	매거진(14)	한겨레21	45
	뉴시스	398		시사저널	36
	뉴스1	305		이코노미스트	36
방송사(11)	KBS	699		중앙SUNDAY	33
	MBC	461		시사IN	29
	YTN	347		더스쿠프	27
	JTBC	224		한경비즈니스	26
	SBS	194		주간조선	17
	MBN	159		매경이코노미	13
	TV조선	148		주간동아	12
	채널A	105		신동아	9
	연합뉴스TV	96		월간 산	5
	SBS Biz	45		레이디경향	1
	한국경제TV	45		주간경향	1

13) 전체 언론사 목록에는 포함되어 있지만 기자홈 개설 기자가 전무한 전문지 《일다》는 분석에서 제외했다.

유형	언론사	기자 수	유형	언론사	기자 수
종합지(10)	중앙일보	311	인터넷/IT지 (13)	노컷뉴스	179
	한겨레	222		더팩트	117
	한국일보	219		오마이뉴스	100
	동아일보	210		전자신문	86
	국민일보	201		아이뉴스24	75
	서울신문	170		데일리안	69
	경향신문	162		프레시안	69
	조선일보	153		머니S	53
	세계일보	132		디지털타임스	51
	문화일보	130		블로터	41
경제지(11)	매일경제	273		지디넷코리아	41
	한국경제	267		디지털데일리	25
	머니투데이	202		미디어오늘	13
	서울경제	191	지역지(12)	매일신문	128
	이데일리	185		부산일보	110
	아시아경제	180		경기일보	100
	헤럴드경제	150		강원도민일보	74
	파이낸셜뉴스	142		강원일보	61
	조선비즈	105		국제신문	61
	비즈워치	45		대전일보	61
	조세일보	27		kbc광주방송	35
전문지(9)	농민신문	73		CJB청주방송	27
	코리아헤럴드	43		전주MBC	24
	뉴스타파	36		JIBS제주방송	20
	코메디닷컴	34		대구MBC	17
	동아사이언스	27			
	코리아중앙데일리	27			
	헬스조선	16			
	여성신문	14			
	기자협회보	5			

주: 각 언론사 유형별로 '언론사당 기자 수' 기준으로 내림차순 정렬.

네이버뉴스 "기자 구독" 탭의 "전체보기"를 클릭하면 상단에 총 7개로 구분된 언론사 유형 메뉴가 있고, 각각의 유형을 누르면 거기에 속하는 언론사 리스트가 보이도록 구성돼 있다. 네이버뉴스의 언론사 유형 구분 가운데 6개에 대해서는 본 연구에서도 동일한 구분 기준을 적용했다. 그런데 서로 상당히 다른 특성을 지닌

방송사와 통신사를 "방송/통신사"로 한데 묶은 것은 다소 부적절하다고 판단했고, 따라서 본 조사에서는 언론사 유형을 총 8개로 구분해 이후 모든 분석을 진행했다.

〈표 3-4〉는 언론사 유형별 기자홈 운영 현황을 정리한 것이다. 표에서 확인할 수 있듯이, 8개 유형 가운데 소속 언론인이 기자홈을 개설한 언론사 수가 가장 많은 유형은 매거진(14개)이었으나, 통신사(3개) 하나를 제외하면 모두 9~14개 범위로 큰 차이가 없었다.

네이버 기자홈 서비스에 참여중인 언론사들의 '평균 기자 수'를 언론사 유형에 따라 구분해서 비교해 본 결과, '통신사'가 394.3명으로 나머지 유형 대비 현저히 높은 수치를 드러냈다. 그다음으로 기자홈을 개설한 평균 기자 수가 많은 언론사 유형은 방송사(229.4)였으며, 그 뒤를 종합지(191.0), 경제지(160.6) 등이 이었다.

〈표 3-4〉 언론사 유형별 기자홈 운영 현황

언론사 유형	총 언론사 수	총 기자수	언론사당 평균 기자 수
통신사	3	1,183	394.3
방송사	11	2,523	229.4
종합지	10	1,910	191.0
경제지	11	1,767	160.6
인터넷/IT지	13	919	71.0
지역지	12	718	59.8
전문지	9	275	30.6
매거진	14	290	20.7
전체 언론사 평균 기자 수			115.5

주: '언론사당 평균 기자 수' 기준으로 내림차순 정렬.

이어서 〈표 3-5〉는 기자홈을 개설한 언론사 가운데 '기자 수' 규모가 큰 상위 10개 언론사를 정리한 것이다. 표에서 확인할 수 있듯이, 5위까지는 모두 방송사와 통신사가 차지했다. 1위는 699명이 기자홈을 운영하고 있는 《KBS》였으며, 그 뒤를 《연합뉴스》(480명), 《MBC》(461명), 《뉴시스》(398명), 《YTN》(347명)이 이었다. 이들 5개 언론사는 상대적으로 대규모 조직을 갖춘 매체 유형이라는 공통점을 지닌다. 10위권 안에 방송사·통신사를 제외하고 포함된 언론사는 종합지인 《중앙일보》와 경제지인 《매일경제》, 《한국경제》뿐이었다. 특히 통신사의 경우 네이버에 기자홈을 개설한 언론인이 있는 3개 사 모두 기자 규모 상위 10위 안에 포함됐다는 점이 눈에 띄었다.

〈표 3-5〉 기자홈 운영 '기자 수' 기준 상위 10개 언론사

언론사명	언론사 유형	기자 수
1. KBS	방송사	699
2. 연합뉴스	통신사	480
3. MBC	방송사	461
4. 뉴시스	통신사	398
5. YTN	방송사	347
6. 중앙일보	종합지	311
7. 뉴스1	통신사	305
8. 매일경제	경제지	273
9. 한국경제	경제지	267
10. JTBC	방송사	224

2) 기자홈 운영 언론인들의 '분야' 분포

네이버에서 기자홈을 운영하고 있는 전체 언론인들의 '분야' 분포를 살펴본 결과, 〈표 3-6〉에서 확인할 수 있듯이 '사회'가 36.7%로 1/3 이상을 차지하고 있었다. 다음으로는 경제(20.0%), 정치(13.3%)[14], 세계(8.1%) 등의 순이었다. 한편 별도로 분야를 표시하지 않은 언론인은 1.4%로 나타났다.

〈표 3-6〉 기자홈 운영 전체 언론인들의 '분야' 분포

분야	빈도	비율(%)
사회	3,519	36.7
경제	1,916	20.0
정치	1,274	13.3
세계	773	8.1
생활/문화	741	7.7
오피니언	492	5.1
IT/과학	353	3.7
스포츠	252	2.6
엔터	117	1.2
TV	10	0.1
분야 표시 없음	138	1.4

주: 내림차순 정렬.

14) 데이터 확인 결과, 총 99인 기자들의 분야가 "대선"으로 표시돼 있었고, 이는 기자홈 개설 전체 기자 중 약 1%에 해당한다. 데이터 수집 시점이 대통령 선거와 이후 대선 정국 기간에 걸쳐 있었고, 대선 당시 네이버가 대선 페이지를 별도로 만들어 운영한 것 등이 이유일 것으로 판단해, 이들의 분야는 '정치'로 통합 코딩한 후 분석을 진행했다.

다음으로, 기자홈을 운영중인 언론인들의 분야를 소속 언론사 유형별로 구분해서 살펴봤다. 비중이 높은 순으로 상위 3개 분야를 비교해 본 결과(〈표 3-7〉 참조), 언론사 유형에 따라 차이가 제법 관찰됐다. 먼저 통신사와 방송사는 모두 '사회' 분야 비중이 가장 높았으나(각각 43.0%, 45.9%), 2위와 3위의 순위는 서로 반대였다. 즉, 통신사는 2위가 '경제'(16.6%)였던 반면, 방송사는 '정치'(15.7%)가 2위를 차지했다. 종합지 역시 사회·정치·경제 순으로 전통적인 하드뉴스 중심의 구조를 보인 데 비해, 경제지는 매체 특성으로 인해 '경제' 분야 비중이 40%를 넘어서며 1위에 올랐다. 인터넷/IT지 또한 다른 유형들과 마찬가지로 '사회'와 '경제'가 상위권을 형성했으나, 매체 특성을 반영하듯 'IT/과학'(12.6%)이 3위 안에 든 유일한 언론사 유형이었다. 지역지의 경우에도 매체 특성 때문이겠지만 '지역'(51.7%) 비중이 과반이었고, '오피니언'(9.5%)이 3위에 오른 점 또한 눈에 띄었다. 전문지는 '생활/문화'(21.5%)가 3위권에 포함된 유일한 유형이었으며, 매거진은 1~3위 간 비율 격차가 상대적으로 작은 편에 속했다.

〈표 3-7〉 기자홈 운영 언론인들의 언론사 유형별 '상위 3개 분야'

(단위: %)

언론사 유형	1위	2위	3위	계
통신사	사회 (43.0)	경제 (16.6)	정치 (13.1)	72.7
방송사	사회 (45.9)	정치 (15.7)	경제 (12.7)	74.2
종합지	사회 (32.0)	정치 (17.6)	경제 (14.9)	64.5
경제지	경제 (40.9)	사회 (18.9)	정치 (8.7)	68.4
인터넷/IT지	사회 (39.9)	경제 (21.4)	IT/과학 (12.6)	74.0
지역지	지역 (51.7)	정치 (12.3)	오피니언 (9.5)	73.4
전문지	사회 (33.5)	생활/문화 (21.5)	세계 (17.8)	72.7
매거진	경제 (36.9)	사회 (27.2)	정치 (13.8)	77.9

주: '언론사당 평균 기자 수' 기준으로 내림차순 정렬.

3) 기자홈 '구독' 현황

(1) 전체 분석 결과

네이버에 기자홈을 개설한 총 83개 언론사 9,585명 기자들의 '총 구독 수'를 집계한 결과 15,965,585로 나타났다. 이를 바탕으로 언론인 1인당 평균 구독자 수를 산출하면 1,665.7명으로 확인된다. 구독자 수 상위 100인의 수치를 모두 더한 결과는 2,849,283으로, 이들은 전체 기자 중 약 1%에 해당하지만, 구독자 수에 있어 비중은 17.8%에 달했다.

이어서, 8개 언론사 유형별로 소속 기자 1인당 평균 '구독' 수를 분석한 결과는 〈표 3-8〉과 같다. 우선 경제지가 2,712.8로 가장 높은 수치를 보였으며, 종합지(2,112.8)와 통신사(1,718.7)가 그 뒤를 이었다. 전문지(1,546.1), 인터넷/IT지(1,325.9), 지역지(1,133.9)는 중간 순위를 형성하고 있었다.

한편 방송사는 기자홈을 개설한 언론사당 평균 기자 수가 통신사 다음으로 많음에도(통신사 394.3명, 방송사 229.4명, 종합지 191.0명, 경제지 160.6명 순), 언론인 1인당 구독자 수(967.1)는 매거진(708.4)과 함께 하위권에 머물렀다. 실제 기자홈 구성에서도, 방송사 기자들은 기사를 단순히 최신순으로 나열하는 경우가 많고 '주간 많이 본 뉴스' 등 별도 메뉴를 활용한 운영이 상대적으로 저조했다. 이는 개별 언론인들이 기자홈을 활용하는 데 있어 적극성 수준이 언론사 차원의 기자홈 개설 규모와 비례하지는 않음을 보여준다.

〈표 3-8〉 소속 언론사 유형별 기자 1인 평균 '구독' 수

언론사 유형	평균 '구독' 수
경제지	2,712.8
종합지	2,112.8
통신사	1,718.7
전문지	1,546.1
인터넷/IT지	1,325.9
지역지	1,133.9
방송사	967.1
매거진	708.4

주: 내림차순 정렬.

다음으로, 총 83개 언론사 각각에 대해 '기자 1인당 평균 구독 수'를 집계했는데, 그중 상위 10개 언론사만 추려서 〈표 3-9〉에 정리했다. 1위는 전문지인 《헬스조선》으로 8,329.4의 평균 구독 수를 보이며 단연 높은 수치를 기록했다. 2위에는 같은 전문지인 《코메디닷컴》(5,032.0)이 올랐다. 그 뒤로 7위까지는 4위인 《조선일보》 하나를 제외하면, 모두 경제지들이었다. 8~9위는 인터넷/IT지인 《디지털타임스》와

《미디어오늘》이 각각 차지했고, 10위는 《조선일보》 외에 유일하게 10위권에 든 종합지 《중앙일보》였다.

〈표 3-9〉 '기자 1인 평균 구독 수' 기준 상위 10개 언론사

언론사명	언론사 유형	평균 '구독' 수
1. 헬스조선	전문지	8,329.4
2. 코메디닷컴	전문지	5,032.0
3. 매일경제	경제지	3,549.0
4. 조선일보	종합지	3,342.9
5. 머니투데이	경제지	3,283.1
6. 헤럴드경제	경제지	3,205.8
7. 한국경제	경제지	3,190.4
8. 디지털타임스	인터넷/IT지	3,152.9
9. 미디어오늘	인터넷/IT지	3,141.2
10. 중앙일보	종합지	2,899.5

기자홈을 개설한 언론인들의 '분야'별로도 기자 '1인당 평균 구독 수'를 분석했고, 그 결과는 〈표 3-10〉과 같다. 1, 2위에 오른 '엔터'(4,528.2)와 '정치'(4,116.8) 모두 4천 명대를 기록하며 현저하게 높은 수치를 보였고, 나머지 유형들은 10위 'TV'(522.8) 하나를 제외하면 3위 '세계'부터 9위 '오피니언'까지 전반적으로 2천 명대 초반에서 1천 명대 초반까지 비교적 완만하게 낮아지는 분포가 확인됐다. 별도로 분야가 표시되지 않은 언론인들의 평균 구독 수는 823.4로 나타나, 10위 'TV'보다 오히려 높았다.

〈표 3-10〉 '분야'별 기자 1인 평균 '구독' 수

분야	평균 '구독' 수
엔터	4,528.2
정치	4,116.8
세계	2,046.3
생활/문화	2,009.4
경제	1,685.3
사회	1,434.0
IT/과학	1,327.5
스포츠	1,291.2
오피니언	1,005.7
TV	522.8
분야 표시 없음	823.4

주: 내림차순 정렬.

(2) 상위 100인 분석 결과

네이버 기자홈을 운영하고 있는 총 9,585명의 언론인 가운데 '구독' 수 기준 '상위 100인'의 결과를 요약하면 다음과 같다. 이들의 구독 수를 다 더하면 2,849,283이며, 이를 바탕으로 1인당 평균 구독자 수를 산출하면 3만 명에 가까운 28,492.8명이다. 또한 이들이 받은 '응원' 수는 1인 평균 17,577.0건에 달했다.

이어서, '구독' 수 기준 '상위 100인'의 소속 언론사 유형과 분야 유형 분포를 구한 결과는 〈표 3-11〉과 같다. 먼저 언론사 유형별로는 경제지가 절반에 가까운 47명으로 가장 큰 비중을 차지했고, 종합지가 34명으로 뒤를 이었다. 나머지는 모두 10인 이하의 한 자릿수 비중을 보였으며, 매거진은 100인 안에 포함된 기자가 없었다. 분야별로는 '사회'가 36명으로 가장 많았고, '세계'(15명), '생활/문화'(14명), '경제'(14명)가 비슷한 수치로 뒤를 이었다. '정치'(10명)와 '엔터'(7명)는 10여 명 수준이었으며, 그 밖에 '오피니언'(3명)과 'IT/과학'(1명)은 상대적으로 소수에 그쳤다. '스포츠', 'TV', 그리고 '분야 표시 없음'은 모두 0명이었다.

〈표 3-11〉 '구독' 수 기준 '상위 100인'의 소속 언론사·분야 유형 분포

언론사 유형별		분야 유형별	
경제지	47	사회	36
종합지	34	세계	15
인터넷/IT지	7	경제	14
전문지	5	생활/문화	14
통신사	4	정치	10
방송사	2	엔터	7
지역지	1	오피니언	3
매거진	0	IT/과학	1
		스포츠	0
		TV	0

주: 내림차순 정렬.

이 절에서 끝으로 살펴본 부분은 '구독' 수 기준 상위 10인 기자의 특성이다. 이 언론인들의 소속 언론사명과 그 언론사의 유형, 해당 언론인의 분야, 구독 수, 응원 수를 〈표 3-12〉에 정리하였다. 구체적으로 살펴보면, 1위는 경제지 《머니투데이》 소속 '사회' 분야 기자 '남형도'로, 11만 4천 명이 넘는 구독 수를 기록했다.

그 뒤를 이어 2위는 《매일경제》 '세계' 분야의 '이상규' 기자(102,510)였고, 3위는 《MBC》의 '정치' 분야 기자인 이기주(87,190)였다. 4~5위에는 모두 경제지 소속 '생활/문화' 분야 기자들이었는데, 《한국경제》의 '성수영'(84,062)과 《헤럴드경제》의 '이원율'(78,010)이 각각 이름을 올렸다. 이후 순위에서도 6위와 10위만 각각 종합지와 인터넷/IT지 소속 기자였으며, 7~9위는 모두 경제지가 차지했다. 이들의 구독자 수는 대략 5~6만 명이었다. 전반적으로 종합하면, '구독' 수 기준 10위까지의 초상위권은 경제지 소속 기자들이 다수를 차지했고, '분야'를 기준으로는 '사회'와 '생활/문화'가 각각 4인, 3인으로 비중이 높은 편이었으나 언론사 유형과 달리 하나로 쏠리는 경향은 나타나지 않았다.

〈표 3-12〉 '구독' 수 기준 상위 10인 기자

성명	언론사명	언론사 유형	분야	구독	응원
1. 남형도	머니투데이	경제지	사회	114,270	84,439
2. 이상규	매일경제	경제지	세계	102,510	6,282
3. 이기주	MBC	방송사	정치	87,190	99,999+
4. 성수영	한국경제	경제지	생활/문화	84,062	19,143
5. 이원율	헤럴드경제	경제지	생활/문화	78,010	19,144
6. 권남영	국민일보	종합지	정치	59,640	8,362
7. 강영운	매일경제	경제지	생활/문화	58,121	5,980
8. 이미나	한국경제	경제지	사회	56,060	25,640
9. 문영진	파이낸셜뉴스	경제지	사회	51,076	3,663
10. 이지희	데일리안	인터넷/IT지	사회	49,387	17,371

주: '구독', '응원' 수는 데이터 수집 시점이 아닌, 2025년 11월 30일 기준으로 업데이트했음.

4) 기자홈 '응원'[15] 현황

(1) 전체 분석 결과

네이버에서 기자홈을 운영중인 83개 언론사 9,585명 기자들의 '총 응원 수'를 집계한 결과는 14,292,095로 확인됐다. 이를 근거로 언론인 1인당 평균 응원 수를 계산하면 1,491.1이다. 응원 수 상위 100인의 건수를 모두 합하면 3,021,294로, 전체 기자

15) 네이버 기자홈의 응원 수는 '99,999'가 최대값이다. 즉, 10만 단위가 넘어가면 일괄 '99,999+'로 표시된다. 따라서 실제 총 응원 수는 본 조사의 결과값보다 더 높을 가능성이 크다.

중 약 1%에 해당하는 이들이 전체 응원 수의 21.1%를 차지하는 것으로 확인됐다.

이어서, 언론사 유형별로 기자 1인당 평균 '응원' 수를 분석했다. 〈표 3-13〉에 나타나 있듯이, 경제지 소속 기자들이 평균 2,080.2로 가장 높은 응원 수를 기록했고, 그 뒤를 인터넷/IT지(1,672.9)와 통신사(1,561.0)가 이었다. 지역지(1,470.0), 종합지(1,345.9), 방송사(1,255.5)는 1천 명대 중반에서 초반 범위의 수치를 보였다. 앞서 살펴본 '구독' 수 결과(〈표 3-8〉)와 비교하면, 종합지와 인터넷/IT지의 순위가 서로 뒤바뀐 점이 눈에 띄었다. 또한 전문지의 경우 '구독' 수에서는 중위권 수준이었던 반면, '응원' 수에서는 매거진과 함께 하위권에 머물렀다.

〈표 3-13〉 **소속 언론사 유형별 기자 1인 평균 '응원' 수**

언론사 유형	평균 '응원' 수
경제지	2,080.2
인터넷/IT지	1,672.9
통신사	1,561.0
지역지	1,470.0
종합지	1,345.9
방송사	1,255.5
매거진	780.8
전문지	771.3

주: 내림차순 정렬.

다음으로, 언론사별 '기자 1인당 평균 응원 수'를 기준으로 상위 10개 언론사를 추출해 〈표 3-14〉에 정리했다. 1위는 인터넷/IT지인 《머니S》로 평균 4,039.9의 응원 수를 기록했으며, 2~3위 또한 같은 유형의 《디지털타임스》(3,360.9)와 《미디어오늘》(3,172.2)이 차지했다. 4위는 경제지 《매일경제》(3,082.2)였고, 5위에는 인터넷/IT지 《더팩트》(3,033.3)가 올랐다. 6~10위에는 경제지, 통신사, 방송사, 인터넷/IT지가 골고루 포함됐으며, 평균 응원 수는 2,000대 후반에서 중반으로 완만하게 낮아지는 추세였다. 한편, 앞서 살펴본 '구독' 수 기준 상위 10개 언론사(〈표 3-9〉)가 경제지 중심의 구성이었던 것과 달리, '응원' 상위권에서는 인터넷/IT지의 비중이 뚜렷하게 높은 차이가 관찰됐다.

〈표 3-14〉 **'기자 1인 평균 응원 수' 기준 상위 10개 언론사**

언론사명	언론사 유형	평균 '응원' 수
1. 머니S	인터넷/IT지	4,039.9
2. 디지털타임스	인터넷/IT지	3,360.9
3. 미디어오늘	인터넷/IT지	3,172.2
4. 매일경제	경제지	3,082.2
5. 더팩트	인터넷/IT지	3,033.3
6. 헤럴드경제	경제지	2,942.2
7. 뉴스1	통신사	2,589.3
8. 이데일리	경제지	2,586.5
9. JTBC	방송사	2,552.0
10. 데일리안	인터넷/IT지	2,492.6

네이버 기자홈을 운영중인 언론인들의 '분야'별로 '기자 1인당 평균 응원' 수를 분석한 결과는 〈표 3-15〉와 같다. 1위에 오른 '엔터'는 1인당 평균 응원 수가 11,938.4로, 2위인 '정치'(3,232.8)를 비롯해 나머지 모든 분야에 비해 현저하게 높은 수치를 보였다. 3위부터 8위까지는 1천 명대 후반에서 초반까지 비교적 완만하게 낮아지는 추세로 분포해 있었다. 그 밖에 '오피니언'(748.2)과 'TV'(567.4)는 평균 응원 수가 상대적으로 낮은 편이었다. 별도로 분야가 표시되지 않은 그룹의 기자 1인당 응원 수는 832.4로, 하위권 두 분야에 비해서 오히려 수치가 높았다. 전반적으로는 1위 '엔터'의 응원 규모가 특히 두드러진다는 점을 제외하면, 상위권을 구성하는 분야와 대략적인 순위 구도는 앞서 살펴본 '구독' 수 결과(〈표 3-10〉)와 큰 차이가 없는 것으로 나타났다.

〈표 3-15〉 **'분야'별 기자 1인 평균 '응원' 수**

분야	평균 '응원' 수
엔터	11,938.4
정치	3,232.8
생활/문화	1,865.4
경제	1,449.1
사회	1,279.3
세계	1,187.8
IT/과학	1,085.0
스포츠	1,055.0
오피니언	748.2
TV	567.4
분야 표시 없음	832.4

주: 내림차순 정렬.

(2) 상위 100인 분석 결과

네이버에 기자홈을 개설한 총 9,585명 언론인 가운데 '응원' 수 기준 상위 100인의 결과를 요약하면 다음과 같다. 이들이 받은 응원 수를 모두 합하면 3,021,294로 나타났으며, 이를 바탕으로 산출한 언론인 1인당 평균 응원 수는 30,212.9였다. 또한 이들 100명이 보유한 1인당 평균 구독자 수는 14,744.6으로 확인됐다.

이어서, '응원' 수 기준 '상위 100인'의 소속 언론사 유형과 분야 유형 분포를 구해 〈표 3-16〉에 정리했다. 언론사 유형별로는 경제지가 34명으로 가장 큰 비중을 차지했으며, 방송사가 22명으로 뒤를 이었다. 인터넷/IT지(14명)와 통신사(13명), 종합지(11명)까지는 10명대였고, 지역지(4명)와 전문지(1명), 매거진(1명)은 소수에 그쳤다. 분야별로는 '엔터'가 35명으로 비율이 가장 높았으며, 다음은 '사회'(21명), '생활/문화'와 '정치'(각 14명), '경제'(11명) 순이었다. '세계'(3명)와 '오피니언'(2명)은 상대적으로 적었고, '스포츠', 'IT/과학', 'TV', 그리고 분야 표시 없는 언론인은 모두 0명이었다.

〈표 3-16〉 '응원' 수 기준 '상위 100인'의 소속 언론사·분야 유형 분포

언론사 유형별		분야 유형별	
경제지	34	엔터	35
방송사	22	사회	21
인터넷/IT지	14	생활/문화	14
통신사	13	정치	14
종합지	11	경제	11
지역지	4	세계	3
전문지	1	오피니언	2
매거진	1	스포츠	0
		IT/과학	0
		TV	0

주: 내림차순 정렬.

끝으로, '응원' 수 기준 상위 10인 기자의 정보는 〈표 3-17〉과 같았는데, 9명의 응원 수가 동일하게 99,999+를 기록했기 때문에 이들에 대해서는 구독 수를 기준으로 내림차순 정리했다. 결국 응원 수로는 공동 1위가 9명이라는 점을 감안해, 10인의 소속 언론사 유형과 분야만 비교해 보면 다음과 같다. 우선 '경제지' 소속이 절반인

5인으로 다수를 차지했고, 나머지도 '인터넷/IT지' 3인, '방송사' 2인으로, 특정 유형에 편중되는 경향성이 확인됐다. 분야별로도 '생활/문화' 4인, '엔터' 3인, 그리고 정치·경제·사회 각 1인으로, 분야 쏠림이 나타났으나 언론사 유형에 비하면 집중도가 덜한 편이었다. '구독' 수 기준 상위 10인과 비교해 보면(<표 3-12> 참조), 경제지 비중은 낮은 편이고, 대신 인터넷/IT지 비중은 조금 더 높았으며, 분야별로는 '사회'는 더 낮고 '엔터'가 높은 특징이 관찰됐다.

<표 3-17> '응원' 수 기준 상위 10인 기자

성명	언론사명	언론사 유형	분야	응원	구독
1. 이기주	MBC	방송사	정치	99,999+	87,190
1. 박상길	디지털타임스	인터넷/IT지	경제	99,999+	32,964
1. 강일홍	더팩트	인터넷/IT지	생활/문화	99,999+	22,305
1. 서병기	헤럴드경제	경제지	생활/문화	99,999+	20,844
1. 윤기백	이데일리	경제지	엔터	99,999+	17,418
1. 김유림	머니S	인터넷/IT지	사회	99,999+	16,438
1. 고승희	헤럴드경제	경제지	생활/문화	99,999+	15,849
1. 성정은	매일경제	경제지	엔터	99,999+	14,120
1. 김희윤	아시아경제	경제지	생활/문화	99,999+	11,161
10. 안하나	MBN	방송사	엔터	89,476	13,603

주: '응원', '구독' 수는 데이터 수집 시점이 아닌, 2025년 11월 30일 기준으로 업데이트했음.
주: '응원' 수가 모두 같은 9인은 '구독' 수를 기준으로 내림차순 정리했음.

5) 기자홈 기타 항목

이 절에서는 네이버 기자홈에서 확인할 수 있는 프로필 사진, 메뉴 구성, 주요 이력 표시 등의 항목에 대한 조사 결과를 차례로 살펴보고자 한다.

(1) 프로필 사진 게시

네이버 기자홈을 운영하고 있는 9,585명 언론인 가운데 기자홈에 프로필 사진을 게시해놓은 기자 수는 7,396명으로, 77.2% 비율이다.

이어서 언론사 유형별로 비교해 보면(<표 3-18> 참조), 지역지가 87.5%로 가장 높은 프로필 사진 게시 비율을 보였고, 종합지(81.5%)와 방송사(79.3%)가 그 뒤를 이었다. 인터넷/IT지(78.6%)와 경제지(74.3%)도 평균치와 가까운 수준이었으며,

통신사(69.2%)와 전문지(66.5%), 매거진(59.7%)은 상대적으로 낮은 편이었다.

분야별로는 'IT/과학'(81.3%), '오피니언'(80.5%), 'TV'(80.0%), '정치'(79.9%) 분야 기자들의 경우, 80% 내외의 높은 비율로 기자홈에 프로필 사진을 게시하고 있는 것으로 나타났다. 그다음 '스포츠'부터 '세계'까지는 70% 중후반대였고, '생활/문화' 분야만 유일하게 60%대(69.4%)에 해당했다. 별도로 분야 표시를 하지 않은 언론인들은 77.5%로, 6위에 해당하는 '사회' 분야와 비율이 거의 같았다. 결국 전반적으로 보면, 프로필 사진 기자홈 게시 비율은 소속 언론사 유형 간 차이가 기자 분야별 차이보다 더 뚜렷한 편이었다.

〈표 3-18〉 소속 언론사·분야 유형별 '프로필 사진' 게시 기자 비율

(단위: %)

언론사 유형별		분야 유형별	
지역지	87.5	IT/과학	81.3
종합지	81.5	오피니언	80.5
방송사	79.3	TV	80.0
인터넷/IT지	78.6	정치	79.9
경제지	74.3	스포츠	78.2
통신사	69.2	사회	77.4
전문지	66.5	경제	76.9
매거진	59.7	엔터	76.1
		세계	75.4
		생활/문화	69.4
		분야 표시 없음	77.5

주: 내림차순 정렬.

〈표 3-19〉는 기자홈에 프로필 사진을 게시한 비율을 기준으로 언론사별 상위 10개 사를 정리한 것이다. 표에서 확인할 수 있듯이, 《동아사이언스》, 《디지털타임스》, 《시사IN》, 《아이뉴스24》, 《주간경향》, 《주간동아》, 《JTBC》, 이상 7개 언론사는 프로필 사진을 게시한 기자 비율이 100%로 나타났다. 이들 언론사는 소속 기자 전원이 프로필 사진을 등록해두고 있어, 기자 개인정보 제공 및 프로필 관리에 비교적 표준화된 운영 관행을 갖춘 것으로 보인다. 뒤이어 지역지인 《강원일보》와 《대전일보》, 《경기일보》 역시 98.0%를 상회하는 높은 비율로 10위 안에 포함됐다.

〈표 3-19〉 '프로필 사진' 게시 기자 비율 기준 상위 10개 언론사

(단위: %)

언론사명	언론사 유형	비율
1. 동아사이언스	전문지	100.0
1. 디지털타임스	인터넷/IT지	100.0
1. 시사IN	매거진	100.0
1. 아이뉴스24	인터넷/IT지	100.0
1. 주간경향	매거진	100.0
1. 주간동아	매거진	100.0
1. JTBC	방송사	100.0
8. 강원일보	지역지	98.4
8. 대전일보	지역지	98.4
10. 경기일보	지역지	98.0

(2) '주간 많이 본 뉴스' 메뉴 구성

'주간 많이 본 뉴스'를 기자홈 메뉴로 구성하고 있는 기자들은 55.0%(총 99,585인 중 5,273인)로, 절반을 조금 넘긴 비율이었다. 나머지 45.0%의 기자홈은 기사를 최신순으로 단순히 나열해서 보여주는 구조다.

네이버 기자홈에서 '주간 많이 본 뉴스' 메뉴를 운영하는 비율은 언론사 유형과 기자의 취재 분야에 따라 뚜렷한 격차가 확인됐다(〈표 3-20〉 참조). 우선 언론사 유형별로는 인터넷/IT지가 74.9%로 가장 높은 운영률을 보였으며, 그 뒤로 경제지(70.1%), 통신사(66.3%), 지역지(59.8%)가 평균치(55.0%)를 웃돌며 비교적 적극적인 메뉴 활용 양상을 드러냈다. 반면 종합지(53.4%), 전문지(43.3%), 매거진(42.1%)은 평균보다 낮은 수준이었고, 특히 방송사는 34.6%로 전체 유형 가운데 가장 낮은 운영 비율을 나타냈다. 이는 기자 수나 조직 규모와 무관하게, 기자홈 메뉴 구성의 적극성이 언론사 유형별 운영 관행에 따라 달라진다는 점을 시사한다.

분야별로도 차이가 관찰됐는데, 경제·IT/과학·정치·엔터·사회까지는 70%에서 시작해 평균에 근접한 비율까지 완만하게 낮아지는 추세였으며, '세계'와 '생활/문화'는 절반에 약간 못 미치는 비율이었고, 스포츠·오피니언·TV는 하위권에 머물렀다. 특히 '오피니언'(13.4%)과 'TV'(10.0%) 분야는 기자홈의 '주간 많이 본 뉴스' 메뉴를 활용하는 비율이 10%대 초반에 머물렀다. 종합하면, 기자홈에 게재하는 콘텐츠 주제의 유형에 따라 하위 메뉴를 구성하는 적극성에 있어 큰 차이가 있음을 알 수 있다.

〈표 3-20〉 소속 언론사·분야 유형별 '주간 많이 본 뉴스' 메뉴 운영 기자 비율

(단위: %)

언론사 유형별		분야 유형별	
인터넷/IT지	74.9	경제	70.0
경제지	70.1	IT/과학	67.4
통신사	66.3	정치	60.7
지역지	59.8	엔터	58.1
종합지	53.4	사회	53.8
전문지	43.3	세계	49.9
매거진	42.1	생활/문화	48.9
방송사	34.6	스포츠	35.3
		오피니언	13.4
		TV	10.0
		분야 표시 없음	41.3

주: 내림차순 정렬.

'주간 많이 본 뉴스' 메뉴 운영 기자 비율이 높은 상위 10개 언론사를 살펴보면(〈표 3-21〉 참조), 바로 앞 언론사 유형에 따른 비교 결과에서 1위에 올랐던 인터넷/IT지가 10개 중 6개를 차지했다. 나머지는 지역지, 경제지, 전문지, 매거진이 각 1개사씩이었다. 비율에 있어서는 1위 《디지털데일리》가 90%대 중반에서 시작해 10위 《주간조선》 80%대 초반에 이르기까지 완만하게 낮아지는 경향이 확인됐다.

〈표 3-21〉 '주간 많이 본 뉴스' 메뉴 운영 기자 비율 기준 상위 10개 언론사

(단위: %)

언론사명	언론사 유형	비율
1. 디지털데일리	인터넷/IT지	96.0
2. 대구MBC	지역지	94.1
3. 미디어오늘	인터넷/IT지	92.3
4. 비즈워치	경제지	91.1
5. 데일리안	인터넷/IT지	88.4
6. 디지털타임스	인터넷/IT지	88.2
7. 헬스조선	전문지	87.5
8. 머니S	인터넷/IT지	84.9
9. 전자신문	인터넷/IT지	82.6
10. 주간조선	매거진	82.4

(3) '주간 많이 본 뉴스' 외 주요 메뉴 구성

앞서 살펴본 '주간 많이 본 뉴스' 외 고유한 메뉴를 1개 이상 만들어 운영하고 있는 기자는 1,225명이었고, 이들은 전체 9,585명 가운데 12.8%에 해당한다. 언론사 유형별로 '주요 메뉴' 운영 비율을 살펴보면, 〈표 3-22〉에서 확인할 수 있듯이 경제지가 25.2%로 가장 높았고, 매거진(21.0%)과 인터넷/IT지(20.2%)가 뒤를 이었다. 종합지(12.3%)를 기점으로 지역지(11.1%)·전문지(10.6%)가 10% 안팎의 비율을 보였으며, 방송사(5.5%)와 통신사(4.3%)는 비교적 낮은 수준이었다.

분야별로는 'IT/과학'(24.1%)과 '경제'(20.0%), '엔터'(19.7%)가 상위권을 형성했고, '생활/문화'(14.4%)와 '정치'(11.5%)가 그 뒤를 이었다. '사회'(9.3%), '세계'(9.2%), '스포츠'(8.7%)는 10%에 가깝지만 한 자릿수에 머물렀고, 특히 'TV'(0.0%) 분야 기자들은 주요 메뉴 운영이 전무한 것으로 확인됐다. 전체적으로 보면, '주간 많이 본 뉴스' 외 주요 메뉴는 소수 기자들만 활용하는 기능이며, 기자의 소속 언론사 유형 및 분야 특성에 따라 활용 격차가 제법 있었다.

〈표 3-22〉 소속 언론사·분야 유형별 '주요 메뉴' 운영 기자 비율

(단위: %)

언론사 유형별		분야 유형별	
경제지	25.2	IT/과학	24.1
매거진	21.0	경제	20.0
인터넷IT지	20.2	엔터	19.7
종합지	12.3	생활/문화	14.4
지역지	11.1	정치	11.5
전문지	10.6	사회	9.3
방송사	5.5	세계	9.2
통신사	4.3	스포츠	8.7
		오피니언	8.3
		TV	0.0
		분야 표시 없음	12.3

주: 내림차순 정렬.

'주간 많이 본 뉴스' 외 주요 메뉴를 운영하고 있는 기자들의 비율 상위 10개 언론사를 살펴보면(〈표 3-23〉 참조), 1위는 경제지인 《비즈워치》로 소속 기자의

10명 중 9명꼴인 88.9%가 고유 메뉴를 운영하고 있었다. 그 뒤로 인터넷/IT지 《디지털데일리》(80.0%)까지가 80%대를 기록했고, 나머지 언론사들은 모두 40%대 초반 이하 분포를 보였다. 3위부터 8위까지는 대략 40% 내외의 비율을 보이며 매거진, 인터넷/IT지가 주로 포함됐고, 그 뒤는 30%대 초반 비율로 매거진 《신동아》와 경제지 《헤럴드경제》가 이었다.

〈표 3-23〉 '주요 메뉴' 운영 기자 비율 기준 상위 10개 언론사

(단위: %)

언론사명	언론사 유형	비율
1. 비즈워치	경제지	88.9
2. 디지털데일리	인터넷/IT지	80.0
3. 헬스조선	전문지	43.8
4. 주간동아	매거진	41.7
5. 시사IN	매거진	41.4
6. 주간조선	매거진	41.2
7. 머니S	인터넷/IT지	39.6
8. 미디어오늘	인터넷/IT지	38.5
9. 신동아	매거진	33.3
10. 헤럴드경제	경제지	31.3

(4) '주요 이력' 표시

기자홈을 운영하고 있는 전체 기자(9,585명) 중 '주요 이력'을 기자홈에 표시하고 있는 언론인 수는 1,201명으로, 12.5%에 해당한다. 언론사 유형별로 '주요 이력' 표시 비율을 보면(〈표 3-24〉 참조), 지역지가 22.3%로 가장 높았고, 인터넷/IT지(16.8%), 경제지(15.6%), 매거진(14.1%)이 그 뒤를 이었다. 종합지는 12.1%로 전체 평균과 비슷한 수준이었으며, 방송사(10.7%)와 전문지(9.8%)는 10% 안팎, 통신사는 3.6%로 가장 낮은 비율을 보였다.

분야별로는 'TV'가 유일하게 20%대 비율로 1위에 올랐고, '오피니언'(14.0%), '경제'(13.9%), '정치'(13.7%), 'IT/과학'(13.0%)이 10%대 중반으로 뒤를 이었다. '세계'(12.0%), '사회'(11.8%), '생활/문화'(11.1%), '스포츠'(10.3%)는 모두 10%대 초반 수준이었으며, '엔터'는 6.8%로 비율이 상대적으로 낮았다. 한편 '분야 표시 없음' 집단의 '주요 이력' 표시 비율은 13.0%로 평균을 약간 상회하는 수치였다.

〈표 3-24〉 소속 언론사·분야 유형별 '주요 이력' 표시 기자 비율

(단위: %)

언론사 유형별		분야 유형별	
지역지	22.3	TV	20.0
인터넷/IT지	16.8	오피니언	14.0
경제지	15.6	경제	13.9
매거진	14.1	정치	13.7
종합지	12.1	IT/과학	13.0
방송사	10.7	세계	12.0
전문지	9.8	사회	11.8
통신사	3.6	생활/문화	11.1
		스포츠	10.3
		엔터	6.8
		분야 표시 없음	13.0

주: 내림차순 정렬.

'주요 이력' 표시 기자 비율 상위 10개 언론사를 살펴보면, 〈표 3-25〉에 나타나 있듯이 1위는 매거진인 《시사IN》으로, 전체 평균(12.5%)의 5.5배가 넘는 69.0%의 비율을 보였다. 이어 인터넷/IT지 《오마이뉴스》(39.0%)와 《미디어오늘》(38.5%)이 30%대 후반을 기록하며 뒤를 이었다. 4위와 5위에는 방송사인 《채널A》(35.2%)와 《MBN》(30.2%)이 올랐고, 이후로는 대략 28~30% 비율을 보이며 《매일경제》 한 곳을 제외하고는 모두 지역지가 이름을 올렸다.

〈표 3-25〉 '주요 이력' 표시 기자 비율 기준 상위 10개 언론사

(단위: %)

언론사명	언론사 유형	비율
1. 시사IN	매거진	69.0
2. 오마이뉴스	인터넷/IT지	39.0
3. 미디어오늘	인터넷/IT지	38.5
4. 채널A	방송사	35.2
5. MBN	방송사	30.2
6. 부산일보	지역지	30.0
7. 매일경제	경제지	29.7
8. 전주MBC	지역지	29.2
9. kbc광주방송	지역지	28.6
10. 강원일보	지역지	27.9

(5) '기자 톡' 운영

네이버 기자홈에서 사용 가능한 기능인 '기자 톡'을 운영하고 있는 언론인은 765명으로, 전체 기자홈 개설 인원 9,585명의 8.0%에 해당한다. 구독자를 비롯한 이용자와의 상호작용을 위해 만들어진 기능이지만, 실제 사용률은 저조한 것으로 확인됐다.

〈표 3-26〉에 정리한 언론사 유형별 '기자 톡' 운영 비율을 보면, 인터넷/IT지가 14.2%로 가장 높았고, 매거진(13.1%), 경제지(11.6%), 지역지(10.6%)가 뒤를 이었다. 전문지(8.0%)는 전체 평균과 정확히 일치하는 비율을 보였으며, 그다음 종합지(6.6%), 방송사(5.2%), 통신사(3.0%)는 상대적으로 비율이 저조했다. 이러한 결과는 이 유형들이 모두 '독자 규모' 자체가 비교적 큰 언론사라는 점에서, 중소규모 언론사들에 비해 소속 기자들이 독자·이용자와의 '직접 소통'에 있어 적극성의 수준이 낮기 때문일 것으로 풀이된다.

분야별로는 'IT/과학'(12.5%)과 '경제'(11.9%)가 상위권을 형성했는데, 이는 언론사 유형 가운데 인터넷/IT지, 경제지가 '기자 톡' 운영에 비교적 더 적극적인 것으로 나타난 위 결과와 맥을 같이 한다. 다음으로 'TV'(10.0%), '엔터'(8.6%)는 전체 평균(8.0%)을 약간 넘기는 비율이었으며, '정치'(7.5%), '사회'(7.4%), '생활/문화'(6.1%), '스포츠'(5.6%) 등이 그 뒤를 이었다.

〈표 3-26〉 소속 언론사·분야 유형별 '기자 톡' 운영 기자 비율

(단위: %)

언론사 유형별		분야 유형별	
인터넷/IT지	14.2	IT/과학	12.5
매거진	13.1	경제	11.9
경제지	11.6	TV	10.0
지역지	10.6	엔터	8.6
전문지	8.0	정치	7.5
종합지	6.6	사회	7.4
방송사	5.2	생활/문화	6.1
통신사	3.0	스포츠	5.6
		세계	4.8
		오피니언	4.5
		분야 표시 없음	6.5

주: 내림차순 정렬.

'기자 톡' 운영 기자 비율 상위 10개 언론사를 살펴보면(〈표 3-27〉 참조), 1위는 매거진인 《이코노미스트》로 소속 기자의 36.1%가 '기자 톡'을 운영하고 있었고, 전문지 《여성신문》(35.7%)이 그와 비슷한 비율로 뒤를 이었다. 다음으로 3위 《비즈워치》부터는 20%대 후반에서 시작해 초반으로 비율이 차츰 줄어드는 양상이었다. 10개 사의 언론사 유형으로는 인터넷/IT지가 3개로 가장 많았고, 매거진·경제지가 각각 2곳, 전문지·지역지·방송사가 각 1곳씩이었다. 종합지와 통신사는 10위 안에 든 언론사가 없었다.

〈표 3-27〉 **'기자 톡' 운영 기자 비율 기준 상위 10개 언론사**

(단위: %)

언론사명	언론사 유형	비율
1. 이코노미스트	매거진	36.1
2. 여성신문	전문지	35.7
3. 비즈워치	경제지	28.9
4. 디지털데일리	인터넷/IT지	28.0
5. 시사IN	매거진	27.6
6. 블로터	인터넷/IT지	24.4
7. 아이뉴스24	인터넷/IT지	22.7
8. 이데일리	경제지	21.6
9. 전주MBC	지역지	20.8
10. 한국경제TV	방송사	20.0

(6) '채널' 표시

자신의 기자홈에 소속 언론사 공식 채널 혹은 기자 개인 채널(블로그, 유튜브 등) 등을 표시해둔 언론인은 281명으로, 전체 기자홈 개설 언론인 9,585명 가운데 2.9%에 불과했다. 채널 표시한 기자 비율을 언론사 유형별로 비교해 보면, 〈표 3-28〉에 나타나 있듯이 종합지가 7.9%로 가장 높은 비율을 보였고, 매거진(7.2%)이 비슷한 수치로 뒤를 이었다. 3위 인터넷/IT지(3.2%)는 전체 평균(2.9%)보다 비율이 조금 높았고, 4위부터는 2.3% 이하로 확인됐다. 분야 유형별로도 편차가 큰 편은 아니었다. 1위 '오피니언'이 6.7%에서 시작해 6위 'IT/과학'이 평균에 근접한 2.6%로 확인됐다. 이후 순위에는 0%인 'TV'를 빼고 대략 1~2% 비율이었다.

〈표 3-28〉 소속 언론사·분야 유형별 '채널' 표시 기자 비율

(단위: %)

언론사 유형별		분야 유형별	
종합지	7.9	오피니언	6.7
매거진	7.2	정치	4.1
인터넷/IT지	3.2	생활/문화	3.9
경제지	2.3	스포츠	2.8
지역지	1.4	경제	2.8
전문지	1.1	IT/과학	2.6
방송사	0.9	사회	2.2
통신사	0.5	세계	1.9
		엔터	0.9
		TV	0.0
		분야 표시 없음	2.2

주: 내림차순 정렬.
※ 소수점 둘째 자리까지 보면 '스포츠'는 2.78%, 경제는 2.77%로 미세한 차이가 있음.

끝으로, 기자홈에 '채널'을 표시한 소속 언론인 비율 상위 10개 언론사를 보면(〈표 3-29〉 참조), 종합지 《동아일보》가 압도적인 수치(60.0%)로 1위에 올랐다. 전체 평균이 2.9%이고 2위 《주간동아》가 33.3%인 점을 감안하면, 회사 차원의 조직적 운영 매뉴얼이 작동한 결과일 가능성이 높아 보인다. 3위부터 10위까지는 20%대 중반에서 6%대까지 완만하게 비율이 줄어드는 모양새였다. 10위권에 든 언론사 가운데는 매거진이 5개 사로 절반을 차지하고, 나머지는 종합지·지역지·방송사·인터넷/IT지가 골고루 포함돼 있었다.

〈표 3-29〉 '채널' 표시 기자 비율 기준 상위 10개 언론사

(단위: %)

언론사명	언론사 유형	비율
1. 동아일보	종합지	60.0
2. 주간동아	매거진	33.3
3. 시사IN	매거진	24.1
4. 신동아	매거진	22.2
5. 대구MBC	지역지	11.8
5. 주간조선	매거진	11.8
7. 한국경제TV	방송사	8.9
8. 매경이코노미	매거진	7.7
8. 미디어오늘	인터넷/IT지	7.7
10. 노컷뉴스	인터넷/IT지	6.7

04 국내 언론인들의 브랜딩 전략 분석

이 장에서는 앞서 3장에서 확인한 국내 언론인 브랜딩의 현황을 바탕으로, 언론인들이 자신의 브랜드를 구축·유지·확장해 나가는 과정에서 어떤 구체적 전략을 활용하는지를 분석한 내용을 담았다. 먼저 1절은 브랜딩 성공사례에서 반복적으로 드러난 여섯 가지 공통 요인을 중심으로 서술한 일종의 '총론'으로, 인터뷰 참여자들이 실제로 경험한 '브랜드가 만들어지는 과정'을 중심에 두고 살펴보고자 했다. 그 요인은 ① 전문성 추구, ② 초월적 성실성 발휘, ③ 일관된 브랜드 정체성 추구, ④ 네트워킹 및 소통을 통한 브랜딩 강화, ⑤ 미디어 환경 변화에 대한 이해와 기민한 대응, ⑥ 회사가 보장해주는 자율성 적극 활용이다.

2절은 언론인 브랜딩에 필요한 부문별 전략을 분석하는 각론으로, ① 콘텐츠 기획 및 인력 운용, ② 채널 운영 및 플랫폼 대응, ③ 회사 차원의 제도·정책 수립, ④ 조직문화 개선이라는 네 가지 범주로 나눈 뒤, 각 범주를 다시 4~6개의 소주제로 구성해 기술하였다. 1절이 실제 사례의 공통점을 통해 '브랜딩이 무엇으로 구성되는가'를 보여준다면, 2절은 그 공통 요소가 현장에서 '어떻게 구현되고 설계되어야 하는가'를 세부 영역별로 탐구하는 데 목적이 있다. 다시 말해, 앞 절에서 '왜 성공하는가'를 다루고, 뒤 절에서는 '무엇을 어떻게 해야 할 것인가'를 논했다.

또한 1절이 주로 브랜딩과 관련된 인터뷰이들의 경험을 중심으로 구성되었다면, 2절에서는 그 경험에 더해 언론인 브랜딩에 대한 그들의 관점·견해·전망을 비중 있게 다루었다. 더불어, 브랜딩을 주제로 한 관련 서적들에서 논의된 개념, 전략적 접근, 전망 등을 적절한 지점에서 병치함으로써, 논의의 스펙트럼을 넓히고 내용의 깊이를 더하고자 했다.

사실 앞서 살펴본 '3장. 언론인 브랜딩 현황'과 '4장. 언론인 브랜딩 전략'은 모두

21인의 언론인 인터뷰 결과를 핵심 자료로 삼는다는 점에서 일정 부분 내용의 중복이 불가피하다. 그러나 3장이 비교적 사실 중심의 객관적 정리에 가까웠다면, 4장은 인터뷰 참여자들의 관점·철학·문제의식을 직접인용을 통해 생생하고 적극적으로 드러내는 데 목적이 있다는 점에서 분명한 차이가 있다.

끝으로, 이 장의 마지막 절인 '소결'은 1·2절에서 다룬 언론인 브랜딩 전략 전체를 정리하는 목적뿐 아니라, 연구서 전체의 결론을 대체하는 성격도 띤다. 이에 따라 2장에 제시한 뉴스 이용자들의 언론인 브랜딩 인식 조사 결과까지 함께 종합해, 언론인 브랜딩이 한국 언론 생태계에서 어떤 의미를 갖는지, 그리고 조직과 개인이 어떤 방향으로 변화해야 하는지를 제안하는 연구서 전체의 최종 메시지를 전하고자 했다.

1. 언론인 브랜딩 성공 사례의 공통 요인

1) 전문성 추구

본 연구의 인터뷰에 참여한 언론인들은 특정 분야나 영역에 있어 전문성을 추구하고 그러한 역량을 강화하기 위해 노력을 게을리하지 않는 공통점이 있었다. 이러한 경향성은 언론인으로서 브랜드를 구축하겠다는 의도를 가지고 일부러 노력했든, 맡은 임무를 충실히 수행한 결과로 혹은 우연한 기회로 유명세를 치르면서 의도치 않게 브랜드가 형성됐든, 별로 다르지 않았다. 이들은 전문성이라는 덕목을 브랜딩을 위한 최소한의 자질 혹은 자산으로 간주하고 있는 듯 보였다. 물론 전문성을 추구하는 구체적인 방식에는 다소간의 차이가 관찰됐다.

이미 전문성을 갖춘 상태에서 기자로 입직하는 전문기자들의 경우, 애초 출발점 자체가 '전문가'이기 때문에 전문성과는 떼려야 뗄 수 없는 위치에 있다. 기자직을 수행하는 과정에서 전문성을 축적해가는 일반적인 브랜딩 기자들과 달리, 이들이 추구하는 전문성은 기자 직군의 범위를 벗어나 한 차원 높은 대승적 가치를 지향하고 있는 듯 보이기도 했다. 각각 환경 전문기자, 의학 전문기자로 장기간 활동한 이력을 가진 전 《중앙일보》 강찬수, 전 《SBS》 조동찬은 단순히 언론 활동을 한다기보다는 각각 환경운동, 보건의료 활동의 일환으로 언론인의 길을 택한 쪽이었다. 비슷한 경로로 전문기자를 시작한 동료들 중 상당수가 중도에 기자직을 떠났음에도, 이들이 오랜 기간 기자로 남기를 스스로 선택한 것은 전문가로서 자신의 철학 안에 기자의 삶을 녹여낼 수 있었기 때문인 것으로 판단된다.

강찬수(전 중앙일보): 환경을 전공하게 된 건 환경 전문기자를 떠나서 어떻게 보면 우리 사회의 환경 문제 개선을 위해서 평생을 바치고 싶다는 그런 생각에서 비롯됐다. 대학 입학하기 전부터 그렇게 생각했고, 환경운동가로든 실험실에서든 환경 기자로든, 환경 개선에 도움이 된다, 환경 문제 해결에 도움이 된다고 하면 어디서든 그 방향으로 일을 하는 거다. 환경 문제를 해결하는 방법론이 다를 뿐이다. 대학에서 한 학기에 200~300명한테 환경 강의를 하는 게 효과적일까, 200만 부 이상 찍는 신문에 환경 기사를 쓰는 게 더 도움이 될까를 고민했는데, 지금과 달리 그 당시에는 환경 문제에 대한 인식 수준이 많이 낮아서 일반 시민들한테 많이 알리는 게 시급하다고 결론 내렸다.

조동찬(전 SBS): 《SBS》에 처음 전문기자로 뽑혔을 때는 2년 계약직이었고, 실제로도 2년만 하고 관둘 생각이었다. 그런데 17년 동안이나 근무한 건 신종플루, 아이티 대지진, 가습기 살균제, 코로나19에 이르기까지 재난과 참사 현장을 계속해서 경험하게 된 것이 주요한 이유였다. 내가 병원에서 환자를 봤던 건 진료시스템이라는 세팅 안에서였는데, 지진 현장 같은 건 완전한 실제 상황이다. 원초적인 생존의 기로에 놓인 사람들과 그 상황을 현장에서 반복 경험하면서, 이전에 쌓았던 전문의의 삶, 나의 세계가 무너지는 느낌이었다. 그건 참 별 게 아니었구나 하는 생각이 들었던 거다.

전문기자 제도가 안정적으로 정착돼 있지 않은 국내 언론계 상황상, 전문가 자격을 갖춘 후 언론인으로 뛰어든 전문기자보다는, 한 분야에 쭉 집중하면서 자신의 길을 개척해나가다 보니 어느새 그 분야 전문가로 거듭나 있는 기자들이 좀 더 많을 것으로 추정된다. 소위 한 우물을 꾸준히 파서 확실한 전문성을 갖게 된 대표적인 인터뷰 참가자로는 정년퇴직 후에도 계약을 통해 《한겨레》의 선임기자로 계속 활동하고 있는 '정치' 분야, 그중에서도 선거, 권력구조와 같이 협의의 정치 주제 전문인 성한용을 들 수 있다. 입사해서 계속 '교육' 쪽만 담당했고, 재직 중 개설했던 유튜브 채널을 퇴사 후에도 운영하며 지금은 교육 전문 크리에이터이자 교육사업가로서 입지를 다져가고 있는 전 《조선에듀》 방종임 기자, 스포츠지를 거쳐 중앙일간지에 자리잡고도 문화부 안에서 계속 '연예' 분야만 고수해 온 《문화일보》 안진용 기자 또한 같은 유형으로 볼 수 있을 것이다. 《경남도민일보》에 오래 몸담았던 김주완은 지역지의 정체성과 연결된 '지역 현대사'를 전문으로 다뤄왔고, 전문성 확장을 위해 기록관리학 석사과정까지 수료했다. 기자보다는 역사 연구자 내지 미디어 운동가의 모습에 가까워 보인다는 점은 앞서 언급한 두 전문기자와 비슷한 맥락이다.

한편, 탈북 언론인 가운데 공채시험을 치른 유일한 기자인 《동아일보》 주성하는 '북한' 관련 기사, 특히 '탈북자' 주제 콘텐츠를 꾸준히 생산해왔고 이 분야에서 자타 공인 전문가로 불리지만, 공식적으로 전문기자 타이틀을 얻지는 못했다. 출신지 특성상 분야의 전문성을 상당히 확보하고 기자직을 시작했으나, 탈북 후 시간이 점점 흘러감에 따라 북한의 현재를 잘 모르고 기사를 쓴다는 공격을 꽤 받은 것으로 확인됐다. 그는 새로 유입되는 탈북자들을 꾸준히 만나며 북한의 최신 소식을 누구보다도 열심히 업데이트한다는 말로 이러한 지적이 근거 없다고 일축했다.

> **주성하(동아일보):** 탈북한 게 23년 전인데 지금 뭘 알겠어 하는 공격을 많이 받는다. 그건 틀린 얘기다. 저만큼 새로운 탈북자들을 계속 만나는 사람은 없다. 북한은 언론이 거의 없다시피 하고, 자기 지역을 함부로 벗어날 수 없다 보니, 북한 주민들도 본인 지역 내용 아니면 알 수가 없다. 저는 여기저기서 온 탈북민들을 계속해서 만나니까, 아마 북한을 통틀어서 보면 가장 많이 알고 있는 사람이 저일 거다.

앞서 살펴본 사례들은 해당 언론인이 다루는 콘텐츠가 특정 주제나 분야로 좁혀지는 공통점이 있다면, 콘텐츠 주제보다는 그것을 다루는 방식에서 자신만의 전문성을 구축해가는 언론인들도 있었다. 인터뷰 때 알고 있는 언론인 브랜딩의 대표적 사례를 말해 달라는 질문에 《MBC》, 《JTBC》 출신 손석희 앵커, 《조선일보》 출신 이동진 영화평론가와 함께 가장 자주 언급된 사람이 《머니투데이》의 남형도 기자였다. 남 기자는 소위 정·경·사·문 같은 기준으로 굳이 분류하자면 '사회' 분야에 속하겠지만, 알려질 필요는 있으나 잘 읽히지 않던 사회문제를 '체험'이라는 형식을 통해 스토리로 풀어냄으로써 더 많은 사람의 관심을 촉발시킨 '체험 저널리즘'의 개척자다. 이와 유사하게, 기자라면 일상적으로 경험하는 취재 형태인 인터뷰에 인문학 감수성을 녹여내 내러티브 형태로 콘텐츠를 만들어내는 전 《조선비즈》 김지수 기자는 인터뷰 전문 스토리텔러다.

이들보다는 훨씬 좁고 선명한 주제에 집중했다는 점에서 약간의 차이가 있긴 하지만, 기본적으로는 보통의 기사 형태가 아닌 '이야기'로 풀어내는 스토리텔링 콘텐츠 기획 및 제작에서 각자 전문성을 키워왔다는 점에서 결이 같은 기자들이 제법 많았다. 미술과 문화재를 쉽게 풀되 틀리지 않게 정확한 정보를 전달하려는 설명형 롱폼 스토리텔러 《한국경제》 〈그때 그 사람들〉의 성수영, 경제 이슈를 역사에 접목시켜 맛있게 풀어내는 내러티브형 경제사 스토리텔러 《매일경제》 〈히코노미〉의 강영운, 기업과 브랜드의 역사·서사를 공영방송 톤을 입혀 대중 친화적으로 풀어낸 스토리텔러 《MBC》 〈소비더머니〉의 조현용, '일'의 철학에 집중한 커리어 콘텐츠를 다양한 시각적 장치를 곁들여 버티컬적으로 풀어낸 멀티미디어 스토리텔러 《한국일보》 〈커리업〉의 박지윤이 여기에 해당한다. 이들은 자신이 다루는 소재 자체보다는 뉴스 콘텐츠를 이야기 형식으로 풀어가는 스토리텔링 방식에 더 큰 가치를 두면서, 사람들한테 흥미롭게 다가갈 수 있는 소재라면 어떤 것으로든 확장해 갈 의지가 있는 듯 보였다.

조현용(MBC): 〈소비 더 머니〉로 기업 이야기를 다뤘지만 솔직히 나는 이것을 그냥 '경제' 콘텐츠가 아니라 본질적으로 '이야기'라고 보았다. 1997년부터 약 4년간 방송됐던 〈성공시대〉를 참조했었는데, 지금의 젊은 시청자들에게 노력·성공·헌신의 가치를 이야기하고 싶었다. "열심히 하면 아주 큰 성공은 아니더라도 무언가 될 수 있다, 노력은 중요하다"는 메시지를 전하고자 했다. 그걸 기업이나 브랜드를 소재로 풀었던 것뿐이다. 현재는 《MBC》의 메인 뉴스 앵커를 맡고 있는데, 지금이 내 커리어의 정점이어도 괜찮다고 생각한다. 대신 새로운 콘텐츠를 만들고 싶은 욕구는 있다. 보도·교양의 영역을 넘어 예능이나 드라마 같이 전혀 다른 형태로도 울림이 있는 작업을 해보고 싶다. "저 사람은 늘 최선을 다해 콘텐츠를 만든다, 시청자 편에 서 있다"라는 인식을 남기면 좋겠고, 만약 나에게 브랜딩이라는 게 있다면 그렇게 좋은 이야기를 만드는 사람으로 기억되는 것이었으면 한다.

박지윤(한국일보): '일'이라는 주제는 너무 크고, 동시에 개개인의 입장에서 보면 지극히 개인적인 주제라서 모순적인 측면이 있다. 내가 다루고 싶었던 건 '일' 그 자체보다는 그 일을 계속하게 하는 힘, 그리고 그 과정이 한 사람의 삶의 태도와 어떻게 연결되는지였다. 그래서 '일의 철학'에 초점을 맞췄다. 이런 철학적 메시지는 직업 종류에 관계없이 보편적이라고 생각한다. 이야기가 충분히 드러나야 독자가 공감할 수 있기 때문에 인터뷰도 긴 내러티브 형식으로 썼다. 〈커리업〉 뉴스레터 독자들은 '이야기'의 재미 때문에 구독했다고 본다. 스토리가 흥미롭고 그 안에서 느껴지는 순수한 감동이 있어서였을 것이다.

다음으로는, 정치·사회 분야를 중심으로 한 시사 영역에서 차근차근 쌓은 전문성을 바탕으로, 프로그램 진행이라는 파생된 전문성을 함께 확보한 언론인들이 있었다. 이들은 모두 프로그램명에 자신의 이름이 포함된 기명 프로그램을 맡아 개인 브랜딩을 더욱 확고히 다져간다는 공통점 또한 관찰됐다. 그 가운데 방송사 소속인 《CBS》〈김현정의 뉴스쇼〉 PD이자 앵커 김현정, 《JTBC》〈오대영 라이브〉의 앵커를 맡았던 오대영은 기본적으로는 방송편성의 틀 안에서 브랜딩이 이뤄진 유형이다. 이에 비해, 《경향신문》〈구교형의 정치비상구〉 진행자 구교형, 《시사IN》〈김은지의 뉴스IN〉 진행자 김은지는 텍스트 매체 기자지만 소속 언론사의 유튜브 채널 시사 라이브를 진행하면서, 구독자 대폭 증가라는 괄목할 만한 성과를 이루고 시사 진행자로서의 입지까지 다지고 있다.

이상 살펴본 언론인들은 정도의 차이는 있지만 회사의 필요와 본인의 적성이 어느 정도 맞아떨어진 조건에서 전문성을 추구해온 경향이 있는 데 비해, 나머지 인터뷰 대상자 4인은 다소 다른 결을 드러낸다. 먼저, 오래 근무한 진보 성향 언론사에서 독립해 지금은 유튜브 채널을 운영하면서 언론인으로서의 활동을 왕성하게 이어가고 있는 전 《오마이뉴스》 장윤선, 전 《JBTC》, 《뉴스타파》 봉지욱의 경우, 권력 감시의 최선봉에 서서 '취재'와 '탐사보도' 활동에 매진하고, 그 목적을 위해서라면 소속을 바꾸거나 떠나는 것 또한 과감하게 실행해왔다는 점에서, 어떻게 보면 가장 적극적·능동적으로 전문성을 쌓아온 유형이라 할 수 있다. 이와 매우 대조되는 경우로, 기자 초년 시절 우연한 계기로 이름이 널리 알려지는 바람에 의도치 않게 브랜딩이 돼 버린 《KBS》 박대기와 《제주MBC》 이따끔은 유명세에 걸맞는 브랜딩 내실을 다지고자 전문성에 대한 고민과 시도를 이어가고 있는 듯 보였다.

박대기(KBS): 인지도 덕분에 접근성이 생긴 면도 있지만, 때때로 '가벼운 이미지'로 소비되는 것 아닌가 하는 걱정이 들기도 했다. 그래서 뉴스를 만들 때 가볍게 접근하지 않으려 노력하고, 사회적으로 중요한 문제라면 불편한 이야기라도 다루려 했으며, 비판적 시각을 견지하려 애썼다. 나는 고등학교와 대학교 때 과학·공학 백그라운드를 가졌기 때문에, 반도체, AI 같은 이슈에 대한 산업적·기술적 이해가 다른 기자들보다 높은 편이다. 내가 우연히 얻은 인지도라도 시청자들이 별로 주목하지 않던 어려운 경제나 과학 주제를 전달하는 창구로 쓸 수 있다면 의미 있겠다는 생각을 했다. 유명세 자체를 목적으로 삼은 적은 없지만, 그 유명세를 공익적으로 활용할 수 있다면 그것도 기자로서의 역할일 것이다.

이따끔(제주MBC): 사실 이번 인터뷰에 참여하면서도 다른 분들처럼 자신의 영역을 구축해서 브랜딩한 사례가 아니라서 걱정이 좀 있었다. 아직 저연차다 보니 경험하지 못한 출입처도 많고 배우고 싶은 것도 많다. 내가 진짜 알리고 싶은 보도를 할 때 내 이름과 브랜딩이 도움이 될 수 있을 거라고 본다. 그건 분명한 이점이다. 저는 고발성 뉴스가 재미있다. 최근 제주에서 유행하던 다단계 사기를 취재하다가 캄보디아 망고단지까지 연결되는 걸 추적했는데, 현지 취재를 가고 싶었지만 여건이 안 돼 아쉬웠다. 앞으로 현장을 더 보여줄 수 있는 보도를 많이 해보면서 그쪽으로 전문성을 쌓고 싶다.

요컨대, 인터뷰에 참여한 언론인들은 각자의 방식으로 전문성을 축적하고 이를 통해 개인 브랜드를 형성해왔다는 점에서 공통적이다. 일부는 입직 전부터 전문가로서의 정체성을 지니고 기자가 된 경우였고, 다른 이들은 장기간 한 분야를 파며 자연스럽게 전문성을 확보한 경우에 해당했다. 또 다른 그룹은 콘텐츠의 형식적 실험을 통해 전문성을 드러냈는데, 스토리텔링 저널리즘을 비롯해 프로그램 진행이나 영상 콘텐츠를 통해 자신만의 영역을 구축한 이들도 있었다. 결국 이들의 사례는 전문성 추구가 의도적 전략이든 자연스러운 결과든 간에 언론인 브랜딩의 핵심 축으로 작동하고 있으며, 개별 기자가 '어떤 분야에서 무엇을 어떻게 다루는가'에 따라 브랜드의 방향과 깊이가 결정된다는 점을 보여준다.

2) 초월적 성실성 발휘

인터뷰에 참여했던 언론인들 대부분의 바탕에 깔린 기본적인 태도 혹은 마음자세는 어찌 보면 다소 진부하다 싶은 생각마저 드는 덕목인 '성실성'이었다. 이는 일정 부분 타고난 성향일 수도 있어서 개인차 요인으로 볼 수도 있기에, 과연 이것을 언론인 브랜딩을 위한 전략에 포함시켜도 될까 하는 연구진의 고민도 있었다. 그런데 인터뷰 내용을 상세히 검토하고 분석하는 과정에서, 브랜딩을 적극적으로 추구하는 언론인이라면 일부러라도 이러한 태도를 갖는 것이 필요할 수밖에 없다는 결론에 이르렀다.

이들은 브랜딩을 목적으로 보는지 결과로 보는지에 있어 차이는 있을지언정, 시간과 열정을 쏟는 것은 필수·불가결한 요소이고, 이것이 '자발적' 과정이어야 하며, 출입처 취재와 같은 일상 업무에 결코 지장이 있어서는 안되기에 반드시 가외의 노력을 들여야 한다고 입을 모았다. 세부적으로 들여다보면, 답의 결에 차이가 있기는 했다. 워커홀릭(일 중독자) 소리를 들으면서도 그저 즐겼다는 사람도 있었지만, 자신을 "갈아 넣는다"는 극단적 표현을 쓴 참여자가 여럿이었고, '열정', '희생', '체력 고갈', '방전', '번아웃'과 같은 단어들이 심심찮게 등장했다. 그런데 이런 초월적 성실성을 발휘하는 방식은 소위 타고난 '열정 부자'가 아니고서는 장기 지속이 가능한 모델이라고 보기는 어렵다. 따라서 브랜딩 활동을 하는 전 기간에 실천하기보다는, 자신만의 브랜드를 어느 정도 구축하게 되기까지 정도로 한정해서 시도해볼 수는 있을 것으로 판단된다.

김주완(전 경남도민일보): 사람들이 나보고 '워커홀릭'이라고 했다. 그런데 정작 나는 힘들다고 느낀 적이 없었고 그저 재밌었다. 회사 일은 낮에 하고 블로그나 영상 작업은 밤에 했다. 블로그 글이 포털 다음 메인에 걸려 수십만 조회수가 나오면 그 자체로 도파민이 돌았다. 겉에서 보면 워커홀릭 같고, 자신을 소모하는 것처럼 보일 수 있다. 그런데 실제로 나는 그렇게 심각하게 느끼지 않았다. 그 일을 단순하게 '재미있는 일'로 받아들였다. 즐거워서 한 일이지 억지로 나를 갈아 넣는다고 생각하지 않았다.

성수영(한국경제): 회사 입장에서 소속 기자들의 브랜딩은 양날의 검이다. 잘못하면 '잰만 나댄다'는 인식을 줄 수 있고, 실제로 본업이 소홀해지는 사례도 있다. 내 경우, 이전에 본업을 100 했었다면 브랜딩을 시도하면서는 150을 한다. 그 중 90은 회사, 60은 브랜딩과 칼럼에 쓴다. 나처럼 본업(출입처 취재)과 병행해 연재 형태로 브랜딩을 시도하는 모델은 앞으로도 많지 않을 것 같다. 커리어와 체력, 동기 모두 정점이어야 가능한 방식이기 때문이다. 지난 2~3년을 돌아보면 거의 나를 갈아 넣어 일했다. 투입을 더 늘리기도 어렵다. 강력한 동기가 있어도 지속은 쉽지 않다. 그래도 내가 아는 한

나는 가장 열심히 일한 편이고, 더 열심히 하는 사람이 있다면 그가 잘 되는 것이 맞다고 생각한다.

조현용(MBC): 〈소비더머니〉 스크립트는 작가가 따로 있는 게 아니라, 내가 직접 작성했다. 영상 구성은 회사의 방대한 아카이브를 일일이 탐색하면서 설계했다. "이 장면에는 어떤 영상이 들어가면 좋을까"를 계속 생각하면서 일종의 콘티를 만들어 편집자에게 전달했다. 빈 부분은 예능이나 드라마에서 적절한 장면을 가져와 썼다. 나는 원래 영상 탐색을 좋아한다. 콘텐츠 기획부터 구성까지 혼자서 다 해야 했기 때문에 주 6~7일, 아침부터 밤늦게까지, 새벽까지도 일했다. 말 그대로 나를 갈아 넣었다. 그 외에는 방법이 없었다.

김현정(CBS): 초반엔 정말 "몇 사람을 갈아 넣었다"는 표현이 정확하다. 새벽 3:30 기상, 6시 출근, 밤 10시 퇴근을 서너 명이 매일 반복했다. 촌스러워 보일 수 있지만 한번 만들어보자는 열정으로 버텼다. 뉴스는 밤사이에도 변한다. 제작진이 전날 질문지를 준비해도 아침에 보면 중요도가 달라진 경우가 많다. 신문 판갈이 하듯이 재정리한 뒤 생방송을 한다. 예전에 없던 포털 텍스트 송고 작업, 유튜브 업로드, 썸네일 작업까지 제작진과 함께 한다. 코로나 시기를 거치며 원격으로도 일이 돌아가는 걸 확인했기에, 그나마 지금은 오후 일부를 재택근무로 전환했다. 그래서 예전보다 나아졌지만 체력은 여전히 부친다. 아침 프로그램은 체력과 생활리듬 때문에 보통 3년 넘기기가 어려운데, 제가 자리를 오래 지킨 것이 프로그램의 성취와 롱런에 분명 도움이 됐다. 결국 어느 정도의 희생이 필요할 수밖에 없는 구조다.

언론사에 소속돼 있으면서 유튜브와 같은 영상 플랫폼에 개인 채널을 개설하고자 하는 기자들이 많아지고 있는 상황에서, 이러한 개인 채널 유경험자들의 조언은 분명 도움이 될 것이다. 유튜브에서 회사와 별도의 채널을 운영하면서 이미 많은 구독자를 확보하고 있는 언론인들의 경우, 본업에 지장을 주지 않아야 개인 활동이 가능하다는 원칙을 다소 지나치다시피 철저히 지키고 있었다. 이와 비슷한 맥락에서, 다른 매체의 프로그램에 출연한다는지 하는 외부 활동이 회사로부터 허용되는 경우 또한, 회사 일에 한치도 소홀함이 생기지 않도록 다른 사람들보다 훨씬 더 노력해야 한다는 답이 돌아왔다.

방종임(전 조선에듀): 유튜브 채널을 개설할 당시 《조선에듀》 편집장 직함이 있었기 때문에 교육법인 대표한테 정식으로 허락을 받았다. 유튜브로 인해 문제가 생기면 안 되겠다는 생각이 들어 계약서를 따로 작성하고 시작했다. 업무 시간에는 유튜브 일을 일체 하지 않았다. 모든 촬영과 편집은 주말이나 퇴근 후에 했다. 인력 구성이나 비용도 모두 제가 감당했다. 계약서에는 유튜브 수익을 회사와 반반 나눈다고 명시했다. 회사 업무와 유튜브를 동시에 잘하는 것은 매우 어려운 일이다. 실제로 '뼈를 갈아야' 하고 워커홀릭에 가까운 투입이 필요하다. 어느 시점이 되면 몰입의 한계를 체감한다. 더 나은 콘텐츠를 위해서는 선택이 필요하다. 시기의 차이는 있지만, 병행은 구조적으로 어렵다.

주성하(동아일보): 유튜브 영상은 평일에 못 찍는다. 물론 찍자면 찍을 수는 있겠지만, 평일 시간은 회사에 종속된 시간이고 그것 때문에 월급을 받기 때문에, 몰래 가서 영상을 찍으면 내 스스로 부정한 게 되는 거다. 그래서 유튜브 작업은 철저하게 토요일에만 한다. 토요일 하루 동안 그다음 주에 올릴 영상 2~3개를 촬영한다. 주말 이틀 가운데 하루를 유튜브에 쓰는 거니까 남들보다 훨씬 더 일을 많이 하고 제대로 놀러도 못 간다. 유튜브를 별도로 하려면 그만큼 부지런하고 성실해야 한다.

안진용(문화일보): 《문화일보》는 종편 계열사를 보유하고 있지 않기 때문에 내가 여러 종편 프로그램에 출연하는 데 훨씬 열려 있다. 11년 전쯤 《문화일보》로 이직할 당시, 방송 활동에 대한 의견을 나눴는데 회사가 이를 긍정적으로 받아들였고 실제로 허용해 줬다. 다만 조건이 있었다. 회사 업무에 지장이 전혀 없어야 하는 것이다. 개인적으로 나는 회사 일에 120%의 노력을 기울인다. 회사 업무에 누수가 생기면 "저 사람은 방송 때문에 본업을 소홀히 한다"는 말을 듣게 될 게 뻔하기 때문이다. 그래서 단 한 번도 회사 업무에 공백을 만든 적이 없다. 하고 싶은 일을 하면서 해야 할 일을 구멍 내는 경우가 있다. 그렇게 하는 순간 조직을 떠나야 한다. 조직 안에서 자신의 길을 모색하되, 그러려면 남들보다 '두 배' 일해야 한다. 그 각오가 필요하다.

김은지(시사IN): 〈뉴스공장〉 등 라디오에 고정으로 출연할 수 있었던 데는 기본적으로 회사가 그런 외부 활동에 대해 열려 있기 때문이었다. 이전에 선배들도 방송을 많이 하셨기 때문에 제 경우에도 별다른 제약이 없었다. 방송을 마치고 회사에 가도 가장 먼저 출근해 있는 편이었다. 그런 점에서 회사 일에 소홀하다는 책잡힐 구석이 없었다. 오히려 외부 활동을 하는 만큼 본업에 더 충실해야 한다는 생각이 강했다. "방송하느라 일에 지장을 준다"는 말은 듣고 싶지 않아서 더 바짝 했다. 나는 거창한 목표 의식으로 움직이는 타입이 아니다. 기자라는 직업을 좋아하고, 내 일을 좋아하며, 꾸준히 하는 것을 좋아한다. 무언가를 크게 만들어보겠다는 의도를 앞세우기보다, 하루하루 충실히 쌓아온 결과 여기까지 온 것 같다.

이상 살펴본 것처럼, 인터뷰에 참여한 언론인들의 브랜딩 과정에는 극단적인 수준의 성실성과 헌신이 공통적으로 자리하고 있었다. 그들은 본업인 취재와 기사 작성에 지장을 주지 않는 범위 안에서, 개인 브랜딩과 콘텐츠 제작을 위해 추가적인 시간과 체력, 나아가 휴식과 사생활까지 기꺼이 투입했다. '즐거운 워커홀릭', '나를 갈아 넣는 노동', '희생을 전제로 한 체력의 싸움'이라는 표현들은 서로 다른 맥락에서도 동일한 의미를 전한다.

이처럼 이들은 자신에 대한 회사의 신뢰를 지키기 위해 남들보다 두 배의 노력을 기울이며, 본업과 개인 활동을 병행했다. 그들의 초월적 성실성은 단순한 근면함을 넘어, 기자라는 직업윤리와 개인 브랜딩을 양립시키기 위한 자기 규율의 결과였다. 결국 이러한 성실성은 브랜딩의 수단이자 동시에 언론인으로서 신뢰를 구축하고 유지하는 가장 근본적인 토대임을 보여준다.

3) 일관된 브랜드 정체성 추구

일반적으로 브랜딩이 성공 궤도에 오르려면 일관된 정체성을 추구하는 것은 필수적 요소이고, 이는 언론인 브랜딩이라고 해서 다르지 않을 것이다. 브랜드의 서사적 구조를 설계하고 이를 시각적·디자인 체계로 구현하는 김콜베/김성민(2025)은 메시지가 넘쳐나는 시대일수록 사람들은 모호하거나 장황한 표현을 무의식적으로 걸러내고, 명확하고 선명한 메시지에 더 쉽게 반응한다고 지적한다. 이는 정보 과부하를 피하려는 일종의 심리적 자기 보호 기제로 볼 수 있다. 그는 브랜드가 사람들의 인식 속에서 자리 잡기 위해서는 다채로운 요소를 무리하게 더하기보다, 자신의 정체성을 '선명함'에 초점을 맞춰 명확히 규정해야 한다고 강조한다. 이러한 관점은 언론인 개인 브랜딩에도 그대로 적용될 수 있다. 즉, 복잡한 이미지를 욕심 내기보다, 자신의 메시지를 일관되게 유지하고 정체성을 선명하게 드러내는 것이 신뢰와 공감을 형성하는 핵심 전략이라는 것이다(김콜베/김성민, 2025).

본 연구에서 인터뷰했던 언론인들 또한 대체로 선명한 브랜드 정체성을 구축하기 위해 일정한 원칙이나 기준을 세워 활동하고 있었다. 구체적으로, 콘텐츠 자체뿐만 아니라 태도에 있어서도 톤앤매너를 일관되게 유지하고, 조회수나 유명세로 곧바로 이어질 수 있는 쉬운 길 대신 언론인으로서의 정체성 유지를 위한 장치로 명확한 윤리적 규범을 준수하는 노력을 기울이는 것 등이다.

《한겨레》 성한용과 전 《조선비즈》 김지수는 프린트 매체에서 커리어를 시작해 긴 시간을 보냈음에도, 디지털 문법인 롱폼 포맷을 누구보다도 빨리 받아들이고 거기에 자신만의 색을 입혀 독자적인 브랜딩을 구축하고 있었다.

성한용(한겨레): 2000년대 정치부장을 하던 시절부터 25년째 칼럼을 쓰고 있고, 2015년부터는 디지털 연재 〈정치 막전막후〉를 시작했다. 디지털은 지면 제약이 없으니 처음부터 긴 글로 썼다. 어떤 사안이 생기면 전후 맥락, 해외 사례, 전망까지 모두 담았다. 기자들이 인용을 짧게 처리해 독자가 불친절함을 느끼는 경우가 많아, 나는 인용을 길게 가져간다. 정치인의 페이스북 글이나 보도자료를 통째로 포함시키기도 한다. 스크롤 다운 기능이 있으니 보기 싫으면 건너뛰면 되고, 독자는 원문을 바로 확인할 수 있어 편하다는 반응이 많다. 그리고 글은 쉽고, 존댓말로, 친절하게 쓰는 원칙을 꾸준히 지키고 있다.

김지수(전 조선비즈): 《보그》에 오래 있었다는 이유로 사람들이 나를 패션 기자로 오해하지만, 나는 문화 피처 전문기자였다. 당시 패션지는 가장 문학적이고 미학적이면서도 다양한 문화적 스펙트럼을 다루는 매체였고, 나는 그 안에서 전쟁, 사회 이슈 등 휴머니즘 기반의 주제를 다루기도 했다. 건조한 육하원칙 문체가 아니라 대담하고 리듬감 있는 글쓰기, 균형 잡힌 서술에 익숙했고, 〈인터스텔라〉에서도 신문식 문체와 다른 감수성과 리듬을 담았다. 이 차별성이 독자와 업계에 신선하게 받아들여지며 자연스럽게 '김지수'라는 브랜드가 형성됐다. 전략적으로 움직인 것은 아니었지만, 늘 매체의 관행을 넘어서는 문체·주제·비전을 제안했고, 《조선비즈》에서도 디지털에 드문 롱스토리와 서정적 서술로 〈인터스텔라〉를 이어갔다. 나는 언제나 경계선에서 기존 매체가 잘 다루지 않던 토픽을 선택하는 편이다.

롱폼의 설명형 콘텐츠를 선보인다는 점에서는 앞선 두 선배 기자들과 비슷한 듯하면서, 조금 결이 다른 방식으로 자신만의 브랜드를 만들어가고 있는 후배들도 있었다. 역사와 접목한 경제 스토리를 연재하는 《매일경제》 강영운은 '소박한 간판을 단 찐맛집'을, 회사 유튜브 채널의 라이브 진행을 맡고 있는 《경향신문》 구교형은 '만물박사형 제너럴리스트'를 브랜드 전략으로 삼고 있다.

강영운(매일경제): 이름이 알려지는 기자들을 보면, 자신의 내면에서 나온 이야기를 꾸준히 자기 언어로 쓰거나, 오랫동안 천착한 관심사를 지속적으로 풀어내는 경우가 많다. 그 점을 염두에 두고 기존 역사서에 없는 결을 더 흥미롭게, 나만의 문체로 풀어내려 했다. 접근 전략은 제목을 과감하게 붙여 문턱을 낮추고 클릭을 유도하되, 본문은 치밀한 근거와 맥락으로 채우는 거다. 가게로 치면 간판은 소박해도 음식은 제대로 내자는 방식이다. 자극적인 제목에 악플이 달릴 때도 있지만, "읽히려면 불가피하다"거나 "제목과 달리 내용이 탄탄하다"는 옹호가 꾸준히 쌓였다. 그 반복이 하나의 패턴이자 제 브랜드가 됐다. 회사 차원의 제동은 거의 없었다. 제목 톤에 대해 가볍게 의견을 주신 적은 있으나, 낮은 진입장벽과 높은 내용 밀도를 결합하려는 취지를 이해해 주셨고 막지 않으셨다.

구교형(경향신문): 전통적으로 언론인 브랜딩은 특정 분야의 전문성을 가진 '전문기자' 모델이 중심이었다. 사회적으로 이름을 알리고 퇴사 후에도 방송·기고를 이어가는 분들 대부분이 그 방식이었다. 반면 나는 다양한 분야를 넘나드는 '제너럴리스트'를 지향한다. 여러 분야를 경험하며 객관적·종합적 판단을 하고 싶었고, 기명 프로그램을 진행해 보니 얕은 지식이라도 제너럴리스트의 설명 방식이 독자에게 공감을 줄 수 있다는 가능성을 발견했다. 신문기사는 대체로 독자가 기본 전제를 알고 있다고 가정하고 쓰지만, 실제 댓글과 반응을 보면 가장 기초적인 개념부터 궁금해하는 독자가 많다. 플랫폼이 열리면서 브랜딩 방식도 다양해졌고, 전문성 이외의 방식으로도 승부할 여지가 커졌다. 나의 제너럴리스트 전략도 그 연장선이다. 1년 반 동안 유튜브 라이브를 진행하며, 기자가 방송에서 어떻게 존재감을 만들어야 하는지 감을 잡았다. 나는 최욱·정영진처럼 예능형 진행자가 될 순 없지만, 정보력이라는 나만의 강점이 있다. 독자가 몰랐던 내용을 정리해 전달하는 방식이 내 브랜드 가치를 높이는 길이라고 생각한다.

이름이나 얼굴을 알리는 것이 효율적인 브랜딩 방식일 거라는 고정관념에서 벗어나, 자신이 '지향하는 가치'를 담아서 제작하는 콘텐츠 자체에 집중하는 《머니투데이》 남형도, 《MBC》 조현용은 해당 콘텐츠의 확산과 지속성을 위해서는 다소간의 불편함을 기꺼이 감수할 수 있다는 입장이었다. 예를 들어, 독자가 알아야 할 필요가 있는데 충분히 알려지지 않은 주제를 더 널리 전하기 위해 남형도는 방송 출연이 불편함에도 예능 프로그램에 기꺼이 출연했고, 정권의 영향을 받지 않는 생명력이 긴 콘텐츠를 제작하기 위해 조현용은 '소비더머니' 콘텐츠에서 정치적 색채를 철저히 덜어냈다.

남형도(머니투데이): 아이템을 고를 때 시의성을 보기도 하지만, 기본적으로는 "이건 꼭 알려야 한다"는 확신에서 출발한다. 이슈를 좇기보다, 사람들이 잘 모르는 지점을 깊이 들여다보려 한다. 예를 들어 벚꽃 축제는 금세 잊히지만, 낙화 청소를 하는 미화원은 남는다. 그래서 윤중로에서 벚꽃잎을 쓸어 담는 체험을 했다. 이슈와 연결되면서도 비켜 있는 지점에서 '보이지 않는 일'을 전하고 싶었기 때문이다. 대부분 단독 경쟁에 몰두하며 같은 이슈를 반복하지만, "나까지 굳이 한 줄 더 보탤 필요가 있을까?"라는 질문을 한다. 사회 곳곳에는 아무도 들여다보지 않지만 꼭 다뤄야 할 주제가 많다. 체험보다 인터뷰가 적합하면 인터뷰로 가고, 〈인류애 충전소〉나 〈아이디어의 시작과 발명〉처럼 포맷을 달리해 공공선에 기여한 사람과 아이디어를 찾아가기도 한다.

사실 나는 드러나는 걸 좋아하는 편은 아니지만, 내가 만든 콘텐츠를 더 널리 알릴 수 있다면 방송에 나간다. 〈유퀴즈 온더블록〉 출연도 그런 이유였다. 출연 후 네이버 기자홈 구독자와 인스타 팔로워가 급증했고, 축하 메시지에 답을 다 하지 못할 정도였다. 영향력을 실감했지만, 지속 효과는 크지 않았다. 시간이 지나자 "유퀴즈 나가 보라"는 말을 다시 듣기도 했다. 결국 중요한 건 꾸준함이라는 결론에 도달했다.

조현용(MBC): 〈소비더머니〉를 만들 때 내 모습을 전면에 내세우려 하지 않았다. 예능·드라마 영상을 적극 활용한 것도 기자 얼굴을 드러내는 것이 큰 효용이 없다고 판단했기 때문이다. 시청자가 좋아해야 하는 대상이 꼭 '기자'일 필요는 없다. 그래서 "MBC"나 "조현용" 이름도 의도적으로 넣지 않았고, 초창기 시청자 다수는 내가 기자인지, 《MBC》 제작인지조차 몰랐을 것이다. 내부에서 이름을 넣자는 제안도 있었지만, 이름이 붙는다고 더 좋아지는 건 아니며, 결국 내용이 좋으면 시청자가 알아본다고 생각했다. 그게 콘텐츠의 생명력을 더 길게 만든다고 판단했다.

정치적 발언을 자제한 것도 특정 편에 서지 않기 위해서이면서, 더 근본적으로는 콘텐츠와 브랜드의 지속성을 위해서였다. 정권이 바뀌어도 흔들리지 않으려면 비정치적 콘텐츠여야 하고, 그래야 내 역할도 객관적으로 평가받을 수 있다고 봤다. 물론 지금은 〈뉴스데스크〉 앵커로서 역할을 수행해야 하고, 공영방송 뉴스 특성상 정치적 발언을 피할 수는 없다. 〈소비더머니〉와 〈뉴스데스크〉의 시청자층이 다를 것 같지만 실제로는 중첩도 적지 않다. 나는 민주주의, 시장경제, 개인의 자유, 복지 같은 기본적 원칙에 기반해, 공동체적 가치를 해치지 않는 범위에서 다양한 시도를 해보고자 한다.

유튜브처럼 정치적·이념적 스펙트럼이 넓은 플랫폼에서는 어느 한쪽 편에 서지 않고 중도·합리·공정의 입장을 고수하는 것이 수익성이나 채널 확장성 면에서 불리한 구조일 수밖에 없다. 이근상(2023)이 지적하듯, 브랜드의 정체성과 맞지 않다는 것을 잘 알면서도 단기 이익이나 즉각적 성과의 유혹 때문에 방향성이 흔들리는 경우는 현실에서 빈번하며, 한 번의 예외가 반복적 일탈로 이어지며 브랜드 정체성이 무너지는 상황이 발생하기도 한다. 그럼에도 유튜브에서 브랜드를 구축하고 있는 상당수 인터뷰 참여자들은 정치색을 뚜렷하게 드러내는 방식으로 팬덤에 기대어 빠른 성과를 얻고 싶은 유혹을 떨쳐내고, 장기적으로 신뢰 기반을 형성할 수 있는 합리적 중도층을 향해 꾸준히 자신만의 길을 걸어가고 있었다. 다시 말해, 방향성을 잃지 않는 '지속 가능한 일관성'이 이들의 브랜딩 전략을 지탱하는 원동력이었다.

김현정(CBS): 유튜브는 알고리즘이 좌우한다. 양쪽 이야기를 모두 들려주는 건 구조적으로 불리하다. 한쪽에 줄을 서 그 우주 안에서 회전하면 구독자도 빨리 늘고, 댓글창도 안정적이며, 제작진 정신 건강에도 좋다. 하지만 〈뉴스쇼〉는 유튜브 전용이 아니라 공중파 라디오 베이스의 프로그램이고, 언론의 사명을 잊지 않으려 한다. 알고리즘 시대일수록 언론이 해야 할 역할이 있다고 믿는다. 양쪽 이야기를 들려주고, 그 사이에서 합리적 정답을 함께 고민하는 장을 누군가는 유지해야 한다. 저희 청취자층은 '양쪽을 다 듣고 스스로 판단하려는' 분들이 많다. 뜨겁진 않지만 충성도 높은 층이다. 《CBS》가 공영적 가치를 우선순위에 두니 가능했다. 좀 더 자극적으로, 좀 더 색깔을 내자는 유혹이 없지 않지만, 우리를 신뢰하는 청취자들이 그걸 원하지 않는다. 다만 지금 새로 론칭하는 팀이라면 우리와 같은 길을 택하는 것은 훨씬 어려울 거다. '언론'이라는 이름을 내걸고 합리적 장을 지키는 일은 점점 더 힘들어질 거라고 본다.

김은지(시사IN): 우리는 언론사 유튜브다. 특정 정치인이나 진영에 파이팅을 외치지 않는다. 진보의 가치를 지향하고 관점은 분명하지만, 무조건 편을 들지는 않는다. 정권 교체 이후에도 인사 문제 등에서 꾸준히 비판을 제기해 왔다. 무조건적 비판과 지지 둘 다 지양한다. 언론사 유튜브로서 넘어서는 안 될 선이 있다고 본다. 동시접속자 수가 급감하거나 하는 상황이 생기면 다른 판단을 할 가능성이 없지는 않지만, 지금은 원칙을 지키며 방법을 찾는 단계다. 저희 유튜브는 기본적으로 《시사IN》의 시각과 관점을 벗어나기 어렵다. 자부심이 있다면, 우리 관점을 분명히 드러내고 그것을 더 많은 사람이 보도록 만들고 있다는 점에 있다. 《시사IN》이 기본적으로 텍스트 기반의 매체다 보니, 기사 조회수가 예전만 못한 것에 대한 불안과 초조함이 있었다. 유튜브를 통해 여전히 사람들이 원하는 콘텐츠가 있다는 사실을 확인하게 됐고, 이를 통해 《시사IN》의 관점을 좀 더 널리 알리는 데 기여할 수 있다는 점에서 의미를 느끼고 있다.

안진용(문화일보): 직접 취재를 하지 않고 콘텐츠를 만들면 사고가 난다. 엔터테인먼트 분야 채널 중 소송이 없는 곳은 거의 없다. 경험상 어떤 표현을 추가하거나 자극적인 제목을 뽑으면 조회수가 몇 배는 더 오른다는 걸 나도 안다. 하지만 그렇게 하면 반드시 사고가 난다. 지난 5년 간 천 개 가까운 영상을 제작했지만 나는 단 한 건의 소송도 없었다. 댓글을 보면 "재미없다", "딱딱하다", "양비론적이다"라는 의견, "너는 누구 편이냐"는 질문도 자주 받는다. 유튜브의 생태계 구조 자체가 양극화돼 있고, 극단적 입장을 표방하는 채널들은 구독자 유지를 위해 시청자가 듣고 싶어 하는 이야기만 한다. 그래서 무리수를 두게 되고 결국 사고로 이어진다. 나는 방향성이 있더라도 반드시 양측의 입장을 함께 다루고, 확인되지 않은 정보는 절대 공개하지 않는다. 사실 양측 입장을 모두 다루려면 공부를 더 많이 해야 한다.

어찌 보면 기자로서 너무 당연한 덕목일 수 있는 '취재'와 '팩트체크'로 자신만의 브랜드를 만든 언론인들도 만나볼 수 있었다. 전 《오마이뉴스》 장윤선은 종합편성채널을 중심으로 활동하는 방송가 평론가들 사이에 '취재' 문화를 만들어낸 장본인이다. 팩트체크 코너와 자신의 이름을 건 데일리 라이브 프로그램을 진행했고, 간판 뉴스 프로그램 앵커로서 입지를 굳힌 《JTBC》 오대영은 출연한 패널들의 발언에 대한 사실확인까지 철저히 해가며, 빈틈없는 이미지의 브랜드를 더욱 확고히 하고 있었다.

장윤선(전 오마이뉴스): 예전에 종편 시사 프로그램에 많이 출연했는데, 과도한 '아무 말 대잔치'가 너무 많다는 문제의식을 갖게 됐다. 검증 없이 주장하는 사람을 받아주는 관행은 시청자의 눈과 귀를 가리는 나쁜 태도라고 판단했다. 평론가들은 작가가 써준 질문지로 임하는 경우가 많은데, 저는 질문이 20개면 취재를 해서 원고처럼 30장 가까이 빽빽하게 써갔다. 작가가 "이걸 다 할 순 없지 않냐"고 항의까지 했을 정도다. 의도는 분명했다. "취재하고 말하자", "사실 확인을 하고 이야기하자" 그거다. 제 말버릇이 "민주당을 취재해봤다", "국민의힘을 취재해봤다"였다. 제가 출연한 방송을 분석해 보면 아마 가장 많이 쓰는 단어가 '취재'일 거다. 어느 PD는 "선배가 나온 뒤로 방송가에 취재하는 평론가들이 생겼다. 이제 취재 안 하면 TV에 못 나온다"라고 말했다. 그만큼 '취재'는 제 브랜드가 됐다.

오대영(JTBC): 《JTCB》 시청자층은 대체로 진보 성향이 많다. 그들의 정서를 배려하되, 동시에 균형을 맞추기 위해 노력한다. 또 팩트체크 코너를 3년 정도 담당했던 경험 덕분인지 강박 같은 게 있다. 방송 중 누군가 불분명한 말을 하면, "사실관계를 확인하고 다시 말씀드리겠다"는 식으로 정정하려 한다. 그런 방식이 시청자들에게 신뢰로 읽혔다고 생각한다. 물론 내가 하고자 하는 바와 시청자 요구 사이에 괴리가 큰 경우도 있기는 하다. 그래서 나는 원칙을 정했다. 사실관계를 먼저 제시하고, 그 뒤에 의견을 덧붙이는 방식이다. 내가 진행해 온 앵커 클로징을 보면 대체로 그 구조다. 이 방식이면 완전히는 아니지만 어느 정도 오해가 풀린다.

한편, 어떤 언론인들은 브랜딩 과정에서 너무 확고하게 형성된 이미지로 인해 브랜드를 유지하는 자체로 많은 에너지가 소요되기도 하고, 또 다른 측면에서는 기존에 구축된 이미지를 벗고 새로운 시도를 하는 것이 큰 도전이 되기도 한다. 요구되는 브랜딩의 방향성이 설령 자신과 맞는다 하더라도, "오류가 없어야 하며 신뢰를 줘야 하는" 이미지를 계속 유지하기 위해서는 일상 행동도 조심해야 하고 업무 중 발생하는 작은 실수로도 남들보다 큰 타격을 입을 수 있지 않겠느냐는 연구진의 질문에, 오대영 앵커는 오히려 "유지하기 힘든 브랜드"라는 이미지를 자신의 또 다른 정체성으로 받아들이고 있는 듯 보였다. 한편, '거악과 싸우는 기자', '지사적 언론의 현대화' 같은 '투사' 이미지가 강하게 굳어진 전 《뉴스타파》 봉지욱 기자에게는 정권 교체가 이뤄진 지금 "싸우지 않는 봉지욱"이라는 브랜드를 어떻게 만들어갈 것인지를 물었다. 새로 개설한 유튜브 채널을 통해 일상적이고 편안한 모습을 보여주고 싶었고, 예상보다 빨리 늘어난 구독자 규모에 맞는 독창적인 콘텐츠가 무엇인지를 고민하고 있다는 답이 돌아왔다.

오대영(JTBC): "유지하기 어려운 브랜드"는 제가 추구하는 브랜딩 방향이다. "한 번 실수하면 훅 갈 텐데"라는 외부 시선을 기준으로 삼아 스스로 지키려고 애쓴다. 때론 비판이 과하다는 생각을 하지 않는 것은 아니지만, 바깥에서 제 브랜딩을 명확히 인식하고 있다는 방증으로 받아들인다. 결국 유지하기 어려운 것이 내 브랜드라는 생각으로 버틴다.

봉지욱(전 뉴스타파): 유튜브 채널을 다소 가볍게 운영하니 아내가 한마디 하더라. 어렵게 사는 이미지, 그 자산을 왜 스스로 지우느냐고 했다. 그런데 나는 오히려 딱딱하고 교과서적인 사람도 일상적인 면이 있는, 편안하게 사는 모습으로 보이면 좋겠다는 의도가 있었다. 사람들이 "그렇게 강경하더니 의외로 가벼운 사람이었네"라고 받아들일 수도 있다. 다만, 나는 의도적으로 이미지를 쌓은 적은 없다. 자연스럽게 그렇게 된 것이다. 지금도 특정 목적을 설정해 그걸로 장사할 생각은 없다. 다만 구독자 30만을 넘겼으니, 그 규모에 맞는 조금 더 독창적인 콘텐츠가 무엇일지 고민하고 있다. 그리고 반드시 기자로 살아야 한다는 생각도 없다. 언론사를 나오면 사실상 기자를 그만두는 것과 다름없다.

이상의 내용을 종합하면, 인터뷰에 참여한 언론인들은 명확하고 일관된 브랜드 정체성을 유지하는 것이 브랜딩의 핵심이라는 인식을 공유하고 있었다. 그들은 각자의 분야와 매체 환경 속에서 자신이 추구하는 가치와 원칙을 선명히 규정하고, 콘텐츠의 형식, 태도, 윤리적 기준까지 일관되게 관리함으로써 신뢰를 구축했다. 서사적 완결성과 문체적 개성을 통해 자신만의 톤을 확립하거나, 차별화된 시각으로 '소박한 진정성'과 '제너럴리스트'의 면모를 보여주는 방식, 또는 콘텐츠 자체의 진정성과 지속성을 중심에 둔 브랜드 전략 등이 그것이다. 나아가 자극적 선택을 피하고 균형성과 신뢰를 지키는 길을 택함으로써 브랜드를 윤리적 정체성과 결합시키기도 했다. 결국, 이들의 사례는 '선명하고 흔들림 없는 자기 정체성'이야말로 언론인 브랜딩의 지속성과 신뢰를 담보하는 핵심 토대임을 보여준다.

4) 네트워킹 및 소통을 통한 브랜딩 강화

언론인으로서의 브랜딩은 개인의 전문성과 성실성, 일관된 정체성 확보에 더해, 정보의 관계망을 얼마나 촘촘하게 구축하고 이를 신뢰 기반의 네트워크로 유지·확장하느냐에 달려 있기도 하다. 탄탄한 네트워크는 단순히 정보 취득의 통로가 아니라, 취재의 질과 속도를 높이고 신뢰도 높은 분석을 가능하게 하는 언론인의 핵심 자산이다. 더불어, 인터뷰에 참여한 언론인들은 디지털 시대의 특성을 활용해 독자·시청자·청취자와의 소통을 통해 피드백을 얻고 이를 취재 및 콘텐츠 개선에 반영함으로써, 일방적 정보 생산자가 아닌 상호작용적 저널리스트로 자리매김하고 있었다.

우선, 오랜 기간 전문기자나 선임기자로 일한 베테랑 언론인들은 브랜딩에 있어 인적 네트워크의 중요성을 일찌감치 깨닫고, 이를 브랜딩 존속과 발전에 있어 핵심 자산으로 활용하고 있었다. 정치 전문 선임기자 성한용은 오늘날 정치 취재의 맥락에서 네트워크의 상호 호혜성을 매우 실감 나게 설명했다. 의학 전문기자 조동찬은 '전문 네트워크'의 중요성을 몸소 입증한 사례다. 그는 의사 자격증이 있다고 해서 그 어드벤티지(유리함)가 자동 유지되는 것은 착각이라며, 지속적 학습과 관계 구축 없이는 전문기자의 신뢰가 오래가지 않는다고 강조했다. 이러한 장기적 관계의 축적이 곧 개인 브랜드의 지속성을 담보한다는 점은 환경 전문기자 강찬수의 사례에서도 확인된다.

성한용(한겨레): 칼럼을 쓸 때도 원칙이 있다. 기자는 소설가가 아니므로 반드시 취재한 정보를 담아야 한다. 그런데 미디어 환경이 달라지면서 "어디서 정보를 얻어야 하는가" 하는 답답함이 커졌다. 과거에는 정당 총재나 당직자처럼 명확한 의사결정권자가 있어 그들만 취재하면 됐지만, 지금은 의사결정 구조가 분산되면서 일종의 '장님 코끼리 더듬기'식 파편적 취재가 이뤄지기 쉽다. 각자 자기 정보원을 통해 조각을 얻지만, 큰 그림을 보기는 어렵다. 그래서 나는 여러 대화방을 적극 활용한다. 회사 내부의 여당·야당·정치팀 방, 타 언론사 기자들과 함께 있는 방 등 참여하는 방이 매우 많다. 이런 현장의 1차 정보들을 서로 엮어보면 흐름과 전망이 어느 정도 보인다. 다만 한 가지 중요한 점은 그 많은 방에서 정보를 얻기만 해서는 남아 있을 수 없다는 것이다. 내가 취재해 얻은 정보를 공유해야만 그 네트워크가 유지된다.

조동찬(전 SBS): 《SBS》가 의학 전문기자 조동찬을 뽑아서 으샤으샤만 해주면 성장할 수 있느냐...저는 아니라고 생각한다. 의사 자격증을 갖고 보건의료 취재를 할 때 의사로서의 어드벤티지가 그냥 계속 유지된다고 생각하는 건 착각이다. 17년 의학 전문기자로 살면서 기본으로 깔고 간 태도는 "나는 이 분야를 잘 모른다, 계속 물어봐야 된다"는 거였다. 보건의료 현장 전문가들과 얼마나 깊이 있게 유대를 형성하느냐가 되게 중요하다. 7년차 정도 되니까 이제 기사를 좀 쓸 수 있겠구나 싶었고, 주변에 있는 각양각색의 전문가란 사람들 중에 진짜 전문가를 감별해내는 능력도 생긴 것 같았다. 이런 찐 전문가들이 같이 호흡해줬기 때문에 내가 성장할 수 있었던 거다. 사실 코로나19로 국내 환자가 생기기 전에는 저희 《SBS》만 선제적으로 보도를 쭉 했었다. 그게 가능했던 건 제 취재원, 즉 국내·외 최고 전문가들과 연대가 돼 있었기 때문이다. 세계보건기구 비상대책회의 하자마자 실시간으로 제게 정보가 공유됐으니까.

강찬수(전 중앙일보): 내가 세어 보니까 29년 4개월 동안 중앙일보에 6,700여 건 정도 기사를 올렸더라. 1년에 200건 이상인 셈이다. 환경·기상·과학 쪽 수많은 취재원들을 상대로 해서 기사를 쓰니까 그런 것들이 축적돼 네트워킹이 이뤄진 거다. 시민사회단체 활동가들, 환경·과학 분야 전문가들, 관료들도 있다. 또 환경부 출입하면서 만난 기자들도 있는데, 나는 전문기자니까 오래 출입을 했지만 다른 기자들은 돌아가면서 출입을 하니 이 또한 축적된 네트워크가 됐다. 이렇게 다양한 네트워크들이 내가 퇴직한 후에도 계속 연결돼 있어서 그 자체로 내 브랜딩에 도움이 됐다고 볼 수 있다.

관계망은 취재원에만 국한되지 않는다. 방종임은 교육 분야 취재에서 쌓은 넓은 인맥을 활용해, 유튜브 채널 초창기에 '1타강사'와 오은영 박사 등 일반적으로 접근하기 어려운 인물들을 섭외할 수 있었고, 이것이 채널 성장의 동력으로 작용했다. 안진용은 엔터테인먼트 분야의 특수성을 들어, 제도적 네트워크 부재 속에서도 꾸준한 관계 구축이 곧 신뢰이자 생존 전략이라고 강조했다.

방종임(전 조선에듀): 지금은 저를 따라 한 채널들이 많아졌지만, 제가 채널을 만들 당시에는 교육 전문 채널이 거의 없었다. 교육 분야에서 오래 활동했다 보니, 채널 초기에 쉽게 만나기 어려운 인물들을 섭외할 수 있었다. 예를 들어, 1타강사들, 오은영 박사 같은 분들이었다. 지금은 유튜브를 하는 기자들이 조금씩 생기고 있지만, 당시에는 얼굴을 내놓고 유튜브 하는 걸 꺼리는 분위기였다. "《조선일보》 뒷배를 이용한다"는 식의 곱지 않은 시선도 있었지만, 소속 언론사 브랜드보다는 교육 기자로서 경력과 관계망이 훨씬 더 큰 영향을 미쳤다. 《조선일보》나 《조선에듀》로부터 직접적인 도움이 있었다고 보기는 어렵고, 다만 그 소속으로 오래 일하면서 교육 분야에서 쌓은 인맥과 현장 감각은 큰 도움이 됐다. 그런 경험이 없었으면 시기별로 교육 이슈를 포착하고 콘텐츠로 기획하는 감각을 얻기 어려웠을 거다.

안진용(문화일보): 현재 대한민국에서 사람들이 지속적으로 관심을 갖고 산업이 돌아가며 발전하는 대표적인 영역이 엔터테인먼트라고 생각한다. 이 분야를 전문적으로 취재하는 기자들이 많아져야 한다고 본다. 그런데 현실적으로는 진입장벽이 높은 영역 중 하나인 것 같다. 그 이유는 간사 제도 같은 시스템이 없기 때문이다. 간사 제도가 마련돼 있으면 누군가 새로 들어오거나 빠져도 유지될 수 있고, 신규로 입성해도 빠르게 적응할 수 있다. 그런데 엔터 분야는 그런 게 전혀 없고, 매우 야생적이다. 여기서 살아남으려면 사람을 직접 만나 관계를 형성할 수밖에 없다. 실제로 저는 20년 동안 취재하면서 점심과 저녁으로 사람을 만나지 않은 날이 거의 없을 정도였다. 보도자료에 없는 내용을 임의로 쓰면 사고가 날 수 있으므로, 결국 누군가를 직접 만나 이야기를 들어야 한다. 이런 열정을 가지고 취재하는 기자가 점점 더 줄어들고 있다고 생각한다.

한편, 언론인 개인의 브랜딩은 취재원 중심의 폐쇄적 네트워크를 넘어, 독자·시청자와의 상호 피드백을 적극 수용하는 방향으로 확장되고 있었다. 편집국장 시절 모든 독자 댓글에 기자가 답하는 것을 원칙으로 정착시킨 전 《경남도민일보》 김주완은 기자의 기본 자질을 "독자와의 소통 능력"으로 정의하며, 페이스북을 중심으로 지역 시민과의 직접적 네트워크를 구축한 바 있다. '체험 저널리즘'의 선구자인 《머니투데이》 남형도 또한 댓글과 메시지를 통해 독자와 대화하며 피드백을 기사 아이템 발굴로까지 연결시키고 있었다. 그는 이러한 독자와의 소통이 브랜딩을 위해서라기보다는, 저널리즘의 기본이라는 생각을 피력했다. 인터뷰 대상 언론인들 가운데 상대적으로 저연차에 해당하는 《한국일보》 박지윤은 독자와의 직접 소통 경험이 기자로서 일하는 데 있어 가장 큰 동기 부여가 됐다고 전했다.

김주완(전 경남도민일보): 블로그와 SNS 활동은 "기자의 기본 자질은 독자와의 소통 능력"이라는 생각에서 시작했다. 출입처 중심 취재를 하면 기자가 1년 내내 만나는 사람은 대부분 공무원이고, 기사에 대한 피드백도 공무원에게서만 들어온다. 그러다 보면 기자가 무의식적으로 '공무원이 좋아하는 기사 = 좋은 기사'라고 착각하며 독자의 관심사와 멀어지는 악순환이 생긴다. 페이스북은 친구 신청·승인 구조로 인해 실제 관계가 형성되고, 지역 기반 추천 알고리즘 때문에 경남 지역 시민들과 자연스럽게 네트워크가 만들어졌다. 덕분에 이전에는 만나기 어려웠던 다양한 직업군의 시민들과 연결될 수 있었고, 좋아요·댓글 같은 즉각적 반응을 통해 어떤 뉴스에 분노하고 공감하는지를 생생하게 느낄 수 있었다. 과거에는 기자가 독자의 감정을 체감할 기회가 거의 없었기에 이 경험은 결정적이었다. 이후 "기자는 반드시 페이스북을 해야 한다"는 확신이 생겨 편집국장 시절에는 기자들의 가입을 의무화했고, 내부 그룹을 만들어 온라인에서도 활발히 소통하도록 했다.

남형도(머니투데이): 제 브랜딩에 가장 도움이 된 요소는 독자와 직접 소통하려 했던 점이다. 특히 댓글 소통이 컸다. 기사가 나가면 내가 댓글을 달기도 했다. 그러면 독자들이 답글을 남기며 대화가 이어졌다. 내 댓글이 베스트 댓글이 되는 경우도 많았다. 기사 반응이 궁금했고, 부족한 점을 듣고 싶었고, 아이템 제안도 받고 싶었다. 그런 과정 자체가 독자에게 신선하게 보였는지 호응이 컸고, 결과적으로 신뢰로 이어졌다고 생각한다. '기자 톡'의 경우 네이버 기자 페이지 개편 당시 담당자가 먼저 의견을 물어왔고, 나는 커뮤니티처럼 소통이 쉬운 구조를 제안했다. 제안이 모두 반영된 건 아니지만, 소통 창구의 필요성 의견은 반영돼 지금의 톡 기능이 생겼다고 본다. 실제로는 자주 답하지 못해 질문이 쌓일 때도 있지만, 소통 채널이 존재한다는 것 자체가 의미 있다고 생각한다.

언론이 기업만큼 즉각적인 피드백을 하긴 어렵지만, 제작한 콘텐츠에 대한 독자 반응을 유연하게 주고받아야 지금 환경에서 생존할 수 있다고 본다. 댓글의 질이 좋지 않아 스트레스를 받을 수 있다는 점도 이해하지만, 독자와 함께 이슈를 만들어가는 감각, "왜 이걸 다루지 않느냐"는 요구를 수렴하는 과정은 필수다. 이는 브랜딩을 위한 전략이라기보다 저널리즘의 기본이라고 생각한다.

박지윤(한국일보): 일을 하면서 가장 동기 부여가 확실했던 순간을 떠올려 보면, 내가 만든 콘텐츠로 독자를 직접 만들어냈다는 감각이 있었을 때다. 뉴스레터를 통해 피드백을 받거나, 인터뷰 시리즈를 책으로 출간하고 세종도서에 선정돼 북토크를 하며 독자를 만났을 때 같은 경험이다. 이런 경험이 "내가 이 일을 좋아한다"는 확신으로 이어졌다. 그런데 매일매일 기사를 써내야 하는 일간지 기자가 이런 효능감을 경험하는 것은 어려운 일이긴 하다.

장윤선은 《오마이뉴스》 시절부터 전문성을 쌓아온 현장 라이브를 유튜브 채널에도 적용해 시민들과의 현장 중심 실시간 소통을 구현하고 있다. 장윤선의 사례는 언론인 브랜딩이 단순히 인지도 확보가 아니라, 시민의 궁금증과 감정에 즉시 반응하는 현장성 그 자체임을 보여준다. 그와 비슷한 듯 다른 결의 사례로, 자신이 운영해온 모든 온라인 채널(네이버뉴스 기자홈, 유튜브 채널 등)에 개인 전화번호를 공개해

든 대표적 탐사저널리스트 봉지욱을 들 수 있다. 그는 장윤선과 유사하게 스튜디오라는 제한된 공간을 벗어나 시청자와 적극 만나는 포맷에 가치를 두고 있었다. 차이라고 한다면, 매체 규모 때문에 대형 언론사에 비해 제보량이 적을 수밖에 없는 상황을 직시하고, 내부 고발이 아니면 알기 어려운 정보를 얻기 위해서라도 의미 없는 다수의 연락까지 감수해가며 개인 번호를 공개하는 방식의 적극적 대응을 선택했다는 점일 것이다.

장윤선(전 오마이뉴스): 유튜브 채널 〈취재편의점〉이 성장한 데에는 《오마이뉴스》 시절부터 이어온 현장 취재의 강점을 그대로 가져온 것이 결정적이었다. 당시 나는 '총선버스 411', 대선 취재 등 현장형 기획을 많이 했고, 카메라와 마이크를 들고 시민을 직접 만나러 가는 방식이 드물던 시절이라 큰 호응을 얻었다. 〈취재편의점〉을 시작하고서도 같은 원칙을 적용했다. 동네에서 시민들에게 마이크를 들이대면 비판과 반응이 폭포수처럼 쏟아졌고, 그 과정에서 구독자가 하루에도 수만 명씩 늘었다. 10만 돌파까지 며칠도 걸리지 않았다. 이후에도 문제적 현장을 꾸준히 찾아갔다. 국회의원회관 라이브, 채 상병 사건, 조국혁신당 창당대회, 인천공항·독도·도쿄 라이브, 심지어 수산시장과 기차역에서도 라이브를 했다. 국민이 알고 싶어 하는 '그 지점'으로 거침없이 나아가는 것이 핵심이었다. 그 결과 "현장을 놓치지 않는다", "시민과 공감하는 의제를 고른다", "일관된 민주주의 가치", "헛소리하지 않는다, 믿을 수 있다"는 평판이 쌓였고, 채널은 77만 명이 넘는 구독자를 갖게 됐다. 예상치 못한 장면을 현장에서 바로 보여줄 때 시청자가 느끼는 카타르시스를 확인했다. 이 모든 것은 특정 기자 개인의 문제가 아니다. 시청자가 "지금 거기 상황이 어떤가?" 하고 틀었을 때 이미 그 현장에 가 있다는 사실, 그 '즉시성'이 〈취재편의점〉을 키운 거의 전부라고 본다. 그래서 나는 장윤선 개인이 중요하다고 생각하지 않는다.

봉지욱(전 뉴스타파): 내가 강조하는 건 "스튜디오에 갇히지 말자"다. 다만 딜레마가 있다. 스튜디오를 벗어나면 전문 PD와 촬영 인력이 붙어야 한다. 그만큼 규모가 커진다. 등산·캠핑·낚시, 수해 현장, 전국 로드 토크쇼 등 어디든 가서 사람을 만나고 의미 있는 장소에서 대화하는 포맷도 가능하다. 물론 일이 커지는 게 문제긴 하다. 이것만 감당할 수 있다면 스튜디오에서 벗어나는 게 맞다.

이상의 사례들은 네트워킹과 소통이 단순한 보조 활동이 아니라, 브랜딩을 구성하는 핵심 축으로 작동하고 있음을 시사한다. 전문 네트워크는 신뢰할 수 있는 정보의 원천이자 상호 검증의 기반이고, 독자·시청자와의 소통은 저널리즘의 품질을 높이는 피드백 장치로 기능한다. 궁극적으로는 이러한 쌍방향 혹은 다층위적 관계망이 촘촘히 얽힐수록 언론인의 브랜드는 신뢰와 지속성을 확보하게 될 가능성이 높아지는 것이다.

5) 미디어 환경 변화에 대한 이해와 기민한 대응

인터뷰에 참여한 언론인들은 텍스트 중심의 시대가 끝나가고 있다는 데 공감하고 있었다. 현재의 저널리즘은 형식의 위기를 넘어 존재 방식의 재정의를 요구받고 있다고 해도 과언이 아닌데, 이들은 단순히 기사 형식의 변화가 아니라 독자·시청자의 뉴스 소비 행태 자체가 근본적으로 달라지고 있음을 체감하고 있었다. 특히 미디어 환경이 디지털 플랫폼과 영상 중심으로 전환되면서, 언론인으로서의 생존과 신뢰 구축을 위해 어떻게 '매체 문법'을 새롭게 익히고 재구성해야 하는지에 대한 고민이 깊어 보였다.

전《경남도민일보》김주완은 이 같은 변화의 본질을 '독자 이해'의 문제와 연결해서 이해하고 있었으며, 새로운 플랫폼이 등장하면 누구보다도 먼저 체험해보면서 그 특성을 기민하게 파악해 대응하는 시도를 이어왔다. 기자들 상당수는 새로운 것을 받아들이는 데 주저하는 경향이 있는 편임에도 오히려 젊은 기자들보다도 훨씬 더 빠르게 시도하는 게 인상적이라는 연구진의 평가에, 김주완은 기자라면 그것을 두려워할 게 아니라 오히려 필수적으로 갖춰야 할 자질이라고 강조했다. 이와 비슷하게, 브랜딩에 기여한 요인이 무엇이냐는 질문을 받았을 때《CBS》김현정은 미디어 환경을 적극 활용한 점을 우선으로 꼽았다.

김주완(전 경남도민일보): 페이스북·트위터·유튜브를 남들보다 일찍 시작한 건 2010년 편집국장을 맡으면서 위기감을 느꼈기 때문이다. 이미 "종이신문 시대는 저문다, 뉴미디어가 온다"는 말이 많았고, 조직을 이끄는 입장에서 먼저 시도해본 뒤 기자들에게 권해야 한다는 책임감이 들었다.《뉴욕타임스》편집국장의 "호기심은 기자의 가장 중요한 자질 중 하나"라는 말처럼, 기자라면 새로운 플랫폼을 보면 직접 써보며 가능성을 탐색해야 한다고 생각했다. 그걸 두려워한다면 기자로서 자질이 부족한 것이다.

사실 뉴미디어의 가능성은 영상 시대 이전에 블로그에서 먼저 체감했다. 2006~2007년 포털 다음이 '블로거 뉴스'를 도입했을 때, 블로거 글이 뉴스 기사와 동등하게 메인에 배치됐다. "지역신문 기자로서 독자가 내 글을 평가할 창구가 생겼다"는 생각에 블로그 실험을 시작했고, 효과가 컸다. 이후 《경남도민일보》 홈페이지에 '메타블로그'를 구축해 경남 지역 블로거 150명을 모으고, 그들의 글을 메인 화면에 '블로그 뉴스'로 편집했다. 다음의 시스템을 지역판으로 재현한 셈이다. 당시 블로거 글의 조회수가 기자들이 심혈을 기울인 특종보다 훨씬 높은 걸 보면서 "우리가 중요하다고 생각해 온 뉴스 가치 자체가 잘못된 것 아닐까"라는 근본적 의문이 들었다. 그 경험 덕분에 이후 트위터·페이스북 등 새로운 SNS가 등장할 때도 자연스럽게 먼저 써보게 됐다.

김현정(CBS): 〈뉴스쇼〉는 라디오로 시작했지만 포털에 인터뷰 전문을 텍스트로 송고한 최초의 프로그램이다. 팟캐스트와 유튜브도 비교적 초기에 도입했고, 유튜브 채널을 개설할 때도 《CBS》의 시사 채널에 포함시키는 방식 대신 〈뉴스쇼〉 채널을 독립적으로 개설해서 운영했다. 유튜브는 라디오와는 완전 다른 세계다. 라디오는 초 단위로 시간이 정해져 있어 손님 이야기와 뒷이야기가 남는다. 이걸 유튜브에서 풀어내 보려고 방송 끝나고 유튜브용 라이브를 이어서 하기 시작했다. 이렇게 이어가면 충성도가 크게 오른다. 유튜브 라이브에서는 공중파보다 훨씬 편하게 얘기하고 댓글을 읽어줄 수가 있어 충성 구독자 형성에 유리하다. 지금은 다른 라디오 시사 프로그램들도 대부분 방송 후에 라이브를 붙이고 있다.

이처럼 자신의 브랜드를 구축해 온 개별 언론인들은 변화한 미디어 환경에 맞춰 각자의 방식으로 실험을 이어가고 있지만, 전체적인 흐름을 보면 여전히 전통 매체의 대응은 한발씩 늦어지는 경향이 있다. 프린트든 방송이든 기존 매체들은 독자·시청자의 뉴스 소비 방식이 이미 완전히 다른 궤도로 이동했음에도, 조직 차원의 혁신은 더딘 편이며 그 결과 실제 이용자들의 콘텐츠 경험과 차이가 더 크게 벌어지고 있다. 여기서 언급된 변화는 텍스트를 버리고 영상만 하라는 의미도, 방송을 포기하고 디지털로만 가라는 주장도 아니다. 오히려 달라진 환경 속에서 각각의 저널리즘 형식이 어떤 방식으로 기능할 수 있는지 고민하면서, 전략과 전달 방식 자체를 유연하게 재설계해야 한다는 요구에 가깝다.

구교형(경향신문): 아무리 좋은 기사를 써도 인터넷에 올리는 것만으로는 부족하다. 내 기사를 사람들이 이미 적응한 플랫폼에서 PR해야 한다. 신문기자라도 방송을 통해 말하는 시대가 열렸다. 결국 영상을 통해 기사를 도전적으로 보여주는 능력이 중요해졌다. 단독 기사를 영상으로 직접 설명하는 시간이 필요하다. 전파력 있게 말하려면 브랜딩 과정에서 '영상으로 말하기'는 필수라고 본다. 방송사처럼 신문기자가 방송기자가 되라는 말이 아니다. 뉴스 리포트를 하라는 뜻이 아니라, 공들여 쓴 기사를 자세히 설명하라는 것이다. 저간의 맥락과 배경을 풍부하게 설명하면서 취재의 깊이를 보여주라는 의미다. 텍스트의 영향력은 계속 시험대에 오르고 있다. 언론사는 사람들이 지면을 안 본다는 것을 수치로 체감한다. 다른 방법을 찾지 않고는 생존이 어렵다. 사람들이 소비하는 공간에서, 그들의 욕구에 맞춰야 한다. 언론사는 오랫동안 '자기 것을 강요'하는 데 익숙했지만, 이제는 아니다. 내 기사를 사람들이 보기 좋은 방식으로 '떠먹여 주는' 전달이 필요하다.

봉지욱(전 뉴스타파): 2022년 《JTBC》 재직 시절만 해도 포털의 '많이 본 뉴스' 순위가 중요했다. 그런데 뉴스 소비가 이미 유튜브 중심으로 재편돼 있었고, 방송사들은 그 변화를 체감하지 못했다. 나도 《뉴스타파》에 합류하고 나서야 깨달았다. 사실 《뉴스타파》가 버틸 수 있는 이유도 유튜브 플랫폼 덕분이다. 구독자가 180만 명쯤 되는데, 영업을 하지 않아도 시청자가 모인다. 그건 분명 장점이지만, 영업을 안 하는 문화는 문제라고 본다. 어쨌든 사람들은 유튜브를 통해 시사 콘텐츠를 소비하고 있고, 레거시 미디어는 전환이 늦었다.

조동찬(전 SBS): 사실 제가 한동안 〈8시 뉴스〉 출연이 금지된 적이 있어서 유튜브로 활동을 했는데, 그때 많이 배우는 계기가 됐다. 메인 채널이 막혀 일단 뚫린 데, 불러주는 데는 다 나가자는 마인드로 시작했지만, 유튜브로 이렇게 많은 분들의 관심을 받을 수 있구나, 이렇게 영향력을 발휘할 수 있구나 하는 걸 실감했다. 요즘은 뉴스 본방송으로 잘 안 보지 않나, 유튜브로 보지. 유튜브 영역에서 보면 《SBS》 뉴스 채널 구독자가 한 500만 명 정도 되는데, 제가 아는 한 과학 채널은 개인 크리에이터가 운영하는 데도 구독자가 1,000만 훨씬 넘어간다. 사회가 이미 완전히 바뀌었다. 방송사 뉴스를 본방송으로 보는 사람이 거의 없는데 포맷을 예전처럼 그대로 유지하는 것, 과거와 똑같이 정치·법조·경제·문화 이런 순서로 큐시트를 짜는 건 정말 시대착오적이다.

그러나 많은 언론사는 여전히 보수적이고 경직된 조직문화를 유지하고 있어, 새로운 시도를 해보려는 젊은 기자들의 의욕이 꺾이는 경험으로 이어지곤 한다. 개인 SNS 활용부터 새로운 포맷 실험까지, 기자 개인의 창의성과 실험정신은 종종 "기자답지 않다"는 인식과 내부 시선에 가로막힌다. 변화에 뒤처져 있는 것은 개별 기자가 아니라 조직임에도, 그 부담은 오히려 실험하려는 개인에게 전가되는 셈이다.

> **이따끔(제주MBC):** 우리는 매일 변화와 새로운 것을 취재하고 보도하지만, 정작 보도국과 기자 조직은 상당히 보수적이다. 나는 기자로 오래 일하고 싶은 사람이다. 그런데 일을 하면서도 재미있는 것들도 함께 할 수 있으면 좋겠다는 바람이 있다. 개인 인스타그램에 취재 관련 게시물 외에 휴가 가서 춤추는 영상을 올렸다가 좋지 않은 반응을 경험한 적이 있다. 취재현장에서는 당연히 기자답게 행동해야 하지만, 개인 계정이고 취미 활동을 공유한 것인데도 그런 반응이 있는 것을 보고 결국 계정을 비공개로 전환했다. 제 또래 기자들은 저와 비슷한 경험을 한 사람이 많다. 카카오톡 프로필을 회사나 취재원이 보는 것과 개인용을 따로 두기도 하고, 아예 휴대전화를 2대 쓰기도 한다. 이런 경험들 때문에 결국 재미있는 아이디어가 떠오르거나 할 때도 그 아이디어를 표현해도 되나 하는 자기검열에 빠지게 된다.

그런데 단순히 유튜브 채널을 개설하고 구독자를 확보하는 것만으로는 미디어 시장 변화에 충분히 대응했다고 보기 어렵다. 겉으로 보이는 성장 지표만으로는 플랫폼이 가진 구조적 한계나 시장의 특성을 이해하기 어렵기 때문이다. 35만 구독자를 보유하고도 채널 수익은 적자 상태이며, 성장 역시 일정 지점에서 멈춰 있는 주성하 사례가 이를 단적으로 보여준다. 그러나 그는 이 경험을 통해 오히려 유튜브라는 플랫폼의 구조적 특성, 콘텐츠 분야별 영향력의 한계, 자신이 위치한 시장의 '상한선'을 누구보다 객관적으로 파악하고 있었다. 이는 플랫폼을 활용하는 데 있어 중요한 것은 진입하는 행위 자체가 아니라, 플랫폼이 작동하는 방식과 시장 지형을 정확히 이해하고 그에 맞는 전략을 세우는 능력이라는 사실을 보여준다. 이런 문제의식은 방종임의 경험에서도 확인된다. 그는 유튜브의 수익 구조가 얼마나 불안정하고 가변적인지, 그리고 그 위에서 지속 가능한 경로를 만들기 위해 무엇을 준비해야 하는지에 대해 또 다른 관점을 제공한다. 주성하가 시장의 크기와 구조적 한계를 분석했다면, 방종임은 그 현실을 기반으로 생존 전략과 확장 전략을 제시한 셈이다.

주성하(동아일보): 제가 유튜브 채널을 시작했을 때는 이미 국내에서 제 브랜드가 많이 알려져 있던 시점이다. 가령 영화 전문기자 《조선일보》 이동진 비슷하게 제법 유명했다. 그 덕분에 유튜브 구독자가 초기에 빠르게 늘었다. 그런데 이 유튜브 세계를 지구에 비유하면 카테고리가 다른 몇 개의 대륙으로 구성돼 있다. 유튜브 카테고리 중에는 '먹방', '키즈' 같이 뚜렷한 색깔과 영향력이 있는 대륙들이 있고, 먹방 콘텐츠로 가장 많은 사람이 와서 보는 채널, 이를테면 쯔양 채널 구독자가 1,000만 명이라고 하면 그 대륙에 상주하는 사람 수를 천만이라고 보면 된다. 북한 관련 콘텐츠는 정치·사회 분야 대륙에 속해 있는데, 이 대륙은 먹방에 비하면 사이즈가 작다. 〈김어준의 뉴스공장〉이 200만, 〈신의한수〉가 200만이라고 하면, 그 둘을 합친 400만 정도 사이즈인 거다. 그 안에서 북한은 또 자그마한 구석이라서, 제가 봤을 때는 맥시멈이 50만 정도다. 절대 100만이 나올 수 없는 시장이다. 그래서 제 채널이 35만에서 주춤해진 거다.

방종임(전 조선에듀): 유튜브 채널은 프리랜서 수익 구조와 유사해 수익 변동이 심하다. 어떤 달은 조회수가 좋아 수익이 크고, 다른 달은 최저시급에도 못 미칠 수 있다. 그래서 나는 수익 구조를 다변화해야 한다고 판단했고, 각종 강연과 출간도 병행하고 있다. 그 확신이 있었기에 퇴사를 선택한 거고, 크리에이터에 머물기보다는 교육사업을 종합적으로 하는 회사를 만들고 싶다. 유튜브 채널도 전문 진행자를 섭외해서 맡긴다든지 하는 방식으로 내가 개입하는 부분을 점차 줄이고, 나는 사업에 전념할 계획도 있다. 〈교육대기자TV〉는 세상과 만나는 창구였고, 그다음은 스스로 뚫어야 할 길이다. 유튜브는 출발점이지 종착점은 아니다.

이처럼 변화하는 환경을 읽어내는 감각은 새로운 플랫폼을 활용하는 수준을 넘어, 콘텐츠의 방향 자체를 재구성하는 도전으로 이어지기도 한다. 김지수는 미디어 산업 구조가 급격히 달라지는 흐름을 포착해 기존의 유명인 중심 인터뷰 방식에서 과감히 벗어나, 지식과 서사를 중심에 둔 새로운 축으로 기획을 전환했다. 이는 시장의 포화와 신뢰 위기를 정면으로 마주한 뒤, 그 조건 속에서도 지속 가능한 방식으로 콘텐츠를 재정의한 사례라 할 수 있다. 조현용 역시 치열한 경쟁으로 포화상태가 된 온라인 뉴스 시장에서, 전통 매체가 꺼리던 주제를 세심하게 다루는 방식으로 새로운 틈새(니치) 영역을 개척했다. 기존 보도 관행이 포착하지 못한 '잠재적 관심 영역'을 찾아 타게팅한 전략은 결국 대규모 구독자 기반을 형성하는 성과로 이어졌다. 이 사례들은 미디어 환경의 변화에 수동적으로 반응하는 것이 아니라, 변화의 본질을 읽고 그에 맞춰 콘텐츠 전략을 능동적으로 재설계할 때 비로소 새로운 가능성이 열린다는 점을 보여준다.

김지수(전 조선비즈): 〈인터스텔라〉를 오랜 기간 연재하는 동안 미디어 산업 구조가 한 차례 크게 변했다고 느꼈다. 처음엔 화제성 인물, 즉 유명 인사 중심이었다. 패션지 인맥 덕분에 시작은 수월했지만, 시간이 지나면서 인터뷰 후보들 사이에서 디지털 매체 전반에 대한 불신이 커졌다. 온라인 인터뷰에서 내용을 왜곡하는 사례가 많아지면서, 유명 인사들이 제 인터뷰에 응하면 다른 매체에서 공격성 기사가 쏟아져 나온다는 이유로 섭외를 거절하기 시작했다. 인터뷰 후 매니지먼트나 기업이 부정적 여론에 시달리는 일도 있었다. 그렇게 유명인 섭외가 급격히 어려워지면서 나는 큰 슬럼프를 겪었다. 계속 거절당하자 심리적으로 많이 힘들었다. 그대로 주저앉는 대신 나는 다른 선택을 했다. 이 시점을 전환점으로 삼아 〈인터스텔라〉의 방향을 바꾼 것이다. 인문학자·사상가·작가 등 지식인의 영역으로 인터뷰 대상을 확장했다. 그래서 이제는 '지식 정보'와 '서사적 스토리' 두 축으로 운영하고 있다. 내 섭외 기준은 저서의 완성도인데, 그런 작가들에게 섭외를 요청하면 대부분 긍정적이고, 출판사들도 적극적으로 추진하기 때문에, 섭외가 훨씬 수월해졌다.

조현용(MBC): 2018년에 내가 유튜브 부서로 자원해서 옮길 때까지만 해도 그 업무는 일종의 한직처럼 받아들여지던 분위기였다. 〈엠빅뉴스〉, 〈14F〉를 기획할 때 당시 《SBS》 등에 비하면 후발주자였기 때문에 타사에서 잘 다루지 않는 것을 찾으려 했다. 일종의 오디언스 타게팅 전략이었다. 〈소비더머니〉 기획 때는 개인적 관심과 금기 영역에 대한 문제의식이 맞물렸다. 기업의 성장사나 브랜드 이야기는 방송 보도에서 거의 다루지 않는 주제다. 그러나 대중은 그런 콘텐츠에 분명 관심이 있다고 봤다. 그래서 '시장에는 수요가 있지만, 방송은 다루지 않는 영역'에 주목했다. 회사의 금기와 내 관심이 교차하는 지점이 바로 '기업사'였다.

이상 살펴본 바와 같이, 개인 브랜드를 구축한 다양한 세대·위치에 있는 언론인들은 미디어 환경 변화의 압력을 누구보다 예민하게 감지하고 있었다. 그들에게 '영상화'와 '플랫폼 대응'은 선택적 실험이 아니라, 독자·시청자와의 관계를 유지하기 위한 실질적 생존 전략이었다. 그리고 그 전략의 중심에는 전달 형식의 혁신, 독자 신뢰의 재구성, 저널리즘의 품격 유지라는 세 가지 축이 동시에 놓여 있었다. 여기서 주목할 것은 이들이 보여준 대응이 단순한 기술 습득이나 유행 추종이 아니라는 점이다. 기민한 플랫폼 실험, 포맷 확장, 영상 문법 습득, 냉정한 시장 분석, 콘텐츠 전략의 재설계에 이르기까지, 모든 흐름은 결국 하나의 방향, 즉 "형식은 바꾸되, 저널리즘의 본령은 포기하지 않는다"는 가치의 실천으로 귀결된다. 변화는 피할 수 없지만, 그 변화 속에서도 품격을 유지하는 방식은 스스로 설계할 수 있다는 확신이 이들의 실천을 이끌었다. 그런 의미에서 이들이 보여준 '기민한 대응'은 단순히 개인 브랜드 강화의 성공담이 아니라, 빠르게 변하는 미디어 생태계 속에서 저널리즘이 어떻게 다시 생명력을 획득할 수 있는가에 대한 하나의 현장 답안이라고도 볼 수 있다.

6) 회사가 보장해주는 자율성 적극 활용

기자 개인의 브랜딩은 흔히 회사가 제공하는 자원이나 프로그램을 통해 촉진된다고 여겨지기 쉽지만, 인터뷰를 종합하면 실제 작동 방식은 그 기대와는 다소 달랐다. 언론사가 제공하는 도움은 적극적인 지원이라기보다, 기자가 스스로 실험할 수 있도록 '방해하지 않고 두는 것', 즉 자율성을 보장하는 소극적 방향에 가까웠다. 흥미로운 점은 많은 기자들이 바로 그 '내버려 둠'을 가장 현실적이면서도 결정적인 지원으로 꼽았다는 사실이다. 각자의 방식으로 브랜드를 구축해 온 이들은 '회사가 무엇을 제공했는가'보다, '회사가 무엇을 허용했는가'가 변화를 만드는 진짜 요인이었다고 말했다.

기자 개인의 브랜딩이 가능해지는 조건은 각 조직의 분위기와 개인의 처신이 교차하는 지점에서 형성된다. 안진용의 경우는 한 분야에 꾸준히 집중하고 문제를 일으키지 않음으로써 회사의 신뢰를 확보했고, 개인 채널 운영 같은 시도가 자연스럽게 '허용 영역'으로 포함된 사례다. 이와 달리, 남형도 사례에서는 소속 부서의 일반적인 업무 방식(트래픽 중심의 기사 생산)과 거리가 있음에도, 실험적 기획을 이어가도록 회사가 다른 업무를 부과하지 않고 '그대로 두는 것'이 중요한 조건이 되었다. 이는 적극적 지원은 아니지만 분명한 의미의 소극적 지원이다. 한편 김은지는 주간지의 강한 자율성 문화 덕에 외부 활동과 전문성 구축의 여지를 충분히 활용해 왔는데, 데일리 라이브 진행에 투입되면서 오히려 그 '틈'의 가치를 더 깊이 실감하게 됐다고 전했다.

안진용(문화일보): 《문화일보》로 옮기면서 취재 및 기사 작성의 영역이 훨씬 넓어졌다. 이전에는 〈섹션TV 연예통신〉 등 연계 전문 프로그램을 중심으로 활동했었는데, 종합지로 이직한 후에는 종합편성채널 보도 프로그램까지 제 무대가 넓어졌다. 《문화일보》 기자라는 명확한 타이틀이 대중에게 인식된 것이 컸다. 내가 유튜브 개인 채널을 시작했을 5년 전 즈음엔 많은 기자들이 페이스북 등에 자신의 글을 올리고 했었기 때문에, 당시엔 내 개인 채널이 논란이 되는 분위기가 아니었다. 지금 시점에 새롭게 유튜브를 하겠다고 하면 문제가 될 수도 있다고 본다. 아무튼 당시에는 SNS는 글 중심, 유튜브는 영상 중심이라는 차이가 있을 뿐 비슷하게 여겨졌다. 그동안 제가 회사에 피해를 주거나 문제 상황을 만든 적이 없기 때문에 딱히 제재가 들어온 적도 없다. 지금 생각해 보니 회사가 매우 너그럽게 제 활동을 이해해 준 덕을 본 것 같다.

남형도(머니투데이): 사실 경제지의 성격과 내 성향이 완전히 맞는 건 아니지만, 그 안에서도 의미 있는 주제를 계속 고민했다. 산업부에서 디지털뉴스부로 옮긴 뒤에는 비교적 자유롭게 콘텐츠를 기획할 수 있는 환경이 되었고, 그때부터 〈체헐리즘〉을 본격적으로 시작하게 됐다. 회사가 특별히 지원을 해주는 것은 아니지만, 최소한 방해하지 않는다는 점이 큰 도움이 됐다.

김은지(시사IN): 우리 회사는 마감 시간과 회의 시간 지키는 것만 엄격히 요구하고, 그 외 시간은 자율적으로 쓰되 결과물에 책임지는 시스템이다. 그래서 〈뉴스공장〉 고정 출연 제의가 왔을 때 별 어려움 없이 시작할 수 있었다. 그런 경험들이 쌓여서 작년부터 회사 유튜브의 데일리 라이브 진행을 맡고 있다 보니, 원래 제가 갖고 있던 탐사보도 기자의 정체성, 주간지 기자로서의 의미는 결국 '시간의 틈'에서 나온다는 것을 절감하고 있다. 그 틈을 어떻게 쓰는지에 따라 더 좋은 기자, 더 좋은 콘텐츠 제작자가 될 수 있다. 우리 회사는 그 시간을 비교적 건드리지 않는다. 저는 그 틈을 잘 활용해 온 편이라고 생각하고, 그로 인한 개인적 성장이 분명히 있었다. 다만 데일리 라이브를 하고 있는 지금은 그 '시간의 틈'이 거의 없다. 솔직히 말해, 지금은 그동안 쌓아둔 것을 꺼내 쓰는 느낌이다. 조금만 시간적 여유가 더 생기면, 더 나은 콘텐츠를 위해 새로 채워 넣을 수 있을 텐데 하는 아쉬움이 크다.

경제지 소속으로 버티컬 연재를 구축한 성수영과 강영운의 경험은 개인의 브랜딩이 단지 기자의 역량이나 의지만으로 성립하는 것이 아님을 잘 보여준다. 두 사람은 한 명은 출입처 취재를 병행하는 바쁜 현장에 있었고, 다른 한 명은 상대적으로 여유 있는 부서에 속해 있었다는 점에서 조건이 크게 달랐다. 그럼에도 공통적으로 회사가 '연재를 통한 개인 브랜드 구축'에 강한 드라이브를 걸었고, 이 조직적 방향성과 개인의 기획 의지가 맞물리면서 연재가 빠르게 성과를 냈다. 그 결과 두 기자 모두 자신의 전문성과 톤을 선명하게 구축하며 브랜딩으로 이어가는 흐름을 만들 수 있었다. 조직의 요구가 출발점이었지만, 그 요구를 자신만의 방식으로 해석하고 지속시킨 힘이 지금의 브랜드를 만든 셈이다.

성수영(한국경제): 브랜딩에 대한 욕구는 막연하게나마 있었고, 언젠가 연재를 해보고 싶다는 마음도 이전부터 있긴 했다. 그러다 2022년에 기자마다 개인 코너를 만들어야 한다는 방침이 내려왔다. 사실 당시에는 일이 많아서 하기 싫었다. 하지만 회사에서 꽤 강하게 요구해서 시작하게 된 거다. 기자에게도 브랜딩은 필요하고 그 방향으로 가야 한다고 생각하지만, 회사 내에서 암묵적인 허용, 최소한의 이해가 필요하다. 어떤 조직이든 본업 외의 일을 병행하면 곱지 않은 분위기가 있다. 그래서 본업을 평균 이상으로 해내야 하고, 처신을 잘해야 한다. 회사도 일정의 여지를 줘야 하는데, 나는 월~목요일에 5~6일치 업무를 몰아서 처리하고 금요일을 칼럼 집필에 집중하는 날로 쓴다. 데스크의 이해가 있었기에 지금까지 유지할 수 있었다.

강영운(매일경제): 연재를 본격화한 건 회사의 방향과도 맞물린다. 2023년 무렵 회사가 "매체 브랜드를 키우려면 기자 개인 브랜드가 필요하다"고 판단했고, 소속 부서와 무관하게 기자가 스스로 기획한 연재를 밀어주는 기조가 생겼다. 순환보직만으로는 전문성이 흐려지니까. 마침 제가 독서를 오래 해왔고 문화부 시절 특히 더 파고들었기에 역사 관련 연재들을 이어서 내놓게 된 거다. 최근 3년을 기준으로 보면, 앞선 2년은 경찰청, 법조 출입으로 취재가 빡빡했지만, 연재 반응이 좋아서 '독자와의 약속'처럼 느껴져 짬을 내 이어갔다. 지금은 콘텐츠기획부 소속이라 뉴스레터 만드는 게 주 업무다. 주 3회 레터를 후배와 번갈아 쓰고, 다른 시간은 연재에 쓴다. 취재 비중은 줄었고, 글쓰기에 좀 더 집중하고 있다. 회사 모토가 "본업을 하되, 못 풀었던 주제는 연재로 풀어라"다. 특히 토요일엔 연재물이 독자를 끌어들이는 역할을 해 회사에도 이득이고, 기자는 독자 피드백으로 성취감을 얻는다. 우리 부서는 그 흐름을 총괄·지휘하고 뉴스레터도 만든다.

지상파 방송사 소속 기자들(아래에 직접 인용하지 않은 전 《SBS》 조동찬, 《제주 MBC》 이따끔 포함)의 경험은 또 다른 차원의 제약과 자율성을 드러낸다. 전통적으로 개인의 두드러진 활동에 대해 보수적 시선이 강하고, 조직 전체가 특정 기자의 브랜드를 전면에 내세우는 데 신중한 분위기 속에서도, 이들은 회사가 최소한으로 허용한 자율성을 소중한 기반으로 삼아 자신만의 영역을 만들어 왔다. 반면 종합편성 채널 소속인 《JTBC》 오대영의 경우 조직 분위기가 상대적으로 관대해 개인 브랜딩 시도가 더 쉽게 받아들여졌지만, 금전적·제도적 차원의 적극적 지원이 없는 점에서는 지상파와 크게 다르지 않았다. 각기 다른 조직문화 속에서도 이들이 공통적으로 확인한 것은 회사가 제공하는 작은 자율성 공간을 어떻게 활용하느냐에 따라 브랜딩의 실제 출발점이 달라진다는 사실이다.

조현용(MBC): 우리 회사는 특정인을 밀어주는 문화가 약하다. 제가 의도한 건 아니지만 결과적으로 브랜딩이 됐다고 연구진이 판단하신다는 전제하에, 저의 경우 회사의 필요에 의해 기자를 집중 지원해주고 성장시킨 케이스가 아닌 것은 확실하다. 〈소비더머니〉는 보도국에 속해 있지 않다. 보도국이 아니니 보도 업무를 시키지 않은 건 당연하다. 이후 필요할 때 사내 PT, 선거방송, 특집 예고편 제작 등 내가 필요할 때 더러 불러서 쓰기는 했다. 본질적으로는 〈소비더머니〉에 집중할 수 있도록 내버려 둔 것 자체가 큰 지원이었다. 그렇게 부여된 자율성에 감사한다.

박대기(KBS): 방송사고로 우연히 유명해졌지만, 조직 내부의 시선이 모두 호의적이진 않았다. 비슷한 선례가 거의 없었고, 나 역시 이를 개인 브랜딩으로 활용할 생각이 없었다. 《KBS》는 전통적으로 보수적 조직이라, 단독 보도나 사회적 의미가 큰 보도도 아닌데 단순히 화제가 됐다는 이유로 주목받는 것은 옳지 않다는 비판이 있었고, 나도 어느 정도 공감했다. 그래서 예능·드라마 등 다른 프로그램에서 섭외 요청이 많이 왔지만 상당수를 의도적으로 거절했다. 《KBS》 조직문화는 기자에게 다른 역할을 주는 것을 경계하는 편이다. 또 개인에게 과도하게 의존하는 포맷을 선호하지 않기 때문에, 유명해진 기자에게 토크쇼나 뉴스쇼 진행을 맡기는 식의 실험적 시도도 활발하지 않다. 다른 언론사였다면 가능했을 시도들이 《KBS》에서는 쉽게 이뤄지지 않는 분위기다. 하지만 이런 원칙주의적 문화가 오히려 나에게 기회를 주기도 했다. 나는 기자 준비를 늦게 시작해 타 언론사 지원 시 나이가 많다는 이유로 떨어졌지만, 《KBS》는 공식적으로 나이 차별을 금지하고 있어 입사할 수 있었다. 이 점에서 그 보수적 원칙이 내게는 긍정적으로 작용했다.

오대영(JTBC): 《JTBC》도 조직이다 보니 위계라는 게 있고, 리더에 따라 분위기가 다르다. 하지만 전체적으로 보면 방송사 중에서는 개인 기자 브랜딩에 있어 가장 관대한 편이다. 프로그램 제목에 기자 이름을 넣어보라고 회사가 제안하기도 하고, 하고 싶은 게 있으면 해보라고 선후배가 서로 격려하기도 한다. 누가 잘하면 서로 자극을 받는 분위기도 있다. 그러다 보니 브랜딩 경쟁이 어느 정도 자연스럽게 형성돼 있다. 회사가 자기계발비를 지원하는 것 같이 금전적 혹은 비금전적 지원을 직접적으로 하지는 않지만, "내 브랜드를 어떻게 키울 것인가"를 함께 고민하는 분위기와 문화를 저해하지 않고 유지·강화하도록 두는 것, 그게 지원이라고 생각한다.

《한국일보》 박지윤의 사례는 조직이 제공하는 기회 구조가 얼마나 예외적으로 작동할 수 있는지를 보여주는 흥미로운 경우다. 입사 초기부터 정치부·사회부 같은 스트레이트 부서가 아닌 연재물 담당으로 배치된 것은 편집국장의 방침이 만든 일종의 '복불복' 상황이었지만, 이 선택이 이후 멀티미디어 경험, 1인랩 실험 참여로 자연스럽게 이어지면서 비교적 저연차에 버티컬 연재를 구축할 수 있는 기반이 마련됐다. 흔치 않은 경로였지만, 그 기회들을 소화하며 자신만의 콘텐츠 감각과 영역을 빠르게 확장해 온 점이 특징적이다. 현재는 온라인 부서에 있으면서도 이를 또 다른 실험과 학습의 장으로 받아들이며, 폭넓은 모니터링 속에서 다음 단계를 준비하고 있다. 조직의 구조적 틀과 개인의 태도가 결합했을 때 어떤 방식으로 브랜딩이 조기에 시작될 수 있는지를 보여주는 사례라고 할 수 있다.

박지윤(한국일보): 입사 후 동기들과는 다른 커리어 경로를 걸어왔다. 신입 기자들은 보통 사회부에서 6개월 수습을 한 뒤 스트레이트 부서에서 현장 취재를 시작하지만, 나는 수습 후 디지털뉴스부로 배치돼 선배가 하던 연재물을 이어받았다. 이는 "입사 5년이 되기 전에 디지털 부서를 경험하게 하자"는 당시 편집국장 방침 때문이었다. 이후 사회부로 옮겨 다양한 경험을 쌓았지만, 직접 기획한 연재물을 꾸려가고 싶다는 욕망은 계속 남아 있었다. 이듬해 멀티미디어부로 이동하면서 사진·기사·영상으로 매주 새로운 주제를 기획해 풀어내는 일을 하게 되었고, 그 과정이 매우 흥미로웠다. 이어 회사의 '1인랩' 실험 덕분에 〈커리업〉이라는 버티컬 연재물을 처음부터 끝까지 스스로 만들어볼 기회를 얻었다. 개인적으로는 〈커리업〉을 4~5년은 운영해 다음 단계로 확장하고 싶었지만, 회사 결정으로 더 일찍 종료된 점은 아쉽다.

현재 속한 '이슈365팀'은 온라인 뉴스 전담 부서로, 전방위적인 모니터링이 가능하다는 장점이 있다. "이건 프리미엄 콘텐츠로 적합하겠다", "이건 닷컴 연재로 만들면 잘 읽히겠다" 같은 감각이 생기고, 페이지뷰에 민감한 조직 특성 덕분에 디지털 독자 반응을 가까이서 체감하게 된다. 의외로 독자가 궁금해하는 주제, 겉보기엔 평범해도 폭발적으로 읽히는 주제 등을 데이터를 통해 파악하면서, 이후 또 다른 버티컬이나 연재를 기획할 때 활용할 수 있을 것 같다.

대부분의 기자 브랜딩 사례가 조직의 '허용'과 개인의 추진력에 기반해 있었다면, 성수영과 강찬수의 경우는 드물게 직접적 지원이 개입된 케이스에 가깝다. 물론 지원의 양상은 두 사람에게서 다르게 나타났다. 성수영은 출판, 홍보, 내부 마케팅 등 회사 차원의 실질적 지원이 뒤따르며 그의 전문성을 조직의 자산으로 키우겠다는 명확한 의지가 작동하는 방향이었다. 반면 강찬수는 회사가 초기에 전문기자 제도를 적극 도입하는 과정에서 주목받았지만, 이후에는 개인의 철학과 회사의 방향이 완전히 일치하지 않는 지점도 있었다. 그럼에도 양측이 교차하는 공통분모를 찾아 캠페인·프로젝트를 함께 추진하며 성과를 만들어냈다는 점이 인상적이다. 두 사례는 조직이 가시적인 자원을 투입할 때 기자 개인의 브랜딩이 어떤 방식으로 확장될 수 있는지를 보여주는 또 다른 유형의 경로라고 할 수 있다.

성수영(한국경제): 회사의 직접적인 지원도 있었다. 책을 출간할 때 자회사인 '한경BP'와 계약했다. 다른 출판사 제안도 많이 들어왔지만, 통합 마케팅 측면, 그리고 내부 채널을 통한 홍보를 고려해 자회사와 계약했다. 사측에서 이벤트성으로 책을 구입해 배포하기도 하고, 버스 광고 사업을 대행할 때 광고 공백이 생기면 내 책을 노출시켜주기도 했다. 사장님 역시 문화 분야에 전문성을 갖춘 기자가 자리를 확실히 잡는 것이 회사의 자산이 된다고 생각하시는 것 같다. 직접적인 지시나 간섭이 없고, 용인하고 지지해 주는 분위기다.

강찬수(전 중앙일보): 아무래도 전문기자 제도가 생긴 초기에 여러 명이 함께 전문기자로 입사했기 때문에 회사에서 좀 밀어준 측면은 있다. 입사 직후에 전문기자 15인의 사진을 신문 1면에 내고, TV 광고도 찍고 그랬다. 물론 회사에서도 홍보 효과를 노리고 그렇게 한 것이겠지만, 지면을 그렇게까지 과도하게 할애하는 건 매우 이례적인 일이긴 하다. 회사에 들어가 환경 기자로 쭉 활동하면서는 저의 철학과 회사의 방향이 잘 맞았다고 보기 어려운 부분들이 꽤 있었다. 그렇지만 회사와 저 사이에 교집합 부분이 없는 건 아니었다. 'Save Earth Save Us' 캠페인 같은 것이 대표적인 예다. 회사 차원에서 크게 지원도 해주고 취재팀도 붙여주고 그랬다. 사실 그 캠페인을 하면서 기업 후원도 많이 받았다. 그래서 결국 회사도 이익을 본 것이다.

조직이 간섭하지 않고 자율성을 허용해 준다면, 일부 기자들은 그 여지를 단순히 '편의'로 소비하는 대신 오히려 스스로 책임을 확장하는 방식으로 응답했다. 주성하와 조현용은 회사가 자신들을 '내버려 둔' 만큼, 그 자유에 보답하기 위해 직접적인 수익 구조를 만들고 유지하려는 계획을 세워 실천한 사례다. 주성하는 유료 포럼을 기획해 회사 매출을 올렸고, 조현용은 자신의 팀 인건비를 스스로 감당하겠다는 기준을 세워 채널과 콘텐츠를 운영했다. 김주완 역시 적극적 영업이나 수익 창출까지는 아니었지만, 개인 활동이 회사에도 이득이 되도록 구조를 조정하려는 노력을 기울였다. 이들은 모두 회사의 소극적 지원을 일방적으로 소비하는 대신, 그 자율성을 '양방향 관계'로 전환시키며 조직과 개인의 균형점을 스스로 만들어냈다는 공통점을 지닌다.

주성하(동아일보): 지금 소속된 콘텐츠기획본부는 편집국과는 별도 조직이다. 언론사 인력 구조가 피라미드 형태이다 보니, 부장까지 했지만 국장으로 갈 수 없는 인력들을 효율적으로 활용하기 위해 만든 일종의 '장교 부대' 같은 곳이다. 예를 들어 문화부장 출신이라면 문화 콘텐츠를 활용해 광고를 따오고 실적을 만드는 식이다. 나는 차장 승진을 앞두고 어느 부서로 갈지 고민하다가, 이 부서가 마음에 들어 스스로 지원했다. 국제부에 오래 있었기에 계속 있었다면 국제부장은 될 수도 있었겠지만, 탈북자 출신이라는 이유로 결국 편집국장까지는 갈 수 없다는 현실도 알고 있었다. 무엇보다 차장·부장처럼 하루 종일 발제하고 취재하고 기사를 써야 하는 '하루살이 업무 방식'이 나와는 맞지 않았다. 반면 콘텐츠기획본부는 출퇴근 시간도 유연하고, 내가 콘텐츠를 만드는 데 필요한 시간을 확보할 수 있어 훨씬 적합했다. 대신 나는 회사에 도움이 되는 방식으로 기여해야 한다고 생각했고, 그래서 직접 'NK포럼'이라는 유료 행사를 만들어 매출을 올리고 있다. 내 연봉보다 많이 벌어줄 생각은 없지만, 적어도 내 밥값은 하고 있다고 본다.

조현용(MBC): 〈소비더머니〉가 잘됐다는 이유로 인센티브 같은 건 없었고, 애초에 기대하지도 않았다. 초기에 편집자 1명으로 시작했지만 성과가 나오니까 이후에 1명 더 늘려줬다. 회사가 자유롭게 콘텐츠를 만들도록 허용해준 대신, 나 포함 총 3명의 인건비 정도는 벌어와야 한다는 기준을 스스로 세웠다. 그래서 몇 회에 한 번씩은 광고를 수주해 소화했다. 후반에는 회사가 매출 목표를 제시하기도 했다. 적극적으로 영업을 하지는 않았지만, 인건비 2배 이상은 책임지겠다는 마음으로 운영했다. 회사 입장에서는 비용이 들지도 않고, 인력을 더 요구한 것도 아니고, 스스로 밥벌이도 하고 하니까 그냥 놔둔 것이라고 본다.

김주완(전 경남도민일보): 새로운 걸 접할 때 거부감이 없었던 건 그냥 내 개인 성향 같은데, 다만 회사 일은 안 하고 논다는 인상을 줄까봐 조심스러운 부분은 있었다. 그래서 블로그 활동도 회사와 연결하려고 노력했고, 《경남도민일보》 사이트 안에 메타 블로그 시스템을 만들어서 지역 블로거들과 콘텐츠를 교류할 때 약간의 수익도 냈다. 회사가 직접 지원하진 않았더라도, 내가 하는 활동이 회사에도 도움이 되도록 구조를 짰던 것이다.

한편, 남형도의 사례는 개인 브랜딩이 조직과 자연스럽게 '윈윈' 관계를 형성할 수 있음에도, 그 기반이 얼마나 불안정할 수 있는지를 동시에 보여준다. 회사는 그의 기획을 적극적으로 밀어주지 않지만, 최소한의 간섭도 하지 않음으로써 실험적 콘텐츠가 이어지도록 여지를 제공해 왔다. 덕분에 남형도의 기사들은 조직 이미지에 긍정적 효과를 가져왔고, 한동안은 이 느슨한 균형이 지속 가능해 보이기도 했다. 그러나 급격하게 변하는 디지털 환경, 트래픽 기반 구조의 압박, 플랫폼 정책 변화 등은 이 모델의 지속성에 대한 근본적 의문을 던진다. 남형도는 자신이 누려온 자유를 최선의 지원으로 받아들이고 있지만, 그런 자유가 언제까지 유지될지 모른다는 불안감 역시 떨칠 수 없다고 말했다.

남형도(머니투데이): 디지털 부서에서 나는 약간 '섬'처럼 움직인다. 나를 제외한 대부분의 기자들은 트래픽 중심의 이슈 기사를 쓰고, 나만 독립적으로 기획을 맡아 일하는 구조다. 그래서 내 입장에서는 회사가 내 기획을 이어갈 수 있도록 '그냥 가만히 두는 것'이 오히려 최고의 지원이라고 느낀다. 《머니투데이》는 경제지라 수익성 추구와 친기업적 성향이 강하고, 나는 직접 수익을 내는 기사를 쓰는 것이 아니기 때문에 회사가 적극적으로 지원하기 어려운 것도 사실이다. 내 콘텐츠가 회사 브랜드 이미지에는 도움이 될 수 있겠지만, 이를 측정할 지표도 없고, 회사가 그 이유만으로 투자를 결정할 여건도 아니다. 네이버가 언론사 편집판을 도입한 이후 메인 노출 기회가 줄었고, 언론사 간 클릭 경쟁은 더 치열해졌다. 트래픽이 감소하면서 회사의 여유도 줄어들어, "과연 이런 기획을 언제까지 허용받을 수 있을까" 하는 걱정이 될 때가 있다. 회사가 직접 압박을 주는 것은 아니지만 분위기상 느껴지는 압력은 있다. 결국 내가 누리는 가장 큰 지원은 '자유도'다. 취재·섭외·기획·촬영까지 전 과정을 혼자 도맡아 하면서, 가능한 선에서 내 방식으로 버티고 있는 셈이다.

여러 언론인의 경험을 종합하면, 개인 브랜딩은 거창한 지원이나 제도적 장치보다 조직이 허용한 작은 여지와 그 틈을 활용하려는 개인의 전략이 만나는 지점에서 가장 현실적으로 작동한다. 어떤 경우에는 회사가 개입을 최소화한 '내버려 둠'이 결정적 계기가 되었고, 또 어떤 경우에는 연재 기획이나 출판, 캠페인 등 조직 차원의 드라이브가 브랜드 확립을 가속했다. 지상파 방송사처럼 보수적 문화가 강한 조직에서도, 경제지처럼 수익성이 중요한 구조에서도, 혹은 예상치 못한 기회로 인해 생긴 특이한 경로에서도, 공통적으로 확인되는 것은 브랜딩의 성공이 개인적 역량만의 산물이 아니라 조직과 개인이 서로 조율하며 만들어낸 결과라는 점이다. 따라서 언론인 브랜딩을 위한 개인과 조직의 관계는 일방적 투자나 희생으로 이루어지는 것이라기보다는, 책임을 나누며 형성되는 성격에 가깝다.

미디어 환경이 빠르게 변하는 지금, 언론사가 취해야 할 전략도 '특정인을 띄우는 것'보다 이런 자율성의 구조를 어떻게 유지하고 확장할 것인가라는 질문에 더 가깝다. 그리고 기자 개인 차원에서는 주어진 틈을 스스로 어떻게 설계하고, 어떤 방식으로 서사를 축적해 나갈 것인가가 앞으로의 생존 전략에 중요한 요소가 될 것이다. 결국 브랜딩은 개인의 행위이기 이전에, 조직과 개인이 함께 만들어가는 생태적 결과라 할 수 있다.

2. 언론인 브랜딩을 위한 부문별 전략

1) 콘텐츠 기획 및 인력 운용

언론인 브랜딩은 단순히 '얼굴이나 이름을 알리는 기술'이 아니라, 어떤 콘텐츠를 어떤 팀과 함께, 어떤 제목으로, 어떤 스토리로 내보낼 것인가를 설계하는 문제에 가깝다. 퍼스널 브랜딩 전략에 관한 저서에서 김지헌과 박승호(2025)는 브랜딩을 "사람들의 머릿속에 특정 이미지를 심는 인셉션 과정"으로 규정하며, "초코파이 = 정(情)"처럼 즉각적인 연상이 일어나는 상태가 진정한 브랜딩이라고 말한다(40쪽). 일본의 스토리 브랜딩 전문가 가와카미(2023/2024) 또한 감정적 인상이 기억을 좌우한다는 점을 강조하며, 특히 소규모 브랜드일수록 "고객의 기억에 남는 특별한 스토리"가 없다면 재방문이나 재소비는 어렵다고 지적한다(21쪽). 언론인 역시 소위 '특종의 소비 주기'가 지나치게 짧기 때문에, 기사 자체가 아닌 기자의 스토리와 캐릭터가 기억의 중심에 남아야 한다는 점에서 동일한 과제를 안고 있다. 이와 관련해 《문화일보》 안진용은 기자 개인의 브랜딩이 어려운 구조적 현실을 명확히 지적했다.

안진용(문화일보): 대한민국이 뒤집힐 만큼의 특종을 써도 일주일만 지나면 새로운 이슈가 나온다. 결국 기자의 이름이 남지 않는다. 예를 들어 태블릿PC 보도로 유명했던 《JTBC》 심수미 기자도 지금 와서 자신을 "태블릿PC 기자"로 소개하지는 않는다. 반면 영화감독 곽경택이 나에게 한 말이 있다. 함께 있던 자리에서 어떤 후배가 "감독님, 〈친구〉 잘 봤어요"라고 하자 주변에서 "언제적 〈친구〉냐"고 했지만, 곽경택 감독은 "맞아요. 나는 죽을 때까지 〈친구〉 감독입니다"라고 했다. 그 말이 인상 깊었다. 기자에게는 그런 상징이 거의 없다. "나는 이걸 한 기자다"라고 한 문장으로 설명될 수 있는 것이 바로 브랜딩이라고 생각한다. 어떤 사람의 이름을 들었을 때 즉시 특정 주제나 사건이 떠오른다면, 그것이 진정한 브랜딩이다. 하지만 기사만으로는 그런 연상이 어렵다.

결국 언론인의 브랜딩은 단독·특종과 같이 튀는 한두 개의 기사가 아니라, 기자가 시간을 두고 축적한 스토리, 세계관, 설명 방식 등을 중심으로 형성될 가능성이 높다. 즉, 기사 그 자체가 소비되고 잊히는 속도보다 더 오래가는 기자의 '이야기하는 방식'과 '스토리를 끌어오는 능력'이 브랜딩의 핵심 자산이라는 의미이다. 따라서 브랜딩을 추구하는 언론인이라면 자신만의 해석 방식, 기획 철학, 콘텐츠 문법을 지속적으로 고민하고 명확하게 구축할 필요가 있다. 이는 가와카미(2023/2024)가 말한 '감정에 남는 스토리'가 브랜드를 결정한다는 원칙과 정확히 맞물리는 지점이다.

(1) 채널이 아니라 분야를 고른다: 유행 대신 전문성 중심 기획

여러 인터뷰이는 브랜딩의 핵심을 어떤 플랫폼이나 채널을 선택하느냐보다는 어떤 '분야'를 얼마나 '깊게' 파느냐에서 찾았다. 김주완은 기자가 여러 분야를 조금씩 알아야 하는 건 맞지만, "특정 한두 분야는 전문가와 겨룰 만큼 깊어야 한다"는 문구에 강하게 공감하며, 특히 지역신문 기자라면 최소한 지역·지방자치·지방분권 영역에서 전문가가 되어야 한다고 강조했다. 그는 "이 채널이 뜬다더라, 저 포맷이 조회수가 높다더라"는 이유로 덩달아 뛰어드는 경향을 비판하며, 기자의 브랜딩은 "유행을 좇는 것이 아니라, 자신이 정말 관심 있고 꾸준히 탐구해 온 분야"를 중심에 둬야 한다고 조언했다.

> **김주완(전 경남도민일보):** 전국의 지역 언론사들을 보면, 몇 년 전까지만 해도 대부분 유튜브 스튜디오를 꾸리고 장비를 들여와 실험적으로 콘텐츠를 만들었다. 그때는 김어준식 대담 프로그램을 따라 하는 곳이 많았다. 지역 인사들을 불러 인터뷰하거나 시사 토크 형식으로 진행하는 식이었다. 그런데 내가 그때 그런 얘길 했다. "당신은 김어준이 아니잖아요." 그걸 흉내 낸다고 성공하는 건 아니다. 요즘에는 《MBC경남》의 〈엠키타카〉, 전주방송 《JTV》, 광주방송 《kbc》 같은 지역방송사 유튜브 구독자 수가 많이 늘고 조회수도 꽤 나온다. 그런데 그 영상 대부분이 국회방송 클립을 짜깁기해서 올린 거다. 자기들 콘텐츠가 아니다. 그런 건 일시적으로는 클릭 수가 올라가겠지만, 그걸로 지역방송의 브랜드가 커지지는 않는다. 결국 자기들이 진짜 잘할 수 있는 분야, 자기만의 킬러 콘텐츠를 찾아야 한다고 본다.

《JTBC》 오대영은 자신의 주변에 기후·국방·경제 등 분야별로 대학원 진학과 학위 취득을 통해 자신의 영역을 구축하는 기자들이 늘고 있음을 언급하며, 언론인 브랜딩에는 "레벨이 다른 학습"이 필요하다고 말했다. 소비자 역시 준전문가 수준의 이해도를 갖고 있기 때문에 "모두가 아는 이야기를 범용적으로 풀어서는 브랜드 가치가 오르지 않는다"고 지적했다. 특정 분야 안에서도 "이 주제는 그 사람이 떠오른다"고 말할 수 있는 세분화된 전문 주제를 확보해야 한다는 것이다.

《동아일보》 주성하는 자신이 오랜 기간 정문성을 쌓아온 북한 보도 영역을 "장기적으로 비전이 없는 필드"라고 진단했다. 그는 브랜딩 하려면 "앞으로 사회적 흐름까지 쭉 내다보고 이건 잘될 거다"라는 확신을 전제로 주제를 선택해야 한다는 점을 강조하며, 브랜딩을 단기 유행이 아니라 장기적 시장성과 결합해서 볼 것을 제안했다. 그는 콘텐츠 제목, 구성, 댓글 반응까지 예측할 수 있을 정도로 축적된 자신의 경험을 토대로, 대체로 대중의 기호에 맞추되 가끔은 '전문성을 보여주는 콘텐츠'도 필요하다고 제언했다. 즉, 기본적으로는 대중이 원하는 콘텐츠를 제공하며 그들의 호응을 유지하면서도, 자신이 착실히 쌓아온 내공을 대중이 체감할 수 있도록 전문성이 명확하게 드러나는 기획을 주기적으로 배치하는 전략을 구사하라는 것이다.

유튜브에서 괄목할만한 성과를 낸 가죽공예 전문 크레이이이터 레베기(2025)는 블로그에서 잘하던 사람이 유튜브에서도 잘할 확률이 높은 이유를 특정 플랫폼이 아니라 콘텐츠를 만드는 기본 실력을 이미 쌓았기 때문이라고 분석했다. 이는 언론인에게도 그대로 적용 가능하다. 블로그·팟캐스트·페이스북·뉴스레터·유튜브 등 새로운 플랫폼이 계속 등장하더라도, 콘텐츠를 기획·구성하는 능력이라는 핵심 역량이 있다면 어떤 플랫폼에서도 브랜딩 기회가 열릴 수 있다. 실제 본 연구에서 인터뷰한 언론인들 가운데 상당수도 그러한 사례에 해당하며, 대표적으로 전《경남도민일보》김주완,《동아일보》주성하, 전《오마이뉴스》장윤선 등을 들 수 있다.

(2) 레드오션 시사 라이브에서 살아남기: 포맷이 아니라 '스토리'와 관점으로 차별화하기

서로 비슷한 형식으로 운영되는 유튜브 기반의 언론사 시사 라이브는 이미 과포화 국면에 접어들었다는 우려가 인터뷰 참여자들 사이에서 반복적으로 제기되었다. 특히 시사 라이브에서 패널·진행자로 활발히 활동해 온 기자들조차 현재의 구조 안에서는 차별화를 이루기 어렵고 결국 "공멸 위험성"마저 존재한다고 지적했다. 이들이 제시한 대안은 공통적으로 '기자만이 할 수 있는 이야기'로 돌아가자는 방향으로 모였다. 구체적으로, 지면에 담기지 못한 취재 뒷이야기, 취재 과정에서 축적된 '자투리 정보', 기자가 직접 당사자를 만나 던지는 질문의 힘을 되살리는 '인터뷰 강화' 등, 기자 고유의 취재 자산을 스토리로 전환하는 전략이 필요하다는 것이다. 즉, 패널에 의존하는 '시사 평론식 방송' 형식에서 벗어나, 기자 자신이 경험하고 발굴한 서사를 중심에 놓아야 한다는 문제의식이 일관되게 드러났다.

봉지욱(전 뉴스타파): 신문사·방송사들이 뒤늦게 유튜브에 뛰어들면서 형식이 비슷해지고 패널 구성도 겹치게 됐다. 그래서 나는 그런 패널들을 부르지 않는다는 원칙으로 채널을 시작했다. 탄핵 정국 이후 최근에는 각 언론사 채널 구독자가 크게 빠졌고, 정권 교체와 함께 뉴스 소비도 줄었다. 3특검 이슈는 이어지겠지만, 내 판단으로는 올해가 고비다. 이제는 다른 방식의 시도가 필요하다.

사극 속 '전기수'가 양반가에 머물며 이야기를 풀어놓듯, 유튜브도 결국 '이야기'가 중심이라고 본다. 둘이 혹은 혼자 앉아 이야기를 들려주는 방식이 가장 강력하다. 서사가 없으면 사람들은 보지 않는다. 그래서 다른 채널들이 하지 않았던 포맷을 고민했다. 예전 사건의 취재 비화도 흥미롭다. 지존파 같은 대형 사건을 취재했던 기자·PD들의 이야기를 듣는 방식도 가능하다고 본다. 《SBS》의 〈꼬리에 꼬리를 무는 이야기〉처럼 잘 만든 포맷이 있지만, 연예인이 아니라 실제 취재자가 등장하면 또 다른 힘이 생길 것이다. 요즘은 〈기자들의 맛집〉 채널도 생겼다. 원래 《JTBC》에서 하려던 기획인데, 외주 제작사가 유튜브로 한번 해보고 싶다며 제안을 해서 촬영을 시작했다. 나는 출연자로 참여하고 있다. 얼핏 먹방처럼 보이지만, 기자들이 함께 밥을 먹으며 자연스럽게 취재 이야기로 이어지는 포맷이라 단순한 맛집 리뷰를 넘어 콘텐츠의 흐름이 생긴다.

구교형(경향신문): 기자는 취재하고도 쓰지 못하는 것이 많다. 지면 제약이나 확신 부족 등으로 활자로 옮기지 못한 내용이 있다. 구술 형식에서는 적절히 활용할 수 있는 '자투리 정보'가 많다. 취재의 뒷얘기와 에피소드를 전달하면, 기존 정치·시사 전문 방송과 차별화할 수 있다고 본다. 최근에는 그런 목표를 가지고, 내가 직접 취재한 이야기를 더 많이 풀어내고 있다.

김은지(시사IN): 계엄 이후 평론성 콘텐츠가 더 많아졌고, 그쪽의 효능이 있었다고 본다. 하지만 계엄 정국이 끝난 지금은 내부적으로 개편을 고민하고 있다. "당사자 인터뷰를 더 늘리자"가 핵심이다. 그 지점에서 차별점을 못 만들면, 우리도 '여러 유튜브 채널 중 하나'가 될 수 있다는 위기의식이 있다. 기자는 본질적으로 '좋은 질문을 하는 사람'이고, 시청자도 그 답을 듣고자 채널에 온다. 인터뷰 코너를 강화하면 우리의 색을 더 분명히 드러낼 수 있다고 본다. 우리 회사에 한정된 것이 아니라 일반적으로 넓혀 보자면, 기자들은 현장에서 취재해 확보한 자원이 많고, 그중엔 기사로만 풀기 아까운 내용이 적지 않다. 꼭 유튜브가 아니어도, 달라진 매체 환경에서 다양한 방식으로 확장할 여지가 있다. 업무가 늘어나는 걸 부담스러워할 수는 있겠지만, 브랜딩 의지가 있는 기자라면 충분히 시도할 수 있는 환경이 됐다고 본다.

이러한 흐름은 가와카미가 말하는 '스토리 브랜딩'의 원리와 정확히 연결된다. 가와카미(2023/2024)는 스토리를 새로운 허구를 창작하는 것이 아니라, 이미 존재하지만 보이지 않던 가치를 발견해 서사로 묶어내는 일로 규정한다. 미국의 유명 카피라이터 클로드 홉킨스가 업계 5위 맥주회사를 1위로 끌어올린 유명한 광고 전략, 즉 가격이나 맛이 아니라 "살아 있는 증기로 깨끗이 씻어내는 맥주"라는 카피로 제조 과정의 이야기를 전면에 내세운 사례는 그 전형이다(가와카미, 2023/2024, 22쪽). 양조업계 내부에서는 너무 당연해 누구도 말하지 않던 공정이었지만, 소비자에게는 강력한 정보이자 스토리가 됐던 것이다.

국내 언론인들이 강조한 '취재 뒷이야기', '기사에 담기지 못한 맥락', '긴 호흡의 당사자 인터뷰' 또한 같은 논리에 기반한다. 기자라면 누구나 하는 기본 취재 과정이지만, 이를 누가 먼저 스토리로 조명하느냐에 따라 차별성과 브랜드 자산이 형성될 수 있다. 다시 말해, '당연한 과정'을 서사로 조직해 대중과 공유하는 사람이 브랜딩 경쟁에서 앞설 수 있다는 것이다.

레베기(2025)의 지적도 이를 뒷받침한다. 그는 공예·디자인 분야에서도 기술력이나 디자인만으로는 관심을 끌기 어렵고, 작품이 완성되기까지의 과정에 어떤 이야기를 담느냐가 핵심이라고 강조한다. 이는 언론 보도에서도 팩트·분석이라는 본질적 요소 위에 스토리를 입히는 외피 전략이 필요함을 시사한다. 결국 시청자와 독자가 기억하는 것은 정보의 나열이 아니라, 그 정보에 부여된 의미와 이야기 구조다.

가와카미(2023/2024)가 말하듯 인류는 문자 이전부터 이야기를 통해 지식·정보를 전수해 왔고, 이야기는 감정을 움직이고 기억을 오래 붙잡아 두며, 기억된 이야기는 다시 다른 사람에게 전달된다. 언론인 브랜딩 역시 마찬가지이다. 얼마나 '기억에 남고, 남에게 이야기하고 싶어지는 콘텐츠'를 생산할 수 있는가, 그 능력의 축적이 결국 기자 브랜드의 지속성을 결정한다.

(3) 롱폼·숏폼·텍스트·영상: 포맷 믹스와 글쓰기·제목 전략

콘텐츠 길이와 형식을 둘러싼 인터뷰이들의 전략은 플랫폼 트렌드와 기본적인 글쓰기 역량을 함께 고려하는 방향으로 수렴했다. 젊은 층을 중심으로 숏폼이 대세가 되었지만, 그렇다고 롱폼에 대한 수요가 사라진 것은 아니다. 성한용은 정보량이 많고 필요 없는 부분을 유연하게 건너뛸 수 있는 디지털 롱폼을 오히려 젊은 독자들이 선호한다고 보았다. 주성하 역시 롱폼 텍스트와 영상 모두에서 글의 완성도가 핵심이라며, "읽는 사람들이 감탄하면 긴 글도 다 읽는다"는 말로 형식보다 내용의 힘이 우선함을 강조했다.

> **성한용(한겨레):** 젊은 사람들이라고 다 긴 글을 안 읽는다고 생각들 하는데, 그렇지는 않다. "길게 써주면 정보가 많아서 좋다" 이렇게 반응하는 젊은 독자들도 있다. 이른바 스크롤 다운은 오히려 나이 든 분들보다 젊은 사람들이 더 익숙하다. 쭉 보다가 "이건 어제 본 얘기야" 그러면 거기는 넘어가는 식이다. 훑어보다가 내가 봐야 할 곳만 집중해서 보고 다른 곳은 건너뛰는 글 읽기는 디지털 세대의 방식이다. 그러니까 저는 그런 사람들한테 제공하는 콘텐츠를 생각하는 거다. 200자 원고지 네다섯 장 안에 뭔가 압축해서 담는 그런 글은 다른 언론인이 쓰면 된다.

이러한 흐름은 예능 분야에서도 확인된다. TV 예능이 유튜브용 짧은 클립으로 잘려 소비되는 시대에, 1시간이 훌쩍 넘는 롱폼 웹예능 〈풍향고〉가 백상예술대상을 수상한 사실은 상징적이다. "쇼츠에 길들여진 줄 알았는데 1시간 반이 순삭됐다"는 시청자 반응에서도 드러나듯, 긴 러닝타임에도 불구하고 몰입감과 편안한 서사 흐름이 오히려 강점으로 작용했다는 분석이 나온다(김민제, 2025). 이는 롱폼 선호가 예능에만 국한된 현상이 아님을 시사한다. 여주엽(2025)이 분석했듯 유튜브는 쇼츠 도입 이후 숏폼 콘텐츠를 적극적으로 노출하고 있으나, 숏폼은 짧은 시간 구조상 깊이를 담기 어렵고 광고 수익화에도 한계가 있다. 그럼에도 숏폼은 대량 노출과 초기 유입에 강점을 가지므로 결과적으로 트래픽을 끌어오고, 롱폼이 관계·신뢰·브랜드를 축적하는 '투트랙 포맷 전략'이 현실적인 조합일 것이다.

따라서 뉴스 콘텐츠 또한 소비자 피로도와 플랫폼 문법을 고려한 포맷 믹스 전략이 필요하며, 기자의 언어감각·설명력·세계관이 집약되는 롱폼 콘텐츠는 숏폼이 대체할 수 없는 브랜딩 자산이 된다. 이와 같은 맥락에서 레베기(2025)는 숏폼 트렌드의 부상을 인정하면서도, 길이보다 콘텐츠 기획력과 플롯 구조가 성패를 결정한다고 강조한다. 때로는 압축이 필요하지만 지속성을 만드는 힘은 결국 서사와 맥락에 있다는 것이다.

글쓰기 분야에서도 유사한 논의가 등장한다. 정민호(2025)는 마케팅 글쓰기를 분석하며 노출은 플랫폼별 제목 문법에 좌우되나, 콘텐츠의 본질적 힘은 결국 '글'에서 나온다고 말한다. 이는 주성하와 성한용이 강조한 "좋은 글이라면 긴 글도 읽힌다", "플랫폼보다 글의 힘이 우선한다"는 경험과 일치한다.

영상 포맷에서도 같은 경향이 관찰된다. 《MBC》 조현용은 경제부 취재 경험, 풍부한 회사 아카이브, 영상 감각을 결합해 독창적 형식을 설계하며 〈소비더머니〉를 히트시켰지만, 이후 보도국에서 포맷을 모방해 유사한 콘텐츠를 만들었을 때 성과가 재현되지 않는 모습을 보며 "형식 모방으로는 성공할 수 없다"는 점을 확인했다고 전했다. 이는 레베기(2025)가 지적한 바와 맥락을 같이 한다. 유튜브는 단순한 광고·홍보 채널이 아니라 숏폼·미드폼·롱폼·라이브·쇼핑 기능이 결합된 독립적 수익 플랫폼이며, 이 구조에서는 '비슷한 형태'만으로 경쟁력이 생기지 않는다는 것이다.

결국 포맷 믹스 전략의 부상은 롱폼/숏폼의 이분법을 넘어, 기획-스토리-제목-형식 실험을 플랫폼별 소비 패턴에 맞게 통합적으로 설계하는 능력이 오늘날 언론인 브랜딩의 핵심 역량임을 보여준다.

(4) '손석희형' 앵커를 넘어서: 콘텐츠와 맞물린 고유 캐릭터 구축

브랜딩의 또 다른 핵심 축은 콘텐츠를 전달하는 '얼굴'과 '캐릭터'를 어떻게 구축하느냐다. 과거 언론 생태계에서는 앵커형 롤모델, 특히 이른바 '손석희형'에 가까운 외적 기준(단정한 외모, 정장, 정제된 언어, 정확한 문법)이 사실상 표준처럼 작동해, 이러한 조건을 충족하지 않으면 브랜드 기자로 부상하기 어려웠다. 그러나 구교형이 말하듯, 유튜브와 독립 채널의 확산은 이 질서를 근본적으로 흔들었다. 이제 시청자는 "유쾌한 진행자, 진중한 해설자, 날카로운 분석가" 등 자신이 원하는 유형의 캐릭터를 직접 선택하며, 이로 인해 다양한 스타일의 언론인이 브랜드로 자리잡을 수 있는 환경이 열렸다. 그는 이러한 변화가 언론사에도 "특색 있는 캐릭터를 발굴할 수 있는 기회"를 제공하며, 앞으로 성향과 규모가 다른 여러 형태의 브랜딩된 기자가 지속적으로 등장할 것이라고 전망했다.

구교형(경향신문): 손석희 앵커가 한창 활동하던 시절에는 언론인이 하나의 브랜드가 되기 위해 요구되는 자질이 지금보다 훨씬 많았다. 단정한 외모, 정장이 잘 어울리는 태도, 정제된 언어, 정확한 문법 사용 등 외적 요건이 엄격했다. 그런 시대에는 브랜드 기자가 나오기 어려웠다. 하지만 플랫폼이 바뀌면서 패러다임 자체가 전환됐다. 유튜브 같은 새로운 매체의 등장은 '손석희 같은 사람'을 더 이상 유일한 모델로 만들지 않는다. 이제 사람들은 자신의 취향에 맞는 캐릭터를 소비한다. 유쾌한 진행자, 진중한 해설자, 혹은 날카로운 분석가 등 다양한 성향의 인물을 직접 선택할 수 있는 시대다. 그런 면에서 나에게도 기회가 왔다. 언론사 입장에서도 이런 변화는 긍정적이다. 다양한 개성과 색깔을 가진 인재를 찾아내고 육성하기가 훨씬 쉬워졌다. 결국 언론사들이 특색 있는 캐릭터를 발굴할 수 있다면, 앞으로도 크기와 성향이 다른 여러 형태의 '브랜딩된 기자'가 계속 등장할 수 있을 것이다

반면 《JTBC》 오대영은 전통적인 '손석희형' 앵커 이미지를 추구하며 화면에 드러나는 모든 요소를 세심하게 관리하는 모습에서, 오히려 그 이상으로 완벽함을 지향하는 듯한 인상을 준다. 한편 《CBS》 김현정과 《JTBC》 오대영은 제작과 진행을 동시에 수행하는 '복합형 캐릭터'라는 점에서, 기존의 앵커상을 확장하는 사례로도 읽힌다. 김현정은 PD가 프로그램 전체를 설계·지휘하면서 진행까지 겸할 때, 섭외·구성·진행이 하나의 흐름으로 묶여 효율과 완성도가 높아진다고 설명하며, 이를 '싱어송라이터'에 비유했다. 오대영 역시 〈뉴스룸〉의 앵커이자 제작 총괄로서, 화면 속 진행자이면서 내부 리더의 역할까지 동시에 수행한다. 이는 단순히 얼굴을 내세우는 단계를 넘어, 콘텐츠 제작 시스템까지 이해하고 통제하는 방식으로 브랜드를 강화하는 접근이라고 할 수 있다.

오대영(JTBC): 언어적인든 비언어적이든 화면에 보이는 모든 요소에 신경을 많이 쓴다. 볼펜 색깔 하나 고를 때도 "이 색이 오해를 사지 않을까" 고민한다. 헤어스타일, 분장, 의상 같은 외형적 요소는 콘셉트를 정하고 그에 맞춰달라 요청하며 피드백도 적극적으로 받는다. 말투나 제스처 등 시청자와 만나는 지점에서 느껴지는 모든 요소에도 세심하게 신경 쓴다. 손짓이나 발언 순서 같은 세세한 부분까지도 조율한다. 결국 시청자에게 전달되는 이미지는 내가 만들어가는 것이다. 말뿐 아니라 태도와 품위에서도 메시지가 전달된다고 생각한다.

김현정(CBS): PD가 프로그램 전체를 설계·지휘하는 역할인데, 진행까지 겸하면 이점이 매우 크다. 일종의 '싱어송라이터'와 같다. 다른 사람이 작곡하고 내가 노래만 하는 게

아니라, 내가 전체 구상과 메시지를 쥔 상태에서 마이크까지 잡으면 더 많은 것을 구현할 수 있다. 섭외부터 구성, 진행까지 한 흐름으로 묶을 수 있어 효율과 완성도가 높아진다. 힘은 두 배로 들지만, PD만 하거나 진행만 할 때보다 훨씬 매력적으로 일을 만들어낼 수 있다. 〈뉴스쇼〉가 좋은 성과를 낼 수 있었던 이유 중 그 지점이 컸었다고 본다.

정민호(2025,)는 마케팅 글쓰기를 논하며, '캐릭터성'을 콘셉트를 좀 더 정교하게 만들거나 사람들로 하여금 부담을 느끼지 않게 만들어 주는 과정이라고 설명한다. 그는 "매일매일 시를 읽어드리는 사람"보다 "10년 만에 시 하나 읽었다가 눈물 흘리고, 이제부터 매일 시 읽는 초딩 아빠" 같은 캐릭터가 더 기억에 남는다고 말한다. 자기계발 도서를 소개하는 블로거라면 "5년 동안 단 한 번도 작심삼일을 벗어나지 못한 K직장인" 같은 캐릭터를 제안한다(185-186쪽). 이는 언론인에게도 그대로 적용된다. 브랜딩된 기자 캐릭터는 '뉴스를 잘 읽는 사람'이 아니라, 특정 맥락과 서사를 가진 인물일 때 더 강하게 기억될 수 있다.

그런데 캐릭터는 브랜딩의 자산이기는 하지만, 동시에 제약으로 작동하기도 한다. 박대기는 자신이 유명해졌던 폭설 보도에서 형성된 '짠한 기자' 이미지가 공감을 얻는 데 도움이 된 동시에, "심각한 사안을 가볍게 다루지 않을까" 하는 우려도 낳았다고 전했다.

박대기(KBS): 폭설 방송사고로 유명해지고 나중에 생각해 보니, 시청자들이 짠한 기자의 모습에 공감했던 것 같다. 시청자들이 원하는 건 팩트 자체보다 공감의 요소라는 걸 그때 느꼈다. "우리 아버지도 저렇게 일하시겠다", "남편이 밖에서 일할 때 저럴 것 같아 짠했다" 같은 댓글이 많았다. 그 덕분에 제 이름을 기억해준 사람들이 생겼다. 그런데 그 사건이 브랜딩에는 오히려 제약도 있었다. 방송기자나 신문기자 모두 출입처와 부서 배치가 고정돼 있지 않다 보니, 제가 원하는 특정 분야에 꾸준히 집중하기 어려웠다. 부서를 자주 옮기며 배운 것도 많았지만, 한 분야의 전문성을 쌓기에는 불리했다. 이미지가 긍정적이어서 섭외를 할 때 도움이 되기도 했지만, 반대로 "이미지가 모호하다", "심각한 사안을 가볍게 다룰 것 같다"는 우려가 생긴 경우가 있었다. 댓글에서 "저 사람은 폭설 전문 아니었나. 경제는 잘 모르면서 왜 저런 얘기를 하느냐" 같은 반응을 보면 아쉬울 때가 있다.

김지헌과 박승호(2025)는 일관성을 '고인물이 되지 않는 선에서 변하지 않는 자기다움'으로 정의하며, 브랜딩에서는 모든 것을 포괄하려 하기보다 스스로 버리고 배제하는 과정을 통해 핵심 캐릭터를 선명하게 남기는 것이 중요하다고 말한다. 이근상(2023) 역시 일관성을 정적인 상태로 오해해서는 안 된다고 강조한다. 그의 말처럼 브랜드의 일관성은 항구에 정박해 멈춰 있는 배가 아니라, 환경 변화와 흐름에 흔들리지 않되 한 방향을 향해 계속 항해하는 배에 가깝다. 이를 종합하면, 언론인의 캐릭터 구축은 자신이 가장 잘할 수 있는 강점을 중심에 두되, 시청자·독자가 어떻게 인식하기를 원하는지를 고려하고, 조직이 요구하는 공적 책임의 범위를 벗어나지 않으면서도, 변화하는 환경 속에서 지속 가능한 루틴과 습관으로 유지될 수 있는 '움직이는 일관성'을 설계하는 작업이라고 할 수 있다.

(5) 이름을 앞세울 것인가, 브랜드를 앞세울 것인가: 기명 프로그램·채널 전략

'기자 이름을 전면에 내세울 것인가, 프로그램·채널·콘텐츠를 브랜드 전면에 둘 것인가'는 언론인 브랜딩에서 중요한 전략적 선택이다. 환경 전문기자 강찬수는 "새로운 내용, 생생한 걸 많이 올리면 다른 언론사들도 받아주고 논의를 확대할 수 있다"는 관점에서 자신의 얼굴과 이름을 더 많이 노출할 수 있는 칼럼보다 스트레이트 기사에 더 비중을 두었다. 이 경우 브랜딩의 초점은 기자 개인보다 그가 다루는 환경·기후 이슈의 의제화와 파급력에 있다. 강찬수와 마찬가지로 전문기자인 조동찬의 경우에는, 후배의 제안으로 자신의 이름이 포함된 기명 코너가 만들어졌고, 그로 인해 사람들에게 브랜드가 명확하게 인식되는 걸 체감한 경험을 들려줬다.

> **조동찬(전 SBS):** 사실 《SBS》 내부에서는 기자 개인을 브랜딩하고 너무 스타화하는 것을 별로 달가워하지 않는 그런 분위기가 있다. 그런데 〈8시 뉴스〉 부서에 있던 후배 한 명이 조동찬을 브랜드화해야 한다면서 제 이름을 코너명에 넣자고 말을 꺼냈다. 제가 먼저 얘기할 수는 없었는데 그 친구의 제의로 결국 성사가 됐다. 그 후로 제가 느낀 건 '조동찬의 건강라이프', '조동찬의 더 스페셜리스트' 이런 기명 코너가 알려지기 시작하니까 취재가 훨씬 쉬웠다.

방송사 간판 뉴스 프로그램의 앵커로 활동중인 조현용과 오대영은 '기명 프로그램·채널'을 어떻게 활용할 것인가에 대해 상반된 선택을 보여주는 대표적 사례다. 조현용은 "조현용의 ㅇㅇㅇ" 같은 개인 중심의 채널명을 지양하고, 자신이 영상에 등장하는 장면도 최소화하며 콘텐츠 브랜드를 전면에 내세운 〈소비더머니〉를 기획했다. 이러한 전략은 이후 그가 〈뉴스데스크〉 앵커로 이동하고서도, 진행자가 바뀐 〈소비더머니〉가 채널명 변경 없이 지속될 수 있는 결과로 이어졌다. 반면 《JTBC》 오대영은 〈오대영 라이브〉를 통해 프로그램명에 실명을 걸어 신뢰를 빠르게 구축하는 효과와 동시에 그만큼의 부담을 함께 경험했다. 제작진과 본인은 처음에 일반적인 제목을 선호했지만, 조직 차원에서 '인물 중심' 프로그램이 신뢰 형성에 유리하다는 판단이 이뤄졌다. 이후 그는 이름을 건 뒤 "한 점의 실수도 남기지 않겠다는 각오"가 생겼다고 회상했는데, 이는 기명 프로그램이 기자의 자기 규율과 콘텐츠 품질 관리를 강화하는 측면이 있음을 보여준다.

한편, 유튜브에서 채널을 운영중인 언론인들의 네이밍 전략을 살펴보는 것도 브랜딩을 고민하는 언론인들에게 참조가 될 것이다. 교육 콘텐츠를 제작하는 방종임은 기자 경력이 신뢰도를 높여주는 장점이 있지만, 동시에 "기자"라는 호칭이 크리에이터로서의 확장에 제약이 된다고 전했다. 이에 비해, 장윤선은 자신의 취재 스타일과 콘텐츠 철학을 적극적으로 채널명에 녹여 "취재편의점"이라는 고유한 브랜드를 구축한 사례다.

방종임(전 조선에듀): '기자'라는 타이틀에 국한되고 싶지는 않다. 처음엔 기자라는 정체성에서 출발했지만, 이제는 정보를 전달하고 강연으로 소통하는 사람이고 싶다. 다만 아무리 벗어나려 해도 결국 나는 기자더라. 그래서 요즘은 '기자'라는 직업이 나에게 어떤 의미인지, 다음 단계에서는 어떻게 정체성을 확장할지를 고민하고 있다. 기자의 가장 큰 장점은 마감을 지키는 습관이다. 오랜 기간 체득된 리듬 덕분에 주 2~3편을 채널에 꾸준히 올렸다. 이 지속성이 신뢰를 만들었다. 하지만, "교육대기자"라는 채널명 안에 "기자"가 포함돼 있다 보니, 유튜브 크리에이터로서는 시청자들에게 거리감 같은 것을 만들기도 하는 듯하다. '기자'라는 단어가 갖는 고정관념이 약간의 걸림돌이 된달까. 게다가 이제 채널명이 많이 알려져 버려서 이름을 바꾸기도 어렵다.

장윤선(전 오마이뉴스): "취재편의점"이라는 채널명은 '취재'와 '편의점'을 접목해 만든 것이다. 취재, 특히 기획되지 않은 현장을 찾아가는 방식의 '취재'는 내 트레이드마크였고, '편의점'은 시사·정치 정보를 쉽고, 편하고, 싸고, 언제 어디서나 접할 수 있게 하자는 뜻이다. 모두가 편의점을 이용하지 않나. 그래서 '취재'와 '편의점'을 접목해 "취재편의점"을 만들었다. 몇몇 분께 의견을 물었더니 "너무 장윤선스럽다"는 반응이 나왔다. 그렇다면 이걸 브랜드로 쓰자고 결정했다.

위 사례는 김콜베/김성민(2025)이 말하는 콘셉트와 에센스를 정제한 뒤 이를 묶는 네이밍 과정과도 닿아있다. 그는 머릿속에 떠다니던 수많은 생각들 가운데 핵심이 되는 단어 조합인 '에센스(essence)'를 중심으로, 브랜드 철학과 앞으로 만들어갈 실체를 하나로 묶는 단어를 찾는 과정이 바로 브랜드 네이밍이라고 설명한다. 또한 좋은 브랜드명을 평가할 때, 시각적 인상(Appearance), 경쟁사 대비 차별성(Distinctive), 장기 목표를 반영하는 깊이(Depth), 인간적 성격(Humanity), 포지셔닝 적합성(Positioning), 어감과 발음(Sound), 에너지(Energy), 화제성(Viral Effect), 로고화 가능성(Trademark)을 고려해야 한다고 제안했다. 본 연구의 인터뷰 참여자들이 만든 브랜드명 〈취재편의점〉, 〈소비더머니〉, 〈커리업〉, 〈올댓스타〉 등은 이 기준을 상당 부분 충족시키는 사례라고 볼 수 있다.

가죽공예 전문 크리에이터 레베기(2025)의 채널 네이밍 전략 역시 언론인의 채널명 설계에 시사점을 준다. 그는 자신의 채널명 "이상한 아뜰리에"에 "이상한"이라는 수식어를 넣어 다소 엉뚱한 작품을 선보이더라도 시청자가 "아, 채널명이 이상한 아뜰리에였지!"라고 자연스럽게 받아들일 수 있도록 완충 장치를 마련했다(32-33쪽). 동시에 채널명에 "가죽"이라는 단어를 넣지 않아 향후 콘텐츠 확장(예를 들어, 금속, 나무 등 다른 소재를 다루는 콘텐츠)에 제약을 두지 않았으며, 무엇보다 검색 결과에서 동일 명칭을 피함으로써 검색·마케팅 비용을 줄이는 전략을 구사했다.

(6) 1인 플레이와 팀플레이의 하이브리드: 지속 가능한 제작 시스템 설계

마지막으로, 브랜딩된 콘텐츠를 지속적으로 생산하기 위해서는 어떤 업무를 1인이 담당하고, 어떤 부분을 팀 기반으로 운영할 것인지에 대한 전략적 판단이 필요하다. 성한용은 여러 메신저 대화방에서 정보를 주고받는 일을 제외하면 "알바생도 하나 없는" 완전한 1인 운영 구조를 유지하고 있다. 그는 타 언론사의 팀 시스템은 특정 인원이 이탈할 경우 전체 구조가 흔들릴 위험이 있지만, 혼자 운영하는 방식은 이러한 구조적 리스크가 적어 "오히려 지속이 가능하다"고 봤다. 반면 조동찬은 방송 보도의 특성상 "혼자서는 할 수 없다"고 강조하며, 학계·정부·기업 등 취재 영역을 팀원 간에 분담하고, 자신이 전문가로서 배운 내용을 팀원에게 전수하는 방식으로 집단 지식과 전문성을 확장했다고 설명했다. 김은지는 "주간지 기자 일은 개인 플레이지만, 방송은 철저한 팀플레이"라고 전했다. 이는 텍스트와 영상 플랫폼의 특성에 따라 요구되는 인력 구조가 다르며, 언론인 브랜딩 또한 그 구조가 제공하는 제약과 가능성 안에서 설계되어야 함을 보여준다.

특히 지속 가능한 제작 시스템을 구축하는 과정에서, 전문 인력을 적재적소에 배치하는 '전략적 팀 구성'의 중요성도 간과해서는 안 된다. 안진용이 방송 심의를 잘 아는 외주 제작사 출신 PD와 협업해 심의 기준에 맞는 콘텐츠를 제작한 사례, 구교형이 방송사 출신 CP의 노하우를 통해 채널을 안정적으로 정착시킨 사례, 그리고 박지윤이 〈커리업〉에서 개발자·디자이너·사진기자와 한 팀을 이루며 강한 시너지를 경험한 사례는 모두 전문성 기반의 인력 운용이 브랜딩 자체와 그 성과에 직접적인 영향을 미친다는 점을 보여준다.

안진용(문화일보): 함께 일하는 PD와의 협의를 거친다. 그 PD는 지상파와 종편의 외주 제작 경력을 갖고 있어 방송 심의 체계를 잘 이해하고 있다. 방송사에서 가장 두려워하는 것은 심의이며, 벌점이 누적되면 재승인 과정에 문제가 생긴다. PD가 이러한 심의 기준을 적용해 제작 과정에서 여러 부분을 걸러낸다.

구교형(경향신문): 경력직으로 우리 회사에 합류한 《KBS》 출신인 조유정 CP가 '보이는 라디오' 형태의 유튜브 제작 경험을 가지고 있어서, 방송 셋업을 맞춤형으로 구성해 주신 덕분이 컸다. 그 노하우와 경험을 전수받은 것이 초기 안착에 큰 도움이 되었다. CP가 방송사에서 기자들과 협업을 많이 했고, 〈홍사훈의 경제쇼〉처럼 기명 프로그램을 여럿 만들었다. 그 경험에 따라 내 이름을 타이틀에 넣자고 제안했고 회사도 수용했다.

박지윤(한국일보): 〈커리업〉이 단순 콘텐츠를 넘어 하나의 버티컬 브랜드로 성장하기 시작한 시점은 개발자·디자이너가 합류하고 홈페이지를 따로 만들며 커뮤니티 구축까지 함께 추진했을 때였다. 그런데 2024년 조직 개편으로 버티컬 미디어 팀을 뉴스룸 안으로 옮겨 전문데스크를 두는 결정이 이뤄졌고, 나는 팀과 헤어질 수밖에 없었다. 예전에 개발자·디자이너·사진기자가 한 팀으로 일할 때 훨씬 강한 시너지가 났다.

아직 저연차 기자이지만 텍스트 매체 경험이 있는 《제주MBC》 이따끔 역시, 텍스트와 방송 매체 둘 다 몸담아 본 입장에서, 방송 제작이 협업을 전제로 한다는 점을 누구보다 잘 이해하고 있었다. 그는 본사 디지털 콘텐츠팀이 자신의 리포트를 묶어 클립으로 제작해준 경험을 들려줬다. 이는 개인의 역량이 조직의 지원과 맞물릴 때, 브랜딩의 효과가 훨씬 크게 확장될 수 있음을 보여주는 사례다.

이따끔(제주MBC): 돌아보면 신문기자로 일할 때는 혼자 일하는 시간이 대부분이었다. 데스크와의 기사 논의를 제외하면 현장도, 기사 작성도, 출입처 활동도 대부분 혼자였다. 방송은 협업해 결과물을 만드는 경우가 많아 제 적성과 맞는다고 느꼈다. '따끔한 현장 고발'은 《제주MBC》가 만든 리포트 묶음 클립인데, 알고 보니 서울 본사의 디지털 콘텐츠팀에서 먼저 제안해, 데스크와 협의해 저를 활용한 뉴스 모음집을 제작하고 썸네일까지 만들어 주셨다. 그런 시도들이 무척 고마웠다. 뉴스는 많이 봐줄수록 의미가 커진다고 생각한다.

종합하면, 지속 가능한 언론인 브랜딩은 '1인 플레이'와 '팀플레이' 사이에서 최적의 균형점을 찾는 문제와 맞닿아 있다. 어떤 크리에이터는 혼자서도 유지 가능한 최소 구조를 통해 민첩함과 지속성을 확보하고, 또 다른 크리에이터는 전문 인력과의 협업을 통해 콘텐츠의 품질과 범위를 확장한다. 텍스트·영상·디지털 플랫폼이라는 매체적 조건에 따라 요구되는 인력 구성과 제작 방식이 달라지기 때문에, 브랜딩 전략 또한 그 구조적 제약과 가능성 안에서 설계될 필요가 있다. 결국 브랜드를 지속시키는 힘은 개인의 역량, 조직의 자원, 그리고 이를 연결하는 유연한 제작 시스템이 얼마나 정교하게 맞물리는가에 의해 크게 좌우된다고 할 수 있다.

2) 채널 운영 및 플랫폼 대응

언론인 브랜딩에서 채널 운영과 플랫폼 대응은 '어디서, 어떤 방식으로 말하느냐'의 문제다. 지면과 방송이 중심이던 시절과 달리, 오늘날 언론인은 포털, 유튜브, 뉴스레터 등 복수의 공간에서 동시에 자신의 이름을 관리해야 한다. 이 과정에서 단순히 글을 잘 쓰는 능력만으로는 충분하지 않으며, 플랫폼별 이용자 생태와 알고리즘 특성, 포맷 문법을 이해하고, 자신의 콘텐츠를 어떤 구조와 경로로 유통시킬지에 대한 전략이 필수 조건이 된다. 이 절에서는 언론인 브랜딩을 위한 채널 전략과 플랫폼 대응 방식을 5가지 소주제별로 구분해서 살펴보고자 한다.

(1) 플랫폼 생태 이해와 주제 포지셔닝

언론인의 브랜딩은 더 이상 지면이나 TV 화면에서만 형성되지는 않는다. 특히 유튜브와 포털을 중심으로 한 디지털 플랫폼 환경에서는, 얼마나 잘 쓰느냐만이 아니라 해당 플랫폼의 알고리즘, 이용자의 행태, 시각적 문법을 어디까지 이해하고 반영하느냐가 곧 브랜딩 전략의 일부가 된다. 특히 유튜브 생태계에서는 어떤 주제·형식으로 먼저 자리잡느냐(선점 효과), 그리고 그 주제를 얼마나 오래 확장 가능한 축으로 가져가느냐가 중요하다. 동시에 알고리즘이 작동할 수 있을 만큼 채널의 정체성이 선명하게 드러나야 한다는 점도 간과할 수 없다. 이러한 플랫폼 이해와 주제 포지셔닝의 문제는 유튜브에서 개인 채널을 운영해 온 방종임과 안진용의 답변에서 구체적으로 드러난다.

방종임(전 조선에듀): 유튜브에서는 선점 효과가 결정적이다. 포화 시장에 뒤늦게 들어오면 아무리 잘해도 각인 효과가 약하다. 교육 기자 중 뛰어난 재능을 가진 이라도 '교육만'으로는 어렵다. 자신만의 축을 가진 채널이어야 가능성이 생긴다. 그래서 나 역시 유튜브를 하면서도, 동시에 유튜브 바깥으로 어떻게 확장할지를 고민하고 있다. 스페셜리스트가 초기에 주목받을 수 있으나, 그 상태에 머무르면 금세 한계에 부딪힌다. 지속하려면 새로운 매력이 계속 나와야 한다. 말투, 목소리, 비주얼 등 '보이는 요소'도 영향을 준다. 이 조건을 모두 갖추기는 쉽지 않다. 유튜브는 따라 하기 쉬운 플랫폼이라 경쟁은 늘 존재한다. 초창기에는 오은영 박사님처럼 다른 채널에서 보기 힘든 분들을 모셔서 주목을 받았지만, 이제는 그분들도 유튜브에 익숙해져서 여러 채널에 출연한다. 그래서 지금은 단순한 섭외력보다 기획력과 콘텐츠의 매력도가 훨씬 중요하다.

안진용(문화일보): 유튜브 채널의 알고리즘은 "이 채널이 어떤 주제를 다루는가"가 매우 선명해야 작동한다. 《문화일보》 채널은 기본적으로 정치 콘텐츠 위주로 운영돼 왔다. 누가 의도한 건 아니더라도 알고리즘상 정치 채널로 분류돼 있다. 구독자층도 정치 뉴스에 관심 있는 사람들이 대부분이다. 그런 상황에서 내가 들어가서 갑자기 엔터테인먼트 이야기를 하면, 그걸 관심 있게 볼 리가 없다. 내 채널 구독자 55만 명이 모두 내 '팬'이라고는 생각하지 않는다. 구독자 대부분은 자신이 관심 있는 이슈가 나올 때만 찾아보는 사람들이다. 실제로 매번 챙겨보는 핵심 시청자층은 전체의 20% 미만, 약 10만 명 정도라고 본다. 그래서 나는 착각하지 않으려 한다. 이 채널은 나를 좋아하는 사람들이 모여 있는 게 아니라, 그들이 관심 있는 사람과 사건을 내가 다루기 때문에 찾아오는 곳이다.

텍스트 중심으로 활동해 온 기자가 방송이나 영상 플랫폼에서 '얼굴이 보이는 존재'로 전환될 때, 브랜딩 양상은 크게 달라질 수 있다. 영상은 표정·목소리·제스처까지 동시에 각인시키며 인지도를 빠르게 높일 수 있기 때문이다. 하지만 텍스트 매체 기자들에게 영상화는 단순한 포맷 전환이 아니라, 취재의 밀도와 자연스러움을 해치지 않으면서도 파급력을 높일 수 있는 방식을 찾아야 하는 어려운 선택지이기도 하다. 한편 방송기자들은 유튜브와 숏폼 중심의 생태계 속에서 자신의 발언이 문맥과 분리된 채 자극적으로 소비되는 위험을 경험하며 또 다른 고민을 안고 있다.

안진용(문화일보): 어떤 사람의 이름을 들었을 때 즉시 특정 주제나 사건이 떠오른다면, 그것이 진정한 브랜딩이다. 하지만 기사만으로는 그런 연상이 어렵다. 안타깝게도 지금은 얼굴과 이미지가 노출되는 플랫폼, 즉 영상 중심의 미디어 환경으로 이동한 시대다. 기자도 얼굴이 시각화되고, 대중이 인식할 수 있어야 브랜딩이 가능하다. 예를 들어 〈체헐리즘〉 남형도 기자는 고유한 콘텐츠로 자신을 명확히 브랜딩했지만, 그의 브랜딩이 더 강화된 계기는 〈유퀴즈 온더블럭〉 출연이었다고 본다. 방송을 통해 얼굴이 노출되고, 그 사람의 이미지가 시각적으로 각인되었다.

남형도(머니투데이): 영상화에 대한 고민이 많았다. 회사에서도 영상을 하자고 제안했지만, 나는 취재의 깊이가 더 중요하다고 생각했다. 체험 취재의 가장 큰 장점은 어느 순간 취재원이 지금 인터뷰 중이라는 사실을 잊을 만큼 몰입하는 데 있다. 그런데 카메라가 켜지면 그 긴장감 때문에 자연스러움이 사라진다. 그게 영상화를 못 한 가장 큰 이유였다. 나중에는 필요성을 느꼈지만, 회사 영상팀과의 협업이 기대만큼 맞지 않았다. 현장 지원이 부족했고 결과물의 완성도도 만족스럽지 않았다. 그런 상황에서 억지로 영상을 내보내느니 차라리 하지 않는 게 낫다고 판단했다. 물론 영상의 필요성은 여전히 느끼고 있다. 예전에 내가 쓴 기사 중 하나를 어떤 유튜버가 쇼츠로 만들어 올린 것이 280만 조회가 나오는 걸 본 적 있다. 그때 "이제는 영상이 메인 플랫폼이구나" 하는 생각이 들었다. 직접 촬영과 편집까지 하는 걸 고려했지만, 기사 작성만으로도 품이 커서 실행하지 못했다.

오대영(JTBC): 지금의 미디어 환경, 특히 유튜브 쇼츠 같은 플랫폼에서는 발언의 일부만 발췌해 자극적으로 소비한다. 맥락 전체가 아닌 일부만 부각되기 때문에 왜곡이 생긴다. 예를 들어 내가 여러 가지를 말했을 때 A 부분만 뽑아서 "오대영의 분노" 같은 제목으로 영상이 돌아다닌다. 처음엔 저작권 위반으로 신고할까 고민했지만, 뉴스는 공공재이고 한편으론 나를 홍보하는 효과도 있었다. 그러나 한쪽 이미지로만 고착될까 봐 위기감을 느끼기도 했다. 미디어 환경과 정치적 양극화가 복합적으로 작용하고 있다고 본다.

유튜브 채널 성장의 핵심 지표가 무엇인지에 대한 논의는 레베기(2025)의 분석에서 중요한 단서를 얻을 수 있다. 레베기는 구독자가 초기 클릭률(CTR: Click-Through Rate)을 높이는 데 기여하는 것은 사실이지만, 알고리즘이 영상을 '계속 추천할지'를 결정하는 진짜 기준은 결국 '시청 지속 시간'이라고 강조한다. 즉 영상 콘텐츠의 성패는 얼마나 오래 보게 만드는가에 달려 있다는 것이다. 여주엽(2025)이 지적하듯 대부분의 플랫폼은 체류 시간이 길수록 콘텐츠 품질이 높다고 판단해 노출을 확대하기 때문에, 크리에이터는 시청자가 끝까지 머물고 싶어 하는 구성 요소를 정교하게 설계해야 한다. 이러한 진단은 봉지욱이 현장에서 체감해 온 현실과도 정확히 맞물린다. 초기 노출은 구독자 기반에서 만들어지지만, 채널의 장기적 확장성은 결국 콘텐츠 자체의 몰입도와 시청 지속 시간을 끌어내는 힘에서 비롯된다는 점에서다.

봉지욱은 나아가 텍스트 소비 감소의 흐름을 지적하며, 언론도 플랫폼의 논리에 맞춘 전략 재설계가 불가피하다고 지적했다. 구교형 역시 언론사 유튜브가 맞서야 하는 경쟁 상대가 이제는 타사 채널을 넘어, 생업의 절박함을 기반으로 움직이는 비 언론인 크리에이터들까지로 확장되었다고 진단했다. 지면과 달리 유튜브는 정답지가 없는 공간이기 때문에, 시청자가 요구하는 방식으로 포맷과 언어를 조정해야 하며, 기존의 글쓰기 관행이나 정파성에 대한 성찰 또한 필요하다는 것이다.

봉지욱(전 뉴스타파): 유튜브 지표 중 핵심은 구독자 수가 아니라 조회수이며, 그보다 중요한 것은 체류 시간이다. 오래 보는 '열독률'이 중요하다. 제 채널의 경우 장시간 시청도 있지만, 더 중요한 것은 신규 시청자의 지속적인 유입이다. 누적되는 신규 유입이 채널 성장에 결정적이다. 현실을 봐야 한다. 사람들은 글을 잘 읽지 않는다. 바람직하냐와 별개로 현상이 그렇다. 문해력 저하 문제는 학자들이 다룰 주제다. 현상이 이렇다면 언론은 이에 맞춰 대응해야 한다. 지금 채널들은 서로 비슷하다. 절반은 사라질 거라고 본다. 그 사이에서 아이디어와 형식 변화로 승부해야 한다.

구교형(경향신문): 언론사 유튜브가 자꾸 실패하는 이유를 생각해 보면, 경쟁 상대가 타사 유튜브만이 아니라는 사실이 중요하다. 기자가 아닌 이들이 진행하는 방송도 많다. 왜 언론사 유튜브보다 그들의 유튜브가 더 잘될까? 이유는 간단하다. 그들은 생업이라 더 절박하다. 언론사에서 "밤에 라이브를 하자"고 하면 찬성할 사람이 많지 않다. 대부분 규칙적 일과를 전제로 하기 때문이다. 또 브랜딩에는 기본 시료가 필요하다. 사람들이 관심을 가져야 인지된다. 신문 기사에서는 '답안지'가 비교적 명확하다. 그러나 유튜브에서는 그 '답안'을 그대로 쓰기 어렵다. 결국 수요자가 원하는 방송을 해야 한다. 때로는 지면에서 '낯 뜨거워서' 못 하는 얘기도, 유튜브에서는 필요하다. 나는 심지어 신문이 스스로의 '정파성'에 대해 다시 생각할 필요가 있다고 본다. '우리 신문을 보지 않는 사람'을 위해 글을 쓰는 관행에 의문이 생겼다. 방송을 하면서 그 생각이 더 강해졌다. 우리 독자를 고려하지 않는 글쓰기라면, 그들이 《경향신문》을 볼 이유가 있는가? 선후배들과 이 문제를 자주 논의한다.

레베기(2025)는 이러한 플랫폼 생태 이해와 주제 포지셔닝의 고민을 한층 더 구조적으로 설명해 준다. 그는 성공적인 콘텐츠의 출발점이 결국 '대중화', 즉 시청자의 취향과 관심사를 정확히 포착하는 능력에 있으며, 아무리 완성도가 높아도 대중성을 놓치는 순간 성장의 한계에 부딪힐 수밖에 없다고 지적한다. 또한 유튜브가 미드폼·롱폼 중심으로 성장해 온 것은 사실이지만, 짧고 강렬한 콘텐츠에 대한 시청자 선호 흐름과 짧은 영상에 유리한 바이럴 알고리즘의 결합으로 인해 생태계가 점차 숏폼 중심으로 이동하고 있는 현실을 인정해야 한다고 강조한다. 여기에 여주엽(2025)의 분석을 더하면 현재의 숏폼 중심 전환을 더 입체적으로 해석할 수 있다. 그는 유튜브가 쇼츠 도입 이후 숏폼을 대량 노출 정책으로 밀고 있으며, 이는 기존 알고리즘 흐름과 부분적으로 독립적인 트래픽 회로를 형성한다고 설명한다.

물론 모든 콘텐츠를 숏폼화하는 것이 바람직하거나 효과적이지는 않지만, 언론사나 언론인 채널 또한 스토리를 압축해 전달할 수 있는 새로운 형식에 대한 연구와 실험을 시도할 유연성은 필요해 보인다. 이때 염두에 두어야 할 점은 여주엽(2025)이 강조했듯 숏폼은 단순한 축약이 아니라, 플랫폼 소비 패턴에 맞게 재편집하거나 애초부터 새롭게 기획될 필요가 있다는 것이다. 숏폼 콘텐츠를 전체 영상 공개 전에 예고(프리뷰)처럼 먼저 배포하거나(예: 숏폼 → 롱폼 → 무편집본), 본 영상에 담지 못한 비하인드용으로 활용하는 등의 방식으로 제한적 범위 내에서는 충분히 시도해 볼 만하다. 다행히 유튜브가 2024년 10월 15일부터 최대 3분 길이의 영상까지 쇼츠로 분류하기 시작하면서, 압축 과정에서 맥락이 손실될 거라는 우려는 일정 부분 해소할 수 있게 되었다.

(2) 적합한 포맷 찾기와 멀티 포맷 전략

플랫폼 환경이 다변화되면서 언론인의 채널 운영 전략은 자연스럽게 두 갈래로 확장된다. 첫째는 각 플랫폼의 문법에 맞는 '핵심 포맷'을 어떻게 설정할 것인가, 둘째는 하나의 아이디어를 여러 형식으로 재가공하는 원소스멀티유즈(OSMU) 전략을 얼마나 정교하게 설계할 것인가이다. 레베기(2025)가 지적하듯 플랫폼이 바뀌어도 궁극적으로 승부를 가르는 것은 '콘텐츠 생산 능력'이며, 블로그에서 이미 자신만의 문법을 구축한 이들이 유튜브로 무리 없이 넘어갈 수 있었던 이유도 여기에 있다. 여주엽(2025)은 OSMU는 단순 복제가 아니라, 하나의 콘텐츠를 2차·3차로 확장해 새로운 가치를 창출하는 전략이라고 강조한다. 그에 따르면, 롱폼에서 하이라이트를 추출해 숏폼으로 만들거나, 비하인드·감독판·리뷰 등 파생 콘텐츠를 제작해 다른 플랫폼으로 순차적으로 배포하는 방식이 이에 해당한다. 중요한 것은 플랫폼별 소비 패턴과 문법을 고려해 맞춤형으로 재구성하는 일이며, '숏폼 → 롱폼 → 무편집본'과 같은 단계적 업로드 전략도 그 연장선에 있다.

이러한 관점에서 보면, 신문·블로그·유튜브·뉴스레터 등 서로 다른 매체를 유기적으로 연결하는 OSMU 전략은 재활용을 넘어 브랜드 지속성을 유지하는 핵심 장치가 된다. 실제로 주성하는 지면-블로그-유튜브를 순환시키는 구조를 구축해 동일한 아이디어가 다양한 포맷을 거치며 확장되도록 했고, 강영운 역시 뉴스레터·

잡지 연재, 역사 코너를 길이와 깊이에 따라 재구성하며 복합적인 OSMU 생태계를 만들어냈다.

주성하(동아일보): 《동아일보》에서 저보다 오래 기명 칼럼을 쓴 사람은 거의 없다. 일반 기자에게 10년 넘게 칼럼을 맡기는 경우가 드물지 않나. 이틀에 한 번씩 꾸준히 썼다. 그렇게 계속 쓴 이유는 칼럼만으로 끝나는 것이 아니라 블로그에도 올릴 콘텐츠가 필요했기 때문이다. 기왕이면 칼럼을 쓰고 다듬어 블로그에도 올리는 식으로 활용했다. 콘텐츠기획본부로 오면서 조금 여유가 생겼고, 유튜브 콘텐츠도 만들어야 하니 자연스럽게 작업량이 더 늘었다. 최근에는 〈주성하의 북토크〉라는 코너로 일주일에 한 번 기사를 쓰고 있다. 유튜브를 하려면 기반이 되는 콘텐츠가 필요하니, 북토크에서 만든 원고를 유튜브에도 활용한다. 어차피 무언가 계속 만들어야 해서, 한 번 만든 콘텐츠를 여기저기 연계해 쓰는 방식이다.

강영운(매일경제): 《매경이코노미》에 연재하는 〈야! 한 생각〉은 〈사색〉 원고를 먼저 30매 정도로 작성한 뒤 17매로 압축해 싣고, 같은 주제를 다시 확장·보강해 〈사색〉으로 재가공하는 구조다. 이른바 원소스멀티유즈 방식이다. 〈히코노미〉는 격주로 나가며 〈사색〉과 교대로 게재한다. 결과적으로 4주에 4편을 작성하는 셈이다. 〈사와닉값〉은 뉴스레터 말미 '오늘의 디저트' 코너에서 간단히 풀어내는 짧은 역사 이야기들을 바탕으로 플랫폼을 전환해 전개하는 연재다. 요약하면, 주 업무인 뉴스레터 작성과 연재 관리에 더해 OSMU로 효율을 높여 전체 볼륨을 유지한다.

서로 다른 포맷을 넘나들며 제작 방식의 차이를 직접 경험한 언론인들은, 이 과정 자체가 향후 디지털 전환과 채널 운영에서 중요한 자산이 되었다고 말한다. 라디오·TV·유튜브는 내용은 비슷할 수 있어도 표현 방식, 제작 시스템, 시청자의 반응 구조가 전혀 다르다. 때문에 포맷 전환을 경험한 기자들은 단순히 '출연 영역이 넓어진 것'이 아니라, '플랫폼별 문법'을 몸으로 익히며 브랜딩의 폭을 넓히는 기회를 얻는다. 라디오와 TV를 병행한 김현정의 경험이 이후 유튜브 제작의 기반이 되었던 것, 라디오 고정 출연을 통해 축적한 김은지의 인지도와 전달 경험이 다시 사내 유튜브 라이브로 이어지며 선순환 구조를 만들었던 것 등이 이에 해당하는 사례다.

김현정(CBS): 긴 기간은 아니었지만 타 방송사 TV 프로그램 진행은 회사가 승인해줘서 할 수 있었고, 나로서는 한 프로그램 진행을 너무 오래 맡아서 생기는 정체 시기에 겪은 전혀 새로운 영역의 경험이었다. 다행히 주중에 내가 라디오에서 매일 라이브로 다룬 이슈들을 주말 TV 녹화에서 풀어내는 구조라 병행이 가능했다. 카메라 운용, 영상 편집, 삽입 자료 운용 등 TV 제작 시스템을 몸으로 익힌 건 큰 수확이었다. 그 경험이 지금 〈뉴스쇼〉 유튜브 제작에 큰 도움이 된다. 라디오와는 완전히 다른 세계라는 점을 체감했고, 당시에는 유튜브가 이렇게 커질 줄 몰랐지만 결과적으로 큰 자산이 됐다.

김은지(시사IN): 〈뉴스공장〉에 고정으로 출연해 매일 뉴스 브리핑을 하는 역할은 제안이 와서 시작했지만, 내가 하던 일과 완전히 다른 새로운 일은 아니었다. 매일 신문을 보는 제 일상과 맞닿아 있어 "조금 더 성실하게 전달한다"는 마음으로 도전한 것이다. 〈뉴스공장〉 등을 통해 쌓인 경험과 인지도가 사내 유튜브 라이브 진행으로 이어졌고, 회사 채널 성장에 기여했다. 나름의 선순환 효과가 형성된 것이다.

결국 언론인의 포맷 전략은 단순히 "어떤 플랫폼을 사용할 것인가"의 문제가 아니라, 각 포맷이 가진 표현 방식, 제작 시스템, 소비 문법을 이해하고 이를 하나의 브랜드 자산으로 흡수하는 과정이라 할 수 있다. 지면·라디오·TV·유튜브·뉴스레터를 가로지르며 아이디어를 순환시키는 OSMU 전략은 콘텐츠 생산의 효율을 높이는 동시에, 동일한 메시지를 여러 감각적 방식으로 각인시키는 브랜딩 장치로 기능한다. 더 나아가 서로 다른 포맷을 직접 경험하는 과정은 기자 개인의 전달력과 제작 이해도를 확장시키며, 이후 새로운 플랫폼으로 확장할 때도 탄탄한 기반이 된다. 즉, 포맷 다변화와 OSMU는 단순한 기술적 선택이 아니라, 변화하는 디지털 환경에서 언론인이 지속적으로 자신의 존재감을 유지하고 확장하기 위한 핵심 전략인 셈이다.

(3) 포털·플랫폼 구조를 활용한 노출 전략

한국의 텍스트 기자에게 포털(특히 네이버)은 여전히 가장 강력한 브랜딩 무대다. 정민호(2025)가 "제목에도 흐름이 있다"고 말하듯(161쪽), 포털은 단순히 기사가 나열되는 공간이 아니라, 제목, 문장 구조, 노출 지면의 트렌드가 실시간으로 변화하는 생태계다. 따라서 포털의 편집 규칙과 노출 알고리즘을 이해하고, 그에 맞는 제목, 도입부, 구성 전략을 세우는 일은 단순한 '클릭 장사'를 넘어 기자의 존재를 독자가 발견하도록 만드는 브랜딩 행위에 가깝다. 남형도가 기획 단계에서부터 포털 메인 편집 방식과 제목 글자 수까지 직접 분석해 도달력을 극대화하려 한 경험, 성수영이 네이버 알고리즘, 기자홈 구조를 활용해 대표 연재를 중심으로 '포털 내 브랜드 페이지'를 설계한 전략은 이러한 플랫폼 문법의 중요성을 잘 보여준다.

남형도(머니투데이): 포털 중심으로 전략을 짠 건 아니지만, 구조적으로 그렇게 될 수밖에 없었다. 독자 대부분이 언론사 홈페이지가 아니라 포털을 통해 뉴스를 소비한다. 그래서 기획 단계부터 포털 노출 구조를 염두에 뒀다. 포털 메인에 어떤 기사가 걸리는지, 편집 화면의 제목 글자 수는 몇 자까지 허용되는지까지 직접 세어봤다. 제목, 부제, 첫 문단의 문장 수까지 계산하면서 "어떻게 하면 더 많은 사람이 기사를 보게 할 수 있을까"를 고민했다. 브랜딩을 위한 계산이라기보다, 기사의 '도달력'을 높이기 위한 기술적인 고민이었다. 방송기자들이 유튜브를 주 채널로 삼듯, 우리 같은 텍스트 기자는 포털 구조 안에 갇혀 있을 수밖에 없다.

성수영(한국경제): 기사 노출은 네이버 알고리즘의 영향을 많이 받는다. 일정 시점부터는 언론사가 직접 픽(Pick)하지 않아도 네이버가 기자의 구독자 수나 분야를 기준으로 기사를 추천하는 구조가 생겼다. 그런데 추천 창에 한 개 기사만 뜨기 때문에 일상 기사 비중이 높으면 오히려 구독자 증가에는 불리하다. 그래서 전략적으로 조정했다. 토요일 연재가 올라오면 그 주의 다른 기사들은 기자홈에서 모두 내리고, 다음 주 토요일에 새 칼럼이 업데이트되면 다시 그 연재만 올리는 식이다. 기자홈에 들어온 독자가 〈그때 그 사람들〉만 집중적으로 보도록 세팅하는 것이다.

브랜딩 성과를 가장 직접적으로 보여주는 지표는 기자홈 구독자 수다. 사실상 내 이름을 확실히 드러낼 수 있는 가장 강력한 수단이다. 그래서 포털, 특히 네이버에 초점을 맞춰 전략을 짰다. 다음은 구독 시스템이 없기 때문에 기사 하단에 항상 '네이버 구독하기' 링크를 붙여 다른 플랫폼 독자라도 네이버로 유입되도록 했다. 요컨대 '뉴스 소비의 중심은 네이버'라는 판단이 분명했고, 그 인식 위에 브랜딩 전략을 구축했다.

네이버가 여전히 텍스트 뉴스 소비의 중심 플랫폼이라는 점에는 많은 언론인이 공감하지만, 그 구조 안에서도 각 매체와 기자는 서로 다른 방식으로 전략을 조정하고 있다. 일부는 네이버 노출이 가져오는 도달력과 인지도를 적극 활용하기도 하지만, 동시에 과도한 플랫폼 의존에서 벗어나기 위한 실험을 병행하기도 한다. 강영운이 속한 《매일경제》의 '선공개 실험'은 네이버 트래픽이 압도적인 현실을 인정하면서도, 자사 플랫폼의 경쟁력을 끌어올릴 여지를 찾기 위한 시도라 볼 수 있다. 박대기는 네이버가 기자 개인을 '스타'로 육성하려 했음에도 구조적 한계로 인해 기대만큼 효과가 나지 않았다고 지적하며, 포털 기자홈 기반의 브랜딩이 갖는 현실적 제약을 언급했다.

강영운(매일경제): 대외적인 네임밸류 확장은 네이버 노출 덕분이 컸다. 동시에 회사는 자사 트래픽을 강화하기 위해 '로그인 월'을 도입해 화요일 선공개를 운영한다. 토요일에 네이버에 공개되면 《매일경제》 홈페이지의 잠금은 해제한다. 체감 비중은 대략 네이버와 자사 홈페이지가 9대 1 정도다. 다만 주제 적합성에 따라 역전 사례도 있었다.

박대기(KBS): 네이버 내부에서 유튜브에 밀리며 어려움을 겪는 이유를 분석했는데, 유튜브는 개별 창작자 중심의 플랫폼이고, 네이버뉴스에는 그런 '개인 스타'가 없다는 결론을 냈다고 하더라. 그래서 네이버도 기자 개인을 '스타 기자'로 육성해 구독자를 늘리려는 전략을 세웠다. 하지만 실제로는 그게 잘 작동하지 않았다. 네이버 내부에서도 뉴스 구독 서비스를 점차 하향 산업으로 보고 있는 분위기다. 네이버 기자홈에서의 개인 브랜딩은 생각보다 큰 효과는 없다. 2만 명 이상, 3만 명 이상의 구독자를 가진 기자들이 몇 분 있긴 하지만, 아주 극소수다. 대부분은 체험 수준에 그치고 있다.

결국 포털을 활용한 브랜딩 전략은 '네이버 중심 생태계'라는 구조적 조건 속에서 각 언론인과 매체가 어떤 선택을 하느냐에 따라 성격이 달라진다. 포털 문법을 정밀하게 이해해 노출 효과를 극대화하는 접근도, 자사 플랫폼의 자생력을 높이려는 실험도 모두 그 환경에 대한 대응 방식이다. 공통적으로 드러나는 사실은 포털이 여전히 강력한 영향력을 갖고 있지만 그 내부에서도 전략의 유효성은 기자별·매체별로 다르게 작동하며, 그 차이를 읽는 감각이 곧 브랜딩 역량으로 이어진다는 점이다.

(4) 소통 도구의 양면성과 선택적 활용

플랫폼이 다양해질수록 기자가 활용할 수 있는 소통 도구도 댓글, 기자홈의 '기자톡', 유튜브 커뮤니티 등으로 확장되고 있다. 앞 절 "1. 언론인 브랜딩 성공 사례의 공통 요인"에서 상세히 살펴봤듯이, 실제로 많은 언론인이 이러한 도구들을 적극 활용하며 독자·시청자와의 소통을 통해 콘텐츠 품질을 높이는 전략을 구사하고 있다. 그러나 이 도구들은 브랜딩을 강화하는 수단이 되기도 하지만 동시에 불필요한 소모를 낳는 부담이 되기도 한다. 오히려 "어떤 소통은 하지 않을 것인가"를 선택하는 것 역시 브랜딩 전략의 일부일 수 있다. 결국 핵심은 "얼마나 소통할 것인가"가 아니라, 각 도구의 성격과 효과를 파악해 자신의 콘텐츠, 업무 형태와 조응하는 방식을 선택적으로 조율하는 데 있다. 성수영은 독자와의 소통에 거리를 두는 이유를 솔직하게 밝혔다.

성수영(한국경제): 기자가 기사 외의 말로 자주 소통하는 건 좀 어색하다고 생각한다. 다른 기자들 사이에서도 그런 걸 하면 "후져 보인다"는 인식이 있다. '기자 톡'을 운영하면 댓글도 달린다고 들었는데, 그걸 관리하기도 어렵다. 예전에 경제부 시절 정책 기사를 쓰면 칭찬도 많지만 욕도 엄청나게 달렸다. 그때 그런 반응을 감당하는 게 쉽지 않았기 때문에, 지금은 굳이 다시 그런 경험을 반복하고 싶지 않다.

소통 도구의 활용은 기자에게 독자와의 접점을 넓혀주는 장점이 있지만, 동시에 플랫폼상의 노출된 반응이 곧바로 제작 과정에 영향을 미치는 부담으로 작용하기도 한다. 특히 유튜브처럼 조회수·반응 지표가 실시간으로 공개되는 환경에서는 소통이 단순한 피드백을 넘어 제작팀 전체의 심리와 판단에 직접적 압박으로 이어질 수 있다. 김현정은 이러한 플랫폼 반응의 양면성이 실제 제작 현장에서 어떤 긴장을 만들어내는지 구체적으로 언급했다.

김현정(CBS): 문제는 조회수다. 라디오는 분기마다 청취율만 확인하면 되지만, 유튜브는 클립을 올릴 때마다 성적표가 붙는다. 일주일 내내 뛰어다녀 목격자를 찾아낸 인터뷰가 늘 나오시는 평론가 클립에 비해 조회수가 10분의 1이면 제작진은 힘이 빠진다. 유튜브에는 장점도 있지만, 균형과 사명을 지키려는 팀에게는 그런 족쇄도 있다. 양면성을 인정하면서도 우리가 가야 할 길을 유지하려 한다.

결국 소통 도구는 많이 열어두는 것이 능사가 아니라, 기자마다 다른 업무 환경, 정서적 수용 범위, 콘텐츠 성격에 따라 전략적으로 선별해야 하는 자원이다. 누군가에게는 독자와의 긴밀한 교류가 브랜드 신뢰를 높이는 핵심 수단이 될 수 있지만, 다른 기자에게는 불필요한 감정 소모를 유발하거나 제작 판단을 흔드는 압력으로 작용할 수도 있다. 요컨대 소통 도구의 가치는 많이 사용하느냐 여부보다는, 자신의 브랜드와 제작 철학에 얼마나 맞게 조율하느냐에 달려 있으며, 이 선택적 활용 능력 자체가 오늘날 언론인 브랜딩 전략의 중요한 요소가 될 수 있다.

(5) 회사 채널 안의 메뉴 vs 독립 채널, 그리고 언론사 안/밖의 진로 전략

플랫폼 다변화는 언론인에게 단순히 "어디에 올릴 것인가"의 문제가 아니라, 어떤 채널 구조 속에서 자신의 브랜드를 구축할 것인가라는 전략적 선택으로 이어진다. 회사 공식 채널 안에서 하나의 메뉴로 자리잡는 방식, 독립 채널을 운영하는 방식, 더 나아가 언론사 내부 경력과 외부 활동을 어떻게 조율할 것인지까지도 모두 브랜딩 전략의 일부가 된다. 특히 조직의 기획 방향과 기자 개인의 콘텐츠 성향이 어긋날 때, 어떤 구조가 더 지속 가능하고 효과적인지에 대한 판단이 요구된다. 안진용의 경험은 이러한 고민을 상징적으로 보여준다. 회사 차원의 유튜브 프로젝트가 무산된 뒤 개인 채널을 시작했고, 이후 회사 공식 채널과 병행하게 되면서 두 채널의 성격과 성과가 확연히 갈렸기 때문이다.

> **안진용(문화일보):** 여러 가지 복잡한 이유로 회사 유튜브 채널이 무산되고 난 후 나는 개인 프로젝트 형태로 유튜브를 시작했고, 그게 지금의 〈올댓스타〉로 이어졌다. 이후 지난해부터 회사에서도 자체 채널을 만들어서 나는 거기서도 활동하고 있다. 그런데 내가 같은 주제를 다뤄도 〈올댓스타〉에서는 조회수가 높게 나오지만, 《문화일보》 채널에서는 거의 반응이 없다. 유튜브는 여러 주제를 섞으면 안 되고, 명확히 한 우물을 파야 한다는 걸 실감했다.

조직 채널과 개인 혹은 프로그램 단위 채널의 관계는 단순한 운영 방식의 선택을 넘어, 채널의 정체성을 어디에 둘 것인가라는 보다 본질적인 판단과 맞닿아 있다. 실제로 실험적 사이드 프로젝트가 일정 성과를 거두면서 독립 채널로 분리되기도 하고, 반대로 고유한 색을 유지하기 위해 조직의 흡수 제안을 거절하는 사례도 나타난다. 여주엽(2025)이 지적하듯 채널 정체성의 혼합은 알고리즘과 시청자 모두를 혼란스럽게 하고 결국 성장을 정체시킨다. 단, 채널 분리는 단순히 '새로운 돌파구'가 아니라, 주제의 일관성, 명확한 타깃, 충분한 팬덤, 추가 자원이라는 조건이 충족될 때 비로소 효과적일 수 있는 전략적 선택이다. 언론사 조직 내에서 이 문제는 더욱 복잡한데, 브랜드 정체성 유지와 조직의 자원 구조, 그리고 실험의 자율성이라는 요소들이 동시에 고려되어야 하기 때문이다. 조현용과 김현정의 경험은 이러한 고민이 실제 조직 내부에서 어떻게 구체화 되는지를 잘 보여준다.

조현용(MBC): 〈소비더머니〉 콘텐츠는 반응이 초기부터 뜨거웠다. 다만 처음엔 독립을 전제로 하진 않았다. "구독자 100만을 만든 뒤에 나가자"는 내부 목표가 있었다. 약 6~8개월 만에 〈소비더머니〉가 속한 〈14F〉 채널의 구독자가 100만을 넘었고, 그때부터 독립 이야기가 구체화됐다. 문제는 운영 경험이 전무했다는 점이었다. 협찬을 받거나 운영비를 조달하는 방식도 모두 새로 정립해야 했다. 조직 내부에서도 채널 독립은 처음 있는 일이었기 때문에 논의가 길었다. 하지만 "이 정도 반응이면 한 번 시도해볼 만하다. 안 되면 접으면 된다"는 판단으로 독립을 결정했다.

김현정(CBS): 〈뉴스쇼〉 채널을 중간에 회사에서 다른 채널들과 합치자는 제안이 있었다. 보도국 등과 묶으면 구독자 증가 속도는 빨라질 수 있지만, 색깔이 섞인다고 판단했다. 각 프로그램의 결이 다르니 〈뉴스쇼〉는 독립적으로 키우겠다고 거절했다. 지금 돌아보면 잘한 결정이라고 생각한다.

채널 운영 방식의 선택은 결국 언론사 안에 머물지, 독립할지를 가르는 진로 전략과도 맞물린다. 플랫폼 경쟁이 치열해질수록 기자 개인의 역량과 브랜드가 어디에서 가장 잘 발휘될지에 대한 판단은 더욱 복합적인 계산을 요구한다. 회사라는 조직이 제공하는 접근권, 취재 네트워크, 노출 인프라는 강력한 자산이지만, 동시에 조직 구조와 승진 체계, 업무량, 콘텐츠 실험의 제약은 독립을 고민하게 만드는 요인이 되기도 한다. 방종임의 사례는 이러한 현실적 고민이 어떻게 '독립 시도'로 이어지는지를 보여준다. 그는 섹션지 출신으로서 조직 내 승진 경로의 제한을 체감한 상태에서, 유튜브 개설 자체를 회사에서의 커리어 정리를 염두에 둔 전략적 선택으로 추진했다.

방종임(전 조선에듀): 유튜브를 만들 때 이미 퇴사를 염두에 두고 있었다. "지금까지 쌓은 걸 정리하자"는 마음이었다. 개인 유튜브를 병행하는 기자들이 늘고 있지만, 현실적으로 회사 업무와 유튜브를 동시에 잘하기는 어려워 보인다. 결국 둘 중 하나를 선택해야 한다는 의견에 대해 나도 동의한다. 어느 시점이 되면 몰입의 임계점을 체감한다. 더 나은 콘텐츠를 위해서는 선택이 필요하다. 시기 차는 있지만, 병행은 구조적으로 어렵다.

하지만 모든 언론인이 독립을 가장 효과적인 경로로 판단하는 것은 아니다. 앞서 방종임이 독립 채널 개설을 '커리어의 정리'로 계획·실행했던 것과 달리, 상당수 기자는 여전히 기자 신분이 제공하는 접근권, 노출 구조, 조직적 자원을 브랜딩의 핵심 자산으로 보고 있었다. 특히 정치·경제 분야처럼 취재 접근성과 신뢰 기반이 중요한 영역일수록, 독립 이후에 현재 수준의 영향력을 유지할 수 있을지에 대한 의문이 큰 것으로 보였다.

안진용(문화일보): 결국 내가 채널을 유지하는 이유는 내가 '기자'이기 때문이다. 궁금한 사안을 취재하려면 당사자에게 직접 전화해 질문하고 답을 받아내야 한다. 기자가 아니라면 누가 그렇게 할 수 있을까? '어느 채널 운영자'라는 이유만으로 누군가에게 직접 확인 전화를 하는 행동은 내 기준에서 합당하지 않다. 나는 취재와 팩트를 기반으로 채널을 운영해 왔다. 그런데 기자직을 내려놓는 순간, 그 기반을 유지할 수 있을지 자신이 없다.

성수영(한국경제): 회사 일은 하지 않고 내가 쓰고 싶은 것만 쓰는 건 많은 사람의 꿈일 거다. 하지만 계산기를 두드려보면 수지가 안 맞는다. 회사 밖으로 나가면 즐거움보다 고통이 크다는 결론이 섰다. 대부분에게 그럴 거라 본다. 지면의 영향력이 약해지면서 정치만 봐도 정론은 인기가 없고, 극단 성향의 유튜브가 돈이 되는 현실이다. 그런 시장에서 퀄리티를 지키며 지속하려면, 당장은 회사 그늘이 더 낫다. 선호와 노출은 다르다. 내 브랜드 파워, 수익, 영향력은 호감도보다 노출도에 좌우된다. 그 관점에서, 내 기사를 가장 크게 노출시키는 자산은 《한국경제》다. 기자들끼리 하는 농담으로, 우리가 가진 파워의 상당 부분은 '네이버에 글쓰기 버튼이 있다'는 사실에서 온다. 그 버튼이 사라지는 순간 나는 블로거나 일반 유튜버가 되고, 노출은 급격히 약해진다.

구교형(경향신문): 언론사 안에서 유튜브를 하는 강점은 기자의 직무 역량을 활용해 개인 크리에이터들이 할 수 없는 것을 할 수 있다는 점이다. 언론사 유튜브여서 가능한 접근을 바탕으로 더 정제되고 확실한 정보를 다룰 수 있다. 그 접근권이 사라지면 보도된 기사만 보고 현황을 불충분하게 이해할 수밖에 없는 상황이 생긴다. 저널리즘 틀 안에서 방송을 하려면 언론사라는 울타리를 벗어나는 선택은 위험 부담이 크고, 여러모로 잘될 가능성도 낮다고 판단한다. 만약 내가 '전직 기자 구교형'으로만 시작했다면, 패널들이 선뜻 출연했을까? 방송이 잘 되려면 오피니언 리더의 참여가 핵심인데, 《경향신문》이라는 틀이 없다면 전직 기자를 돕기 위해 기꺼이 와 주었을까 의문이다.

언론사를 떠난 이후의 선택지는 더욱 다층적이다. 자의든 외부 요인이든 조직을 벗어난 기자의 경우, 기존 매체가 제공하던 접근권과 발언 기회를 잃는 만큼, 개인 채널을 '플랫폼 자산'으로 확보하려는 전략이 두드러졌다. 이는 단순한 2차 창구를 마련하는 차원을 넘어, 퇴사 이후에도 탐사·검증·의제설정 기능을 수행할 수 있는 최소한의 기반을 확보하려는 시도다. 봉지욱은 이러한 관점에서 "기자에게 개인 채널은 하나의 생존 자산"이라고 강조하며 독립 이후의 지속 가능성을 설명했고, 장윤선은 개인 채널을 구축하는 과정에서 느꼈던 현실적 어려움과 두려움, 그럼에도 새로운 정치·사회적 압력 속에서 "다른 무기"가 필요하다는 판단으로 채널을 시작하게 된 배경을 솔직하게 들려주었다.

봉지욱(전 뉴스타파): 언론사에서 나온 기자들이 의외로 자기 채널을 잘 안 한다. 예를 들어 박성태도 최욱도 개인 채널은 없다. 〈매불쇼〉는 팟빵 소속이고, 최욱은 그 플랫폼에서 일하는 것이다. 개인 채널을 운영하는 기자가 생각보다 드물다. 기자가 반드시 특정 매체에 속해야만 기자인 것도 아니다. 살다 보면 어떤 기회나 제보가 와서 우리가 몰랐던 사실, 혹은 잘못 알려진 사실을 바로잡을 기회가 있을 수 있다. 지금 내게 중요한 것은 플랫폼을 하나 가진 것이다. 개인 채널이라는 자산이다. 이것이 없었다면, 회사를 나온 뒤 허무함이 컸을 것이다.

장윤선(전 오마이뉴스): 진보를 표방해온 언론인의 입장에서 길이 막히면 우회로를 뚫어야 한다고 판단했다. 다만 저는 유튜브에 최적화된 기자는 아니라고 스스로 생각했다. 기성 언론 스타일이 강하고, 댓글에 "재미없다, 심심하다, 최욱처럼 못 하느냐"는 반응도 달렸다. 유튜브형 방송인은 아니어서 과연 될까 망설였다. 후배들이 시작을 제안했지만, 솔직히 마음이 쉽게 열리진 않았다. 다른 형태의 탄압이 있을 때 버틸 맨파워가 될지, 생존이 가능할지 우려가 컸다. 그럼에도 정권과 싸우려면 새로운 무기가 필요하다고 보고 결국 시작했다.

회사 채널 안에서 존재감을 구축할지, 독립 채널로 고유한 브랜드를 형성할지, 혹은 언론사 밖에서 완전히 새로운 경로를 개척할지의 선택에는 단일한 정답이 있다고 보기 어렵다. 조직의 인프라와 접근권을 기반으로 영향력을 극대화하는 방식도, 개인 채널을 플랫폼 자산으로 삼아 독립된 브랜드를 유지하는 방식도, 각자의 커리어 지향, 콘텐츠 성격, 감당 가능한 리스크 크기에 따라 최적점이 서로 다를 수밖에 없기 때문이다. 중요한 것은 브랜드 정체성과 지속 가능성이라는 기준 위에서 정교하게 그리고 전략적으로 설계된 판단이어야 한다는 점이다.

3) 회사 차원의 제도·정책 수립

언론인의 브랜딩은 개인의 노력만으로는 완성되기 어렵다. 출입처 중심 인사 관행, 순환보직 기반 조직 구조, 플랫폼 대응 방식, 개인 채널 허용 여부 등 회사 차원의 제도와 정책에 의해 개별 언론인의 브랜딩은 강화될 수도 있고 저해될 수도 있다. 따라서 언론사 내부의 제도 설계 역시 '브랜드 전략'의 일부로 이해할 필요가 있다. 개별 기자가 전문성을 축적해 브랜드를 구축할 수 있도록 어떤 구조를 만들어 줄 것인가가 곧 언론사 브랜딩 정책의 핵심 과제가 된다.

(1) 선임기자·전문기자 제도 및 그와 유사한 버티컬 트랙의 제도화

국내 언론사의 인사 시스템은 오랫동안 출입처 순환 중심으로 운영돼 왔다. 그러나 플랫폼 다변화와 개별 기자의 브랜딩 가치가 중요해지면서, 일정 연차 이후에는 특정 분야를 지속적으로 담당하는 '버티컬 트랙'의 제도화 필요성이 제기되고 있다. 한겨레의 선임기자 제도는 이러한 문제의식 속에서 비교적 일찍 도입된 사례로, 성한용은 이 제도를 통해 부장·편집국장을 거친 후에도 현장 기자로 남을 수 있었던 경험을 들려줬다. 회사는 그의 정년퇴직 이후에도 계약을 통해 선임기자직을 유지하도록 해 브랜딩을 지원했지만, 동시에 칼럼을 홈페이지 상단에 배치하거나 긴급한 사안이 생길 때 그에게 맡기는 등 조직 내부에서 상징적 '브랜드 필자'로 적극적으로 활용하기도 했다는 것이다. 그는 고참 기자가 젊은 데스크 아래서 일하는 구조를 공식적으로 인정했다는 점에서 이 제도의 의미가 크다고 평가했다. 다만 바로 이 점 때문에 조직 위계가 강한 다른 언론사에서는 정착이 쉽지 않다는 지적도 덧붙였다.

성한용(한겨레): 《한겨레》는 국민주 언론사이다 보니 내부 분위기가 굉장히 자유로와서 그 덕을 봤다. 다른 언론사 기자들 중 저한테 인생 상담하는 사람들이 꽤 여럿 있었다. 저도 선배처럼 선임기자 하고 싶은데 하고 운을 띄우면, "미안하지만 너희 회사에서는 그거 안 된다" 하면서 제가 대부분 말렸다. 사실 《한겨레》의 선임기자 제도는 다른 데서 시도하다가 다 실패했다. "나보다 20년 후배가 부장인데" 이렇게 생각하면 아무것도 못 하는 거다.

명시적으로 '선임기자' 제도를 두지 않더라도, 일정 연차가 된 기자가 순환보직을 멈추고 퇴직 전까지 한 분야에 전념할 수 있는 트랙을 마련하는 것은 대부분의 언론사에서도 충분히 시도해볼 수 있는 일이다. 실제로 《한겨레》의 성한용 선임기자나 《동아일보》의 북한 전문 주성하 기자처럼, 애초에 전문기자로 입직하지 않았음에도 특정 분야에서 깊이를 쌓아 전문기자급으로 인정받는 사례들은 이러한 경로의 현실성을 보여준다. 두 사람 모두 출입처 중심의 순환보직 체계에서 벗어난 '전문기자급' 인력을 육성하는 것이 개인의 브랜딩뿐 아니라 조직의 경쟁력에도 필요하다고 강조했다.

다만 전문기자 혹은 그와 유사한 제도가 조직 입장에서는 부담으로 작용할 수 있다는 점도 분명하다. 특정 분야에 깊이 뿌리내리는 과정에서 관리의 어려움이 발생하거나, 한 분야를 독점하게 되면서 다른 기자의 진입이 막히는 구조적 문제가 생길 수 있기 때문이다. 개인의 전문성과 자부심이 조직의 방향성과 충돌하는 위험성도 배제하기 어렵다. 박대기는 이런 현실적 제약들로 인해 실제로 회사의 전문기자 제도가 폐지되면서 자신의 계획을 접어야 했던 경험을 들려줬다.

성한용(한겨레): 언론사 안에서는 전체적인 품질 관리를 위해 국장, 그리고 게이트키핑하는 데스크들의 역할이 굉장히 중요하지만, 과거와 달리 지금은 어느 언론사 정치부장, 편집국장이 누구인지 아무도 모르고 관심도 없다. 데스크는 일반 기자와는 완전 다른 직업이다. 언론사 안에서 간부가 되는 것의 매력이 그전보다는 확실히 떨어졌다. 대개는 부장을 40대 중후반 정도에 달 텐데, 그러면 부장 되고 나서도 회사를 15년쯤 더 다녀야 한다. 편집국장 되는 사람은 극히 일부고, 부장은 많다. 성실하고 기본만 해도 부장 정도는 한다. 그때 선택을 하게 하는 거다. 계속 국장·부국장·논설위원, 혹은 경영 쪽으로 갈지, 아니면 어느 분야의 부장을 했다는 건 그 분야에 대해 좀 안다는 거니까 그때부터 언론인으로서 브랜드 구축을 해서 괜찮은 언론인으로 남을지.

박대기(KBS): 사실 우리 회사도 6년 전쯤 '전문기자' 제도를 만들었다. 그때 제가 손을 들어 경제 전문을 맡겠다고 했다. 구체적으론 재벌 담당을 택했고, 2차전지, 전기차 등 기후 대응과 맞닿은 산업을 중점 취재하려 했다. 그런데 회사가 전문기자 제도를 없앴다. 한 기자가 특정 출입처를 계속 맡는 건 특권이라는 내부 여론도 있었고, 회사의 직급 체계도 정비가 안 돼서 무산된 것이다. 재벌 문제와 기후 대응 산업을 두 축으로 삼아 3~4년 동안 보도했지만, 제도가 없어지면서 다시 여기저기 떠돌게 됐다.

앞서 인용한 선배들과는 달리 비교적 경력이 짧은 두 후배 기자의 경험 역시, 출입처 중심 구조에서 벗어난 '버티컬 트랙'이 어떻게 개인의 전문성과 브랜딩 형성에 기여하는지를 분명하게 보여준다. 이들은 출입처가 정해주는 취재 범위에 머무르지 않고 스스로 지속적으로 탐구할 주제를 선택해 축적을 만들어냈고, 그 과정에서 자연스럽게 차별화된 전문성을 갖추게 되었다. 동시에 모든 기자가 브랜딩을 추구해야 한다기보다, 조직이 다양한 역할을 인정하면서도 특정 분야에 장기적으로 몰입할 수 있는 경로를 열어둘 필요가 있다는 현실적 관찰도 엿볼 수 있다.

강영운(매일경제): 회사가 기자 개인의 브랜딩을 밀어준 덕이 크다. 출입처만으론 전문성이 흐려질 수 있다 보니, 개인의 관심사를 반영한 연재를 권장했다. 출입처 기사와 연재가 겹치면 차별성이 사라지니, 오히려 "네가 정말 파고드는 주제를 써라"가 가이드였다. 저는 역사로 방향을 잡았고 성과도 있었다. 인사로 부서가 바뀌어도 연재는 '취미이자 사명'처럼 이어갈 생각이다. 규모와 빈도는 조정하더라도. 다만 '모두가 브랜딩'하는 조직은 성립하기 어렵다고 생각한다. 보도자료를 꼼꼼히 다듬어 쓰는 기자, 보도자료 내용을 추가로 취재해 완성도를 높이는 기자, 당장의 현안을 빠르게 쓰는 기자가 반드시 필요하다. 그런 기사들은 대중이 미묘한 차이를 세심하게 구별하지 않기에 개인 브랜딩으로 이어지기 쉽지 않다. 그래서 브랜딩을 하려는 의지와 역량이 있는 사람이라면 해야 한다고 생각하지만, 그렇지 않다고 해서 훌륭한 기자가 될 수 없다는 뜻은 아니다. 모두가 브랜딩을 해야 한다고 보지는 않는다.

김은지(시사IN): 기본적으로 주간지 기자는 '탐사보도형'으로 성장한다고 본다. 탐사보도란 결국 '마지막까지 취재하는 사람'의 일이다. 한국 언론의 출입처 중심 문화는 1보 경쟁에 초점을 맞추게 된다. 그러다 보니 어떤 사안이 '마지막에 어떻게 되었는지'가 충분히 보도되지 못하는 경우가 많다고 느꼈다. 사건이 진행되는 과정에서 한 기자가 아이템을 끝까지 추적하지 못하고, 단계가 바뀔 때마다 새로운 담당 기자가 다시 처음부터 파악하는 경우를 적지 않게 봤다. 주간지는 아이템 중심으로 취재가 누적된다. 나는 법원 출입 기자도, 검찰 출입 기자도, 경찰 출입 기자도 아니지만, 같은 사안을 꾸준히 취재하다 보니 어느 순간 축적이 생겼고, 그 축적이 전문성이라면 전문성이다. 한 아이템을 끝까지 밀고 가는 경험, 취재원과의 관계, 뉴스에 대한 이해, 사안의 의미를 차곡차곡 쌓는 시간들이 있었다.

다만, 출입처 제도가 오히려 브랜딩의 기반이 될 수 있다는 상반된 의견도 들을 수 있었다. 그들은 출입처를 적극적으로 활용해 자신의 색을 구축한 사례를 언급하는가 하면, 브랜딩이 지속 가능하려면 결국 출입처에서 탄탄한 취재 경험을 갖춰야 한다고도 했다. 또한 새로운 형식이나 실험적 콘텐츠를 시도할 때 출입처 경험이 일종의 정당성을 부여한다는 분석도 있었다. 한편, 애초에 전문가로 입사한 전문기자 강찬수는 출입처를 통해 얻은 정보를 자신의 분석과 결합해 브랜딩을 강화할 수 있었다고 전했다. 이는 동일한 출입처 환경에서도 전문 지식을 갖춘 기자일수록 파편적인 정보를 깊이 있는 콘텐츠로 재구성할 가능성이 크다는 점을 보여준다.

성수영(한국경제): 제가 알기론 브랜딩을 성공시킨 대부분의 사례는 온라인팀 같은 조직에서 콘텐츠를 병행하며 활동하는 기자들이다. 본인의 출입처 안에서 브랜딩을 성공시킨 기자는 별로 없는 것 같다. 그런데 우리 회사 김현석 선배는 그런 케이스였다. 현재 뉴욕 특파원으로 나가 있고, 〈김현석의 월스트리트 나우〉라는 코너로 큰 인기를 얻었다. 본업인 경제 취재를 기반으로 하면서 동시에 브랜딩을 한 경우라서 가장 이상적인 모델이라고 생각하고, 그 선배처럼 출입처를 기반으로 한 브랜딩이 가장 지속 가능하다고 본다.

박지윤(한국일보): 회사 여건상 인사 발령으로 버티컬을 그만두게 된 건 사실이다. 하지만 저연차에 경험하기 어려운 과분한 기회를 회사가 줬고, "힘닿는 데까지 해보되, 회사가 더 이상 용인하지 않으면 그만둔다"는 마음이었다. 그 시기가 조금 빨리 왔을 뿐이다. 솔직히 말하면 출입처 경험이 있어야만 새로운 실험을 할 때 '명분'이 생긴다는 걸 느꼈다. 새로운 형식을 시도할 때마다 "사회부, 정치부를 해봤나?" 같은 시선을 받는다. 다른 언론사에서 뉴미디어 실험을 하는 동료들도 같은 이야기를 한다.

강찬수(전 중앙일보): 처음에 《중앙일보》 들어갔을 때는 출입처에 안 나갔다. 지금은 정보공개 제도, 인터넷, 해외 언론, 해외 논문 등을 통해 다양한 정보를 쉽게 얻을 수 있지만, 90년대만 해도 중앙부처나 담당 공무원들이 갖고 있는 정보가 더 빠르고 중요했다. 그래서 나중에는 출입처를 다니며 얻은 정보를 일종의 시료처럼 활용했고, 다른 데서 추가 정보를 찾아와서 기사를 완성하는 방식으로 두 가지를 병행했다. 출입처 다니면서 얻게 되는 기초적인 정보를 잘 활용하는 것은 분명 장점이 있다.

국내 언론사의 인사 관행은 오랫동안 출입처 순환과 위계적 승진 구조를 중심으로 운영돼 왔지만, 본 연구의 인터뷰에서 드러난 언론인들의 경험은 기자의 경력을 '조직이 설정한 경로'가 아니라 '전문성이 축적되는 경로'로 재설계할 필요성을 보여준다. 선임기자·전문기자 제도는 고참 기자가 데스크 승진 대신 현장에서 전문성을 지속적으로 발전시킬 수 있는 대안이 될 수 있지만, 동시에 위계질서 혼란, 관리 부담, 역할 중복 등 현실적 제약도 안고 있다. 한편 후배 기자들의 사례는 출입처 밖에서 주제를 장기적으로 축적하는 방식 역시 충분한 전문성과 브랜딩을 가능하게 하며, 출입처 경험이 새로운 실험의 정당성이나 분석의 깊이를 뒷받침하는 경우도 있음을 보여준다. 이러한 상반된 경험은 전문성 형성이 특정 제도나 단일 경로로 설명되지 않으며, 개인의 역량과 관심, 조직의 유연성, 출입처 제도의 활용 방식이 복합적으로 작용함을 시사한다. 결국 '버티컬 트랙' 논의는 하나의 정형화된 경로를 상정하기보다는, 다양한 성장 경로가 공존할 수 있는 인사 구조 도입을 통해 기자가 가장 효과적으로 전문성을 선택하고 축적할 수 있게 하는 방향으로 진화할 필요가 있다.

(2) 연재·버티컬 중심 콘텐츠 브랜딩의 상시화

브랜딩 전략에서 스토리는 단순한 장식이 아니라 브랜드 가치를 형성하는 핵심 도구로 이해된다(가와카미, 2023/2024; 김콜베/김성민, 2025). 기자에게 스토리의 기본 단위는 개별 기사보다는 '연재'나 '버티컬 시리즈'와 같은 축적 가능한 형식에 가깝다. 하나의 주제를 꾸준히 파고드는 연재 혹은 버티컬 프로젝트가 안정적으로 운영될 때, 그 이름은 기자의 정체성과 결합된 브랜드로 기능하며, 콘텐츠와 기자 개인의 브랜딩이 서로를 강화하는 구조가 형성된다. 박지윤과 강영운은 이러한 구조가 실제로 어떻게 작동하는지를 보여주는 대표적 사례라 할 수 있다. 이들의 경험은 기자의 관심사에 기반한 장기 프로젝트가 회사로부터 허용되고 축적되는 환경이 마련될 때, '콘텐츠 브랜드 = 기자 브랜드'라는 등식이 현실화할 수 있음을 구체적으로 드러낸다.

박지윤(한국일보): 지난 3년간은 내 이름 석자보다, 내가 맡아 연재한 인터뷰 시리즈나 그 시리즈를 바탕으로 낸 책, 그리고 버티컬 〈커리업〉이라는 이름이 더 널리 알려지길 바랐다. 나는 콘텐츠라는 게 그걸 만드는 사람의 정체성을 완전히 분리해 놓고 평가할 수 없는 종류의 결과물이라고 생각한다. 그렇기 때문에 내가 만든 콘텐츠가 브랜딩에 성공했다면, 그것은 곧 기자 개인으로서의 브랜딩이 성공한 것과도 같다. 예를 들어 《SBS》 〈문명특급〉의 재재는 자신을 유튜브에 단독으로 노출시켜 성공한 게 아니라, "문명특급"이라는 브랜드의 맥락 안에서 성공했다. 그 브랜드에는 재재뿐 아니라 그와 함께 일한 여러 PD들의 노력이 함께 들어가 있다. 결국 잘 만들어진 콘텐츠의 브랜딩과 기자 개인의 브랜딩은 분리해서 볼 수 없는 관계라고 생각한다.

강영윤(매일경제): 개인적으로는 "차별화된 콘텐츠를 제공하겠다"는 생각과 "기자 개인의 브랜딩을 하겠다"는 생각이 별개가 아니라고 본다. 모든 기자는 마음속에 이름을 알리고 싶다는 공명심이 있기 때문에 기자가 됐다고 생각한다. 그래서 두 가지는 정확히 구분되기 어렵다. 제가 10년 남짓 기자 생활을 하면서 느낀 점인데, 기자는 쓰면서도 답답함을 느낀다. 본인의 바이라인이 나가지만 자신의 생각이 반영될 여지는 크지 않다. 그런 점에서 온전히 '내 글'을 쓰는 연재는 기자에게 큰 자유를 준다. 힘들고 괴롭기도 하지만, 독자의 반응을 직접 받고 내 생각을 온전히 표출할 수 있으며, 문체 또한 자유로워진다. 그런 의미에서 기자라면 한 번쯤은 연재를 해보는 경험이 있으면 좋겠다는 생각을 하게 된다.

위 두 사람보다는 더 선배 연차인 기자들에게도 콘텐츠와 기자를 결합한 브랜딩의 경험을 들을 수 있었다. 이 언론인들은 회사의 정책적 지원 없이 스스로의 힘으로 버티컬 브랜드를 안착시키고 그 결과로 자신의 브랜드가 함께 성장했다는 점에서, 앞선 경우와는 분명한 차이가 있다. 이들은 콘텐츠의 파괴력을 키워 기자의 브랜드를 끌어올리는 구조의 힘을 강조하는 한편, 이러한 실험을 지속하기 위해서는 기자 개인의 노력뿐 아니라 조직이 일정 수준의 자율성을 부여하는 환경도 중요하다고 지적했다.

조현용(MBC): 방송기자들은 방송·앵커 욕심이 강한데, 그 욕심이 늘 시청자 니즈와 일치하지는 않는다. 내 얼굴을 내세운 영상이 반응이 없다면 미련 없이 방송 욕심을 접고 관리자의 길로 빨리 전환하는 것이 내 인생에 효율적일 수 있다고 봤다. 뉴스나 콘텐츠보다 강력한 개인 브랜드는 많지 않다. 물론 김어준, 손석희처럼 이름 자체의 힘이 있는 사례도 있지만, 그래도 궁극적으로 파괴력은 콘텐츠가 더 크다. 나는 콘텐츠에 '묻어간다'고 본다. 그때그때 사람들이 관심을 가지는, 시류에 맞는 좋은 콘텐츠가 브랜드를 만든다. 개인이 콘텐츠를 끌고 간다기보다, 콘텐츠가 개인을 밀어올린다. 입직 경로나 초기 직무는 분명 영향을 미치지만, 거기에 과도하게 매이지 않는 것도 중요하다. 아이러니하게도 나는 그렇게 생각하면서도 지금은 '뉴스의 얼굴' 같은 위치에 있다. 그럼에도 내 마음속 정체성은 콘텐츠 제작자다.

김지수(전 조선비즈): 개인 브랜드를 갖는 일은 좋다고 생각한다. 다만 후배들이 물으면, 브랜드를 '전략적으로' 만드는 것이 가능한지에 대해 회의가 있다고 말하곤 한다. 어떤 전문성, 특별한 개성, 자기만의 치열한 탐구 분야를 갖고, 그 콘텐츠를 일정 기간 이상 지속 가능하게 만들어야 비로소 브랜딩이 된다. 브랜드를 목표로 삼아 달려가면 주객이 전도될 위험이 있다. 브랜드화 자체는 중요하다. 그만큼 콘텐츠의 깊이가 축적되기 때문이다. 다만 그런 탐구를 하려면 회사가 어느 정도 자유를 보장해야 한다. 기자가 스스로 아이템을 내어 실험할 수 있는 제도가 있어야 한다.

연재와 버티컬 중심의 콘텐츠 브랜딩은 기자 개인의 재능이나 열정만으로 형성되기는 어려우며, 특정 주제를 장기적으로 축적할 수 있는 구조적 여건이 갖춰질 때 비로소 지속적인 효과를 낼 가능성이 크다. 박지윤과 강영운의 사례가 회사 차원의 허용과 지원 속에서 콘텐츠와 기자 브랜드가 서로를 강화하는 결과를 보여준다면, 선배 기자들의 경험은 제도적 기반이 약한 상황에서도 콘텐츠의 파괴력과 자율적 실험이 개인 브랜드를 성장시킬 수 있음을 드러낸다. 다만 이들의 경험은 결국 브랜딩의 핵심이 '콘텐츠 그 자체의 힘'에 있으며, 그 콘텐츠가 꾸준히 제작되고 성숙할 수 있으려면 회사의 자율성 보장과 폐쇄적이지 않은 조직문화가 필수적이라는 점을 공통적으로 가리킨다.

(3) 시사·정치와 비 시사의 투트랙 전략: 휘발성과 지속가능성의 포트폴리오

유튜브가 콘텐츠 유통의 중심 플랫폼으로 부상하면서 언론사 채널은 주로 시사·

정치 분야에서 가장 뚜렷한 존재감을 확보해 왔다. 박대기의 분석처럼 시사 영역은 시청자에게 통쾌함과 명확한 입장을 제공하기 쉬워 브랜딩에 유리한 측면이 있다. 이러한 인식은 시사 라이브 진행을 맡으며 '시사 제너럴리스트' 브랜딩을 추구하는 구교형뿐 아니라, 커리어를 주제로 '일의 철학'을 다루는 콘텐츠로 주목받은 박지윤에게서도 공통적으로 확인됐다. 두 사람 모두 언론의 '본령'으로서 시사 영역이 우선되고, 이후에 버티컬한 주제가 더해져야 한다는 점을 강조했다.

박대기(KBS): 브랜딩이 잘된 기자들을 보면 대부분 시사적 주제를 다룬다. 그 영역에서는 명확한 입장을 세울 수 있고, 시청자에게 일종의 통쾌함을 주기 때문이다. 그게 브랜딩에 유리하게 작용한다. 제 브랜딩이 약한 것도 정치 이슈를 많이 다루지 않은 부분이 크다고 본다. 앞으로 트렌드가 급격히 바뀔 것 같지도 않다. 비정치 영역은 '화끈한' 주제가 아니며, 쉽게 다가가거나 즉각적 재미를 주기 어렵다. 동물권·기후변화처럼 중요하고 뜻깊은 주제로 주목받는 언론인으로 연결되기는 쉽지 않다. 물론 탁월하게 해내면 가능이야 하겠지만, 트렌드 자체가 바뀌고 있다는 조짐은 못 느꼈다.

구교형(경향신문): 언론사가 비 시사 영역을 잘하기는 어렵다고 본다. 우리 회사 뉴콘텐츠팀이 과거에 시도했던 다수의 프로젝트가 '교과서적 버티컬' 개념을 적용한 것이었다. 진보 언론 특성상 환경·젠더 등을 주제로 많은 실험을 했지만, 정작 우리 매체를 소비하는 독자에 대한 조사가 거의 없는 상태에서 공급자 중심으로 추진했다. 가치 지향 자체가 중요하지 않다는 뜻이 아니라, 우리 독자의 관심 순위에서 멀리 있는 의제를 전면에 배치하면 성과가 나기 어렵다는 뜻이다. 언론사의 자원은 대체로 시사에 특화되어 있다. 정치·시사는 기자가 접근 가능한 정보가 가장 많은 분야다. 언론사가 차별화할 수 있는 지점이기도 하다. 여성·환경 같은 이슈가 중요하지 않다는 게 아니라, 우리 독자의 소비 욕구를 우선 고려해야 한다는 의미다. 그래서 시사에서 성과를 내고, 그다음 다른 영역을 채우는 순서가 맞다고 본다. 꼬리가 몸통을 흔들어서는 안 된다.

박지윤(한국일보): 언론이 돈을 받고 파는 콘텐츠만 제작하는 구조로는 존재 의미를 유지할 수 없다고 본다. 프리미엄 콘텐츠는 물론 필요하지만, 사람들이 실제로 지갑을 여는 정보의 종류는 매우 한정돼 있다. 예를 들어 재테크, 자녀 교육, 입시처럼 개인의 실질적 이익과 직결된 콘텐츠가 그렇다. 하지만 그런 종류의 정보만 생산하는 콘텐츠 기업을 언론이라 부를 수는 없다고 생각한다. 나는 비 시사 영역만큼이나 시사 영역의 코어를 절대 놓아서는 안 된다고 본다. 정치·사회·문화 등 시사적 주제 안에서도 충분히 개성과 관점을 살려 브랜딩할 수 있는 여지는 많다. 중요한 건 단순히 정치냐 비정치냐의 구분보다, 그 안에서 차별화된 관점을 어떻게 상품화 하느냐라고 생각한다.

그러나 동시에, 시사 분야에서 뚜렷한 성과를 내고 있는 김현정은 사회적 분열과 정치 양극화가 심화된 지금의 환경에서는 오히려 시사 콘텐츠가 비정치 콘텐츠보다 브랜딩에서 불리해졌다고 지적했다. 또한 엔터테인먼트 분야에서 브랜딩을 구축해 온 안진용은 정치와 연예처럼 시의성에 크게 의존하는 영역은 콘텐츠 자체의 강한 '휘발성' 때문에 성장에 구조적 한계를 안고 있다고 분석했다. 앞선 절에서 살펴봤듯 두 사람 모두 선명한 입장 표명보다는 객관성과 중립성을 유지하는 전략을 택하고 있다는 점에서, 박대기가 언급한 '통쾌함 기반 브랜딩'과는 결이 다르다. 한편 박대기는 유튜브 생태계의 특성상 경제·문화 영역에서 언론사가 경쟁력을 갖기 어려운 현실을 지적했는데, 이는 엔터테인먼트 뉴스에서 유명인의 '직접 등판' 효과를 넘어서기 어렵다는 안진용의 경험과 정확히 맞닿아 있다.

김현정(CBS): 사회 분열이 점차 심화되고 있다. 예전엔 지역, 소득 등으로 갈라졌다면 요즘은 젠더·세대 등 갈라질 수 있는 모든 축으로 극단화됐다. 뉴스는 본질적으로 비판을 담는데, 듣기 불편한 얘기를 하면 그 집단의 반발이 즉각 온다. 어떤 뉴스를 전하든 누군가는 타깃이 되는 구조다. 정치색이 거의 없는 예능·정보 콘텐츠에 비해 시사 프로그램 브랜딩이 어려워진 이유다.

안진용(문화일보): 내 유튜브 채널은 이미 성장의 한계에 도달했다고 본다. 다만 구독자 수가 유지되는 이유는 새로운 이슈가 계속 공급되기 때문이다. 그런 점에서는 엔터테인먼트 쪽도 정치·사회 같은 시사 분야와 동일하다. 끊임없이 사건과 이슈가 발생하니 콘텐츠가 이어질 수 있는 것이다. 반면, 인문학 채널을 보면 장기적으로 안정적인데, 그 이유는 콘텐츠가 '고전'이기 때문이다. 지금도 보고, 10년 뒤에도 새로 자라는 세대가 본다. 내가 다루는 엔터테인먼트 뉴스는 시의성이 모든 것을 결정한다. 내가 쌓아온 천 개의 영상은 이미 대부분 '죽은 콘텐츠'다. 즉, 매월 제로베이스에서 다시 시작하는 셈이다. 이것이 '뉴스 채널'의 구조적 한계다. 여행 채널이나 먹방 채널이 강한 이유는 반복 시청이 가능하기 때문이다. 여행지는 다시 가고 싶고, 음식 콘텐츠는 먹을 때마다 본다. 하지만 내가 다루는 콘텐츠는 일정 시점이 지나면 소비되지 않는다. 사람들이 궁금할 때 그 시기의 이슈만 본다. 그 점에서 엔터 뉴스 채널은 성장의 한계를 명확히 안고 있다고 생각한다.

박대기(KBS): 또 하나의 도전은 경제·재테크나 문화 분야다. 이쪽은 연예인이나 유명 유튜버가 대거 활동 중이다. 언론인이 그들과 확연히 다른 가치를 꾸준히 제시할 수 있을지 고민이 된다. 특히 문화 분야는 문화인·연예인과 같은 당사자가 직접 말하는 콘텐츠의 힘이 크다. 그렇다면 언제까지 정치만 이야기할 거냐는 질문이 나오지만, 다양화가 바람직하다는 데 공감하면서도 현실적 난점이 있다.

한편, 버티컬 콘텐츠를 통해 개인 브랜드를 구축해 온 성수영은 "매체의 존립을 떠받치는 것은 여전히 정치·경제·사회"라고 전제하면서도, 이러한 '본령'의 강도 때문에 오히려 더 많은 기자들이 주변 영역에서 브랜딩을 시도하게 될 거라 전망했다. 그는 언론사가 핵심 역량을 시사 영역에 집중하되, 버티컬·연재와 같은 부차적 영역에서는 다양한 실험을 허용하는 균형 전략이 필요하다고 강조했다. 성수영과 마찬가지로 연재 기반의 버티컬 브랜딩을 실현해 온 강영운은 정치에 대한 피로감이 큰 독자층에게 도달하기 위해서라도, 시사 팬덤이 아닌 다른 경로를 통해 브랜드를 구축할 필요성을 언급했다.

성수영(한국경제): 매체의 존립을 떠받치는 건 여전히 정치·경제·사회고, 나는 그 무게에 업혀 간다고 본다. 다만 그 본령이 워낙 '빡센' 영역이라, 나처럼 곁가지에서 브랜딩을 시도하는 기자는 계속 늘 거다. 세법이나 경제정책 전문처럼 '브랜딩에 좋지만 소화가 혹독한' 분야도 있다. 회사 안에선 인정받지만 외부 브랜딩에선 덜 빛날 수 있기 때문에, 사이드의 시도가 많아질 거다. 언론사는 핵심 인력을 본령에 두면서도, 사이드 브랜딩의 균형을 잘 잡아야 한다. 많은 시도가 나올 테지만, 피로감과 한계 때문에 끝까지 살아남는 경우는 많지 않을 거 같다.

강영운(매일경제): 내가 경제지를 택한 이유 중 하나가 정치에 대한 일종의 혐오 때문이다. 일반 대중과 비슷한 정도의 피로감이라고 하면 정확할 것 같다. 경제는 정치를 일정 부분 떨어져서 볼 수 있고, 경제의 흐름을 보면 사회·정치로부터 상대적으로 자유로울 수 있다. 무엇보다 땀 흘려 돈 버는 사람들의 이야기를 담아낼 수 있다. 그래서 경제지로 왔다. 앞으로의 브랜딩도 그 연장선에서 생각한다. 시사 팬덤에 기댄 확장보다는, 역사와 경제를 접목한 깊이 있는 스토리텔링으로 독자에게 '필요해서 찾는 이름'이 되는 방향을 계속 추구할 것이다.

이상 살펴본 것처럼, 유튜브 중심 생태계에서 언론인 브랜딩의 핵심 이슈 중 하나는 시사·정치라는 고강도·고휘발성 영역과, 비교적 장기 축적이 가능한 비 시사 영역을 어떻게 조합할 것인가로 요약될 수 있다. 시사는 즉각적 반응과 선명한 입장으로 브랜딩에 유리하지만, 정치적 양극화와 사회적 피로도가 커지면서 지속 가능성이 떨어지는 역설을 안고 있다. 반대로 비 시사 영역은 축적과 차별화가 가능하나, 도달력과 파급력에서는 분명한 한계를 지닌다. 개별 언론인이 시사와 비 시사를 동시에 다루는 것은 브랜드 정체성 구축에 불리할 뿐 아니라, 자원 활용 면에서도 효율적이지 않다. 그러나 언론사라는 조직 차원에서는 시사를 기반으로 하되, 그 리스크를 완충하기 위해 비 시사 버티컬·연재를 병행하는 균형 전략이 필요할 수 있다. 결국 시사의 '휘발성'과 비 시사의 '지속가능성'을 포트폴리오처럼 결합하는 접근이 언론사가 전략적·정책적으로 추구해야 할 현실적 브랜딩 해법에 가까워 보인다.

(4) 언론인 개인 채널 허용과 공유 수익모델

유튜브·SNS·팟캐스트 등이 언론인의 주요 브랜딩 무대로 떠오르면서, "개인 채널을 어디까지 허용할 것인가"는 언론사 차원의 핵심 정책 이슈로 부상하고 있다. 성한용은 "플랫폼·영상의 시대에 유튜브를 피할 수는 없다"며, 언론사가 1인 채널 운영을 제도적으로 허용하되 회사 공간과 근무시간 활용을 인정하고, 그 대신 수익 공유와 법적 리스크 공동 대응을 포함하는 계약 모델을 마련해야 한다고 제안했다. 기자가 취재를 통해 축적한 지식과 네트워크를 유튜브나 방송 등 외부 활동으로 확장하는 것은 결국 언론사 브랜드에도 이익이라는 판단에서다. 그러나 현실에서는 겸직 금지, 근무시간 준수, 수익 배분 등 여러 규정이 얽히며 개인 채널 운영이 쉽지 않다. 이러한 제한을 직접 겪었음에도, 봉지욱은 플랫폼 시대에 기자 개인의 브랜드 성장은 결국 언론사에도 자산이 된다는 점을 강조했다.

봉지욱(전 뉴스타파): 내가 《뉴스타파》를 나간다고 했을 때 만류보다는 "여기서 하라"는 분위기였다. 조직 내부에서 활동하길 바랐다. 그런데 《뉴스타파》라고 해도 개인 채널을 병행하기는 어렵다. 수익이 발생하면 겸직 금지 조항에 걸린다. 수익 비활성화 조건으로 개인 채널을 열 수는 있겠지만, 현실적으로 제약이 많다. 그런데 회사 입장에서도 유튜브 채널과 스타 기자를 키우는 것이 유리하다. 마케팅 관점에서 그렇다. 스타 기자 10명쯤 있으면 회사에 큰 자산이 된다.

앞 절에서 살펴봤듯이, 언론사 채널과 별도로 개인 유튜브 채널을 운영하는 기자들(예: 《문화일보》 안진용, 《동아일보》 주성하)은 회사 업무에 지장을 주지 않기 위해 주말 제작 등 상당한 하드워킹을 감내하고 있다. 영상을 기반으로 하는 유튜브는 시간·노력 투입이 큰 플랫폼이기 때문에, 본격적인 개인 채널 운영을 위해서는 현실적으로 회사의 승인과 일정 수준의 배려가 필수적이다. 이러한 점에서 강영운과 오대영의 경험은 소속 기자의 브랜딩을 조직의 브랜드 확장과 연결하려는 언론사라면 보다 적극적으로 기회를 열어줄 필요가 있음을 보여주는 사례로 읽힌다.

강영운(매일경제): 현재로선 개인 유튜브는 생각하지 않는다. 공력이 너무 많이 들고, 구독자 수를 신경 쓰다 보면 회사 일에 정성을 덜 쏟게 될 수 있어 근로 윤리에도 어긋난다. 다만 다른 채널에서 출연 제안이 오면 회사와 시너지가 나는 선에서는 회사에 보고하고 해볼 수는 있다. 회사에 알리지 않고 할 생각은 전혀 없다. 회사도 "《매일경제》가 기자 세일즈를 하려면 유튜브 채널에 나갈 수밖에 없다. 네가 매일경제 타이틀을 들고 나가면 우리 구독자에도 선순환 효과가 있을 것"이라는 입장이다. 그래서 제안이 오면 보고하고 나가볼 생각이다. 만약 고정 출연 덕에 팬층이 생기면 개인 채널은 또 모를 일이다.

오대영(JTBC): 조직의 구성원으로서 기회가 왔을 때 브랜딩 성과를 극대화하려는 노력은 했다. 다만 회사 업무 외 영역에서 브랜드를 키우기 위한 별도의 활동은 하지 않았다. 물론 저술 활동을 한다거나, 대중 강연을 한다거나, SNS나 개인 유튜브 채널을 통해 나만의 이야기를 전달하는 방법도 고민은 했다. 하지만 실행하지 못한 이유는 두 가지였다. 첫째는 시간의 부족, 둘째는 그것이 바람직한가에 대한 고민이었다. 회사에서 부여한 기회로 시작한 일이라면, 그 외 방식으로 자신을 홍보하는 건 맞지 않다고 생각했다. 결국 회사에서 주어진 일 범위 내에서 남들과 차별화를 두는 쪽으로 노력했다.

플랫폼 시대의 개인 채널 문제는 단순히 기자 개인의 자유나 취향의 문제가 아니라, 언론사 브랜드 전략과 직결되는 구조적 과제다. 기자의 외부 활동은 분명 새로운 도달력과 신뢰 자산을 만들어내지만, 현행 규정과 근무 체계는 이를 충분히 뒷받침하지 못한다. 그럼에도 본 연구의 인터뷰에 참여한 언론인들의 사례는 기자 개인의 브랜딩이 곧 조직의 브랜드 확장으로 이어질 수 있음을 보여준다. 결국 언론사는 개인 채널 허용과 공유 수익모델을 제도화해 조직과 개인이 공존할 수 있는 새로운 규범을 마련할 필요가 있다. 이는 플랫폼 환경 변화에 대응하는 동시에, 언론사의 인재 경쟁력을 강화하기 위한 필수적 전략으로 보인다.

(5) 브랜딩·PR·법무·윤리의 통합 관리

조직에 속한 언론인이 브랜딩 활동을 펼칠 때 직면하는 문제나 위험은 기자 개인 차원을 넘어, 회사의 평판, 법적 리스크, 윤리 기준과 직결되는 사안이기도 하다. 따라서 언론인 브랜딩을 지원하는 일은 단순히 개인 역량을 강화하는 정책을 넘어, 필연적으로 리스크 관리와 통합적으로 설계돼야 한다. 즉, 브랜딩·PR·법무·윤리 기능을 따로 운용하는 것이 아니라, 브랜딩 전략과 리스크 관리가 선순환 하도록 통합적 프레임이 필요하다.

특히 전문기자 제도를 운영하는 언론사의 경우, 전문기자들이 특정 분야에 대한 깊이는 축적되지만 리더십 감각이나 조직적 관점이 좁아지는 문제, 회사가 기사 방향이나 윤리 기준을 조정할 때 조율이 어려워지는 문제가 생길 수 있다. 이미 전문가인 외부 인력을 채용해 배치할 때도 "전문가라면 모르는 게 없어야 한다"는 과도한 기대와 "외부인이라 완전한 기자는 아니다"라는 인식이 공존하는 등, 조직 내부의 복합적 긴장 관계가 작동한다. 이런 현실에 대해, 오랜 기간 정치 분야 전문성을 쌓았고 편집국장을 지낸 《한겨레》 성한용 선임기자는 자신의 경험을 토대로 전문기자를 포함한 브랜딩 기자의 통합 관리 필요성을 구체적으로 설명했다.

성한용(한겨레): 브랜딩을 구축하는 기자가 많을 필요는 없다고 본다. 제가 편집국장을 할 때 전문기자가 6명 정도 있었고 회사 차원에서 지원도 했지만, 그중 3명을 제가 정리했다. 특정 분야를 한 기자가 꽉 쥐고 있다 보니, 그 기자가 "오케이" 하면 기사가 나가고 "안 된다" 하면 못 나가는 식이었다. 그러다 보니 취재원들도 불만을 터뜨렸고, 그 분야를 해보고 싶은 기자들도 참여할 기회를 얻지 못하는 분위기가 생겼다. 관리자 입장에서 보니 실적 면에서도 굳이 전문기자 타이틀을 붙여가며 회사가 그렇게까지 지원하는 것이 맞는지 의문이 들었다. 이전에는 심사가 형식적이어서 대부분 통과됐지만, 제가 심사를 통해 절반을 걸러내면서 욕을 많이 먹기도 했다. 브랜딩은 중요하고 그런 기자를 육성할 필요도 분명하지만, 동시에 관리 역시 반드시 필요하다. 너무 큰 틀에서 벗어나지 않도록 관리자가 역할을 해야 한다. 경영진뿐 아니라 보도국장, 편집국장 같은 간부들의 관리 역량도 필수적이다. 개인에게만 맡겨둘 일은 절대 아니다.

남형도의 사례는 수익모델 구축과 윤리적 기준이 함께 고려돼야 함을 잘 보여준다. 그는 체험 기사 형태의 PPL·협찬 제안을 모두 거절해 왔고, 기업 ESG 브랜디드 콘텐츠 제안에 대해서도 애초 기획 취지를 어떻게 유지하면서 일부 수용할 수 있을지 깊이 고민하고 있었다. 사회적 기업의 덜 알려진 제품을 체험하는 별도 트랙을 만들어 현재의 '사회적 약자 중심' 기조를 유지하는 방식이 어떻겠냐는 연구진의 제안에 귀 기울이며 메모하는 모습에서도 이러한 고민의 진지함이 드러났다. 한편, 구교형은 또 다른 층위의 PR·브랜딩 문제를 제기했다. 현재 많은 시사 유튜브 채널이 언론사 기사를 주요 콘텐츠 기반으로 삼고 있지만, 그 가치가 정작 언론사로 회수되지 못하는 구조적 문제를 지적하며, 언론사가 자사 콘텐츠를 더 능동적으로 활용할 필요성을 강조했다.

남형도(머니투데이): 수익화와 관련해 바이오·건강식품 업체 등에서 제품 체험 기사 제작을 제안받은 적이 있지만, 처음 취지가 훼손될 것 같아 모두 거절했다. 기업 ESG 담당자들의 협업 제안도 있었다. 수익모델이 있으면 회사 입장에서도 내가 〈체헐리즘〉을 계속하게 할 명분이 서기 때문에 서로 좋은 측면이 확실히 있다. 그래서 브랜드 기반의 수익화를 공부하며, 원래 취지를 잃지 않는 선을 어떻게 만들지 고민 중이다. 다만 접점이 전혀 없는 건 아니다. 실제로 ESG 영역에서 의미 있는 활동을 〈체헐리즘〉 방식으로 풀어낸 사례가 있었고 SK, LG와도 그런 식으로 작업한 적이 있다(금전 거래는 없었다). 앞으로 이런 니즈가 커진다면, 내가 정한 기준을 넘지 않는 범위에서 가능성은 있다고 본다. 한편으로는 독자에게 "이번 건은 브랜디드 콘텐츠다"라고 솔직히 밝히고 포맷을 재미있게 구성하는 방식도 고려하고 있다.

구교형(경향신문): 언론사가 자사 기사를 기반으로 방송을 통해 PR도 하고 수익도 만들어야 한다고 본다. 아직 유튜브 시장에서 언론사의 위상은 낮지만 방향이 열리고 있다. 현재 유튜브에서 이뤄지는 많은 시사 방송은 특정 정치인을 부르는 경우를 제외하면 대부분 우리 언론 기사에 빚지고 있다. 그 가치를 언론사가 어떻게 회수할지 적극 고민해야 한다. 우리가 만든 기사로 타인이 이익을 얻는 구조를 바꿔야 한다고 생각한다.

종합하면, 언론인의 브랜딩 활동은 더 이상 개인의 역량 개발이나 커리어 전략에 머무르지 않고, 조직의 평판, 윤리·법적 책임, 수익 구조가 모두 얽힌 복합적 과제라 할 수 있다. 위에서 살펴본 것처럼, 전문성 강화가 특정 기자의 권한 집중으로 이어지지 않도록 제도적 균형을 잡는 문제, 브랜디드 콘텐츠의 수익 기회와 저널리즘의 본래 취지를 조화시키는 문제, 그리고 언론사 콘텐츠의 가치가 외부 플랫폼에서 소진되지 않도록 회수 구조를 설계하는 문제 등이 그 구체적 현안들이다. 결국 언론사가 지속 가능한 언론인 브랜딩 전략을 추진하려면, 개인에게 맡겨두는 방식이 아니라 브랜딩·PR·법무·윤리를 아우르는 통합적 관리체계, 이를 실제로 작동시키는 관리 역량을 제도적으로 갖추는 것이 필수적이다.

4) 환경 조성 및 조직문화 개선

앞서 강조했듯이, 언론인 브랜딩은 개별 기자의 역량과 의지만으로는 완성되기 어렵다. 동일한 시도라도 조직이 어떤 문화를 갖고 있는지, 도전과 실패를 어떻게 다루는지, 브랜딩을 개인의 성취를 넘어 '조직의 자산'으로 인정하는지에 따라 전혀 다른 결과가 나타난다. 결국 브랜드 구축이 특정 개인의 의욕이나 재능을 넘어 조직 전체의 태도와 구조적 지원을 필요로 한다는 점에서, 일반 기업의 브랜드 전략과도 맞닿아 있다.

이근상(2021)이 지적했듯, 브랜드를 만드는 일은 사실상 '온 조직'이 함께해야 하는 과제다. 경영진과 브랜드 담당자가 먼저 브랜딩의 가치와 중요성을 깊이 이해해야 큰 그림을 설계할 수 있고, 무엇보다 모든 구성원이 브랜드의 철학과 목표를 능동적으로 받아들이고 실천할 수 있는 문화가 뒷받침되어야 한다. 이는 비전 선포식이나 일방적 구호가 아니라, 구성원이 스스로 참여하고 공감할 수 있는 내부 캠페인과 학습 기회를 통해 형성될 때 비로소 현실적 힘을 갖는다. 언론사 조직문화 역시 이러한 조건을 갖출 때, 기자 개인의 브랜딩 활동은 조직의 신뢰·평판·가치와 연결되는 실질적 성과로 이어질 수 있다.

(1) 도전·시도와 실패를 허용하는 실험 친화적 문화

새로운 브랜딩 시도는 본질적으로 '실패 가능성이 높은 프로젝트'다. 정민호(2025)가 말하듯, 브랜딩 성과를 내는 글쓰기는 결국 '안전 욕구에서 벗어나는 선택'

에서 비롯되지만, 많은 언론사에서는 여전히 "성과가 없으면 즉시 중단"이라는 메시지를 보내고, 이는 도전 의지를 약화시키며 실험의 싹이 자라기 전에 잘라내는 결과로 이어진다. 장윤선은 《오마이뉴스》에서 대표의 도전적 리더십 덕분에 가능했던 팟캐스트 실험을 회상하며, 조직이 "실패를 허용해야 한다"고 강조했다. 예산과 실적을 이유로 보수적 결정만 반복하면, 진보 매체라도 실험정신을 잃게 된다는 것이다. 김현정 역시 《CBS》가 다른 언론사보다 더 오래, 더 인내심 있게 기다려준 덕분에 〈뉴스쇼〉가 성과를 내기까지의 긴 시간을 버틸 수 있었다고 전했다.

김현정(CBS): 보통 회사는 오래 기다려주지 않는다. 어느 정도 성과가 나와야 인력·예산을 붙인다. 성과가 없으면 칼같이 교체하는 곳도 있다. 그 점에서 《CBS》는 기다려주는 편이다. 처음 3명으로 시작한 팀이 지금은 9명까지 늘었듯, 분명 지원을 받았다. 《MBC》 라디오는 '백화점 푸드코트'처럼 기본 유입이 있지만, 《CBS》는 내가 입사할 당시 청취율이 거의 0%였다. 일종의 '행주산성 닭볶음탕집' 모델이다. 《CBS》 채널 자체로 유입되게 만드는 데 5~6년이 걸렸다. 표준FM에서 청취율 1%를 처음 찍은 프로그램이 〈뉴스쇼〉였다. 한 번 1을 찍고 나니 그다음부터는 상승 곡선이 이어졌고, 〈뉴스쇼〉가 오르면 다른 프로그램까지 연쇄적으로 끌어올리는 효과가 나타났다. 정리하면, 처음부터 성과가 있던 건 아니고 오래 걸렸다. 다만 회사가 "아침에 나와 밤 10시까지 저러니 될 것 같다"는 판단으로 기다려준 덕이 컸다.

인터뷰 대상 중 비교적 저연차 기자들은 각자의 브랜딩 경험이 개인 단위 실험인지, 팀 단위 협업인지에 따라 세부 상황은 달랐지만, 공통된 문제의식을 드러냈다. 새로운 시도를 지속할 여력, 콘텐츠 품질을 끌어올릴 여유, 돌발 변수를 감당할 최소한의 인적 자원 등이 갖춰지지 않으면 브랜딩 활동은 구조적으로 제약될 수밖에 없다는 것이다. 이들은 조직 차원의 제도적 지원과 안정적 인력 기반, 그리고 '실험을 해도 본업이 무너지지 않는 환경'을 조성하는 일이 무엇보다 중요하다고 강조했다. 개인의 열정과 역량만으로는 실험이 지속 가능하지 않으며, 팀과 조직이 함께 감당할 수 있는 방식으로 브랜딩을 설계해야 한다는 쪽으로 의견이 모였다.

남형도(머니투데이): 회사 역할은 '방해하지 않는 자유도'가 우선이라고 생각한다. 이상적으로는 취재에 집중하도록 환경을 만들어 주는 게 회사가 할 수 있는 가장 큰 지원이다. 나는 〈체헐리즘〉 초기엔 데스킹, 당직 등으로 취재 집중이 어려웠다. 어느 정도 성과를 인정받은 뒤에야 취재 영역에서 자유를 좀 보장받았다. 그 보장을 시스템으로 만들어 주는 게 중요하다. 팀 단위로 리소스를 쓰면 회사가 "우리가 이만큼 투입했으니 결과를 내라"고 간섭하고 싶어질 텐데, 개인 단위면 그 압박이 상대적으로 적다.

김은지(시사IN): 현재 가장 큰 제약은 인력이다. 지금 PD 3명에 인턴 PD 1명, (라이브 방송) 1부 담당 기자 1명, 그리고 나까지가 전부다. 섭외 전담 인력이 따로 없다. 방송사에는 보통 질문지 작성과 섭외를 맡는 작가가 있는데, 우리는 없다. 언론사는 결국 '사람'으로 돌아가는 조직이다. 인적 자원이 가장 중요하다. 사람을 추가 투입해야 콘텐츠의 질을 끌어올릴 시간적 여유가 생긴다. 섭외만 해도 그렇다. 방송은 돌발 변수가 많다. 오늘도 예정된 패널 한 분이 갑자기 불참을 통보해, 방송 한 시간 전까지 전화를 돌리며 대체 섭외를 했다. 돌발 상황을 흡수할 '여분의 손'이 필요하다. 누군가는 중장기 섭외에 공을 들이고 더 의미 있는 기획을 오래 준비할 수 있어야 하는데, 지금은 늘 당일 대응에 허덕인다. 회사가 해야 할 일은 기본적으로 자율성을 보장하고, 최소한의 인력·시간을 배분해 '본업을 해치지 않는 범위'에서 실험할 수 있게 도와주는 것이라고 본다.

박지윤(한국일보): 내가 반복해서 주장했던 건 스타트업이 서비스를 만들 때처럼 작고 집중된 팀 단위로 시작해야 한다는 것이다. 기획자, 개발자, 디자이너, UX 리서처가 모여 작은 프로토타입을 만들고, 시행착오를 거치며 완성도를 높여가는 방식이 필요하다. 위계적인 톱다운 구조도, 혼자서 브랜딩을 위해 고군분투하는 것도 매력적인 브랜드를 만드는 데 저해 요인이라고 생각한다. 디자인과 메시지, 타깃 독자 설정 등 모든 과정에서 협업이 필요하다. 나는 전략부서에서 코치를 따로 받진 않았지만, 의욕 있는 팀원들과 함께 시행착오를 겪으며 스스로 터득했다. 결국 브랜딩은 개인의 역량만으로 되는 일이 아니다. 의욕 있는 기자가 그 역량을 실현할 수 있는 환경을 만들어 주는 것이 회사의 역할이다.

여기에 더해, 구교형의 지적은 실험을 가로막는 요인이 단순히 인력이나 시간 부족을 넘어 의사결정 구조의 문제까지 연결돼 있다는 점을 드러낸다. 특히 신문사처럼 새로운 장르·플랫폼에 대한 이해가 낮은 조직에서 관리자가 의사결정 과정에 과도하게 개입할 경우, 실험은 더뎌지고 종료조차 어려워진다. 이처럼 실험의 가능성을 좌우하는 조직문화·구조·관리체계가 촘촘히 엮여 있음을 고려할 때, '실험 친화성'은 곧 조직의 역량과 직결되는 문제임이 선명해진다.

구교형(경향신문): 솔직히 말하면, 신문사는 영상에 대해 잘 모른다. 회사는 의사결정 구조상 새로운 분야에 대해 '모르는 사람들이 고관여하는' 경우가 많다. 우리 회사만의 문제가 아니라 대부분의 신문사가 그렇다. 사실 영상 콘텐츠는 간편하게 시작하고, 간편하게 끝낼 수 있어야 한다. 〈정치비상구〉도 지금은 잘 되고 있지만, 대중이 외면하면 바로 접을 수도 있어야 한다. 또 새로운 프로그램을 빠르게 시도하고 빠르게 마무리할 수 있어야 한다. 그러나 언론사 특유의 관료적 구조 때문에, 하나를 시작하는 데도 절차가 지나치게 복잡하고, 끝내는 것도 어렵다.

언론인들의 위와 같은 경험은 공통적으로 '도전–실험–실패–재도전'의 순환을 조직이 제도적으로 뒷받침해야 한다는 메시지로 수렴된다. 저널리즘의 본질은 변하지 않지만 이를 구현하는 방식과 플랫폼은 지속적으로 변화하기 때문에, 새로운 실험은 선택이 아니라 필수에 가깝다. 그러나 실패를 용인하지 않는 구조에서는 실험의 축적도, 역량의 전환도 이루어질 수 없다. 더 나아가 새로운 분야를 잘 모르는 의사결정자들이 고관여하는 관료적 구조는 실험의 속도를 더욱 늦추며 '시작하기도, 끝내기도 어려운' 비효율을 낳는다. 무엇보다 중요한 것은 이러한 실험이 개인의 열정과 과로에 기대지 않도록 조직의 체질을 근본적으로 바꾸는 일이다. 지금까지의 브랜딩 성공사례가 종종 "야근과 주말 노동 위에 세워진 개인 영웅담"으로 소비되어 온 현실은 단기 성과는 가능하게 하지만, 번아웃과 인력 이탈을 불러오는 지속 불가능한 모델이다. 조직은 '열정 착취형' 모델에 기대어 가는 것이 아닌, 실험이 일상적이고 안전하게 이루어질 수 있는 구조를 제도화하는 쪽으로 관점을 전환해야 한다.

(2) '브랜딩은 조직 자산'이라는 시각과 에이전시형 모델

기자 개인의 브랜딩을 조직이 어떻게 바라보는가는 전략적 관점에서 결정적이다. 한쪽에서는 개인의 유명세를 통제해야 할 것으로 보지만, 다른 한쪽에서는 이를 언론사 전체 브랜드를 강화하는 자산으로 본다. 인터뷰 결과는 후자의 시각이 점점 힘을 얻고 있음을 보여준다. 여러 언론인이 남형도 기자의 사례를 언급하며, 개별 기자의 브랜드가 매체 이미지 제고와 신규 독자 유입으로 이어지는 실제 효과가 있음을 강조했다. 성한용은 경영진이 "브랜드가 알려진 기자들을 언론사의 자랑거리로 인정해야 한다"고 말했고, 성수영 역시 "기자 개인의 존재감이 곧 언론사의 자산이 될 수 있다"는 의견을 피력하며 특정 저널리스트의 영향력이 매체 소비로 이어진 사례로 《조선일보》 출신 이동진 영화평론가를 언급했다. 박지윤은 여기서 더 나아가, 언론사를 '소속사', 기자를 '에이전트'로 보는 모델의 필요성을 강조했다. 한편 봉지욱은 개인 브랜드의 확장과 이를 둘러싼 조직의 제약이 어떻게 충돌하는지를 다른 각도에서 들려줬다.

박지윤(한국일보): 기자는 일종의 '에이전트'처럼 자신만의 세계와 팬층을 구축해야 하고, 언론사는 에이전시, 즉 '소속사' 역할을 해야 한다고 본다. 기획사에 속한 아티스트가 단순 회사원이 아니듯, 기자도 콘텐츠 하나하나로 독자의 선택을 받아야 한다. 이렇게 형성된 독자층이 개인 브랜드의 기반이 되고, 회사는 그 활동을 뒷받침할 환경을 만들어 줘야 한다. 물론 특정 기자의 유명세를 불편해하는 문화도 있지만, 변화하는 언론환경에서는 개인 브랜딩이 곧 언론사 브랜딩 강화로 이어질 수밖에 없다.

봉지욱(전 뉴스타파): 언론사 내부 인물만 출연시키면 콘텐츠가 좁아지고, 외부 플랫폼을 활용해야 확장이 가능하다. 그런데 여전히 출연을 제한하는 문화가 강하다. 《JTBC》에 있을 때는 《MBC》 라디오에 나가지 않는 식이었고, 《뉴스타파》에서도 "어디는 되고 어디는 안 된다"는 자의적 금기들이 있었다. 예를 들어, 《오마이 TV》는 되는데, 〈김어준의 뉴스공장〉은 안 된다는 식이었다. 명확한 기준도 없었다. 결국 중요한 건 일관된 원칙이다. 확장을 중시하는 입장도, 저널리즘 기준을 우려하는 입장도 가능하지만, 플랫폼 활용에 대한 기준이 불명확하면 기자의 활동 반경이 불필요하게 제한된다.

기자 개인의 브랜딩을 조직 자산으로 보는 관점이 확산되고 있지만, 실제 실행 단계에서는 "키워놨더니 나간다"는 두려움이 여전히 강하게 작동한다. 그러나 인터뷰에 참여한 언론인들은 공통적으로, 이와 같은 협소한 시각이야말로 조직이 장기적으로 브랜딩 효과와 인재 경쟁력을 얻지 못하는 핵심 장애물이라고 지적했다. 오대영과 안진용은 인재의 성장·이탈·유지라는 흐름을 보다 전략적으로 바라봐야 하며, 브랜딩된 저널리스트를 적극 활용할 수 있는 개방적 환경을 만드는 것이 조직 경쟁력의 핵심이라고 강조했다.

오대영(JTBC): 이제 회사도 기자 브랜딩에 기대지 않을 수 없다. 언론사 간판만으로 소비를 유인하던 시대는 끝났고, 브랜딩된 저널리스트가 콘텐츠의 전면에 서야 한다는 판단이 강화되고 있다. "키워놓으면 나간다"는 우려는 사실이지만, 그 리스크를 감수하고 인재를 육성해야 한다. 열 명 중 두 명만 남아도 회사에는 이익일 수 있다. 언론사는 구조적으로 승진 자리가 좁아 이탈이 불가피한 측면도 있다.

안진용(문화일보): "키워주면 나간다"는 말은 충분히 나올 수 있지만, 중요한 건 '나가지 않아도 되는 환경'을 만드는 일이다. 개인 브랜드를 조직 자산으로 함께 활용하는 시스템이 있어야 한다. 《MBC》의 조성현 PD가 넷플릭스와 협업해 만든 〈나는 신이다〉는 내부가 아닌 외부 플랫폼을 활용했기에 성과를 냈다. 반대로 〈피지컬 100〉 사례처럼 내부가 역량을 받아들이지 못하면 인재는 결국 떠난다. 더 많은 돈을 주자는 얘기가 아니라, 브랜딩에는 리소스와 불확실성 감수가 필요하다는 것이다.

기자 개인의 브랜딩을 조직 자산으로 보는 관점은 인재가 떠날 위험을 감수하더라도 육성해야 한다는 인식으로 확장되고 있다. 그런데 일부 인터뷰에서는 여기서 더 나아가, 건강한 브랜딩 생태계를 위해서는 언론인의 이동성과 이직 자유도 자체가 높아져야 한다는 문제의식까지로 이어졌다. 즉, 인력이 고여 있는 폐쇄적 구조에서는 개인 브랜드가 자라기 어려우며, 반대로 이동이 자유로운 시장일수록 기자가 자신의 강점을 실험하고 넓힐 수 있는 기반이 마련된다는 것이다. 이러한 관점은 개별 언론사의 이해관계를 넘어 산업 전반에 걸쳐 있는 생태계 차원의 고민으로 확장될 수 있다.

조현용(MBC): 유튜브·신문·방송은 모두 '미디어 업'이고, 그 틀에서 보면 기자가 알려지는 것은 조직에 이익이 더 크다. 레거시 미디어의 이름값이 예전만 못해진 상황에서 신뢰받는 기자 10명이면 큰 자산이 될 수 있다. 중요한 건 조직의 선호가 아니라 시청자가 '그 기자의 어떤 면을 좋아하는지'를 데이터로 파악해 강점을 키우는 일이다. 연예산업처럼 키워도 모두 뜨는 건 아니고, 뜬 사람의 일부는 또 빠르게 이탈한다. 이건 자연스러운 생태다. 다만 밀어주려면 투자가 필요하다. 장성규 아나운서가 회사를 떠날 때 《JTBC》가 자회사를 만들어 내부 소속을 유지하면서 외부 보상 구조를 연동한 모델은 좋은 절충안이 될 수 있다. 시장 규모가 작은 한국에서는 한계도 있지만, 조직이 이미 충분히 회수한 상황이라면 이탈도 받아들일 필요가 있다.

박대기(KBS): 요즘 기자들이 힘들어하는 이유는 '부품처럼 소모된다'는 느낌 때문이다. 처음 기자를 꿈꾼 이유는 사회에 메시지를 던지고 세상을 바꾸고 싶다는 욕망인데,

시간이 지날수록 조직의 톱니바퀴 속에서 그것이 희미해지기 쉽다. 해외의 경우 작은 매체에서 큰 매체로, 텍스트에서 방송으로 자연스럽게 이동하며 개인 목소리를 키울 수 있는데, 한국은 정년까지 머무는 구조 탓에 이동이 어렵고 개인 브랜드를 세우기 힘들다. 언론 신뢰가 무너진 지금, 언론사 간판만으로는 신뢰를 얻기 어렵기 때문에, 결국 언론인 개인의 브랜딩이 필요하다고 본다. 몇몇 조직이 전향적으로 시도해 성공 사례를 만들면 다른 회사들도 생각을 바꿀 것이다.

종합하면, 기자 개인의 브랜딩을 조직의 자산으로 바라보는 관점은 단순히 '유명한 기자가 있으면 좋다'는 수준을 넘어, 언론사의 경쟁력과 산업 생태계의 지속 가능성을 좌우하는 전략적 과제임이 분명하다. 개인 브랜드가 독자 접점을 넓히고 매체 신뢰 회복의 토대가 될 수 있음에도, 여전히 많은 조직은 이탈 리스크를 과도하게 두려워하며 성장 가능성을 스스로 제한하고 있다. 그러나 인터뷰에서 드러난 공통된 인식은 명확하다. 브랜딩된 저널리스트는 조직이 통제해야 할 변수가 아니라, 적극적인 투자와 개방을 통해 함께 성장해야 할 파트너라는 점이다. 인재를 키우면 일부 떠날 수 있지만, 그 과정에서 조직이 얻는 브랜드 가치와 신뢰 축적은 결코 작지 않다. 따라서 언론사는 개인 브랜드를 조직 브랜드의 일부로 통합하는 구조를 제도적으로 갖출 필요가 있다. 이는 인재를 '붙잡는 전략'이 아니라, 함께 성장하다가 떠날 수도 있는 생태를 인정하며, 그 과정에서 조직이 얻는 가치를 극대화하는 전략에 가깝다.

(3) 내부 경쟁·질시 문화 완화와 공정한 평가체계

인터뷰에 참여한 많은 언론인들은 조직의 경쟁력을 위해서라도 '스타 기자'가 필요하다고 입을 모았다. 개인 브랜딩이 조직 안에서 갈등을 낳는 지점은 대개 '형평성' 그리고 '질투·질시' 문제와 맞닿아 있다. 조동찬은 언론사에서 스타 기자가 잘 나오지 못하는 주요 이유 중 하나로 스타를 끌어내리려 하는 조직문화를 꼽았다. 이따끔은 유명 예능 프로그램 출연 이후 조직과 기자 사회의 미묘한 시선을 직접 겪으며 심리적 부담과 자기검열로 이어졌던 경험을 털어놓았다. 김지수의 경우에는 이러한 시기·견제·형평성 논란이 누적되면서 결국 실제 퇴사로 이어졌다. 이러한 사례들은 공통적으로 조직의 모호한 기준과 불투명한 평가체계, 그리고 질투·질시 문화가 개인의 브랜딩 시도를 위축시키는 구조적 요인으로 작동하고 있음을 보여준다.

조동찬(SBS): 유튜브에는 브랜딩 스타들이 많이 등장한다. 저는 그래서 언론사에 스타 기자들이 많아야 된다고 생각한다. 그게 전문성으로 승부하든 아니면 본인의 어떤 캐릭터로 승부하든. 제가 후배들한테 얘기했던 건데 《SBS》에 스타이자 15명만 있으면 먹고 살 수 있다. 다만 15명이 스타가 되는 것을 제발 시기하지 말고, 끌어내리지 말자는 거다. 저는 《SBS》밖에 안 다녀서 타 언론사 분위기를 다는 모르지만, 조금만 스타가 되고 뭐가 되면 시기와 질투가 많이 있는 것으로 안다. 유튜브 생태계에는 이미 브랜딩된 스타가 많기 때문에, 언론은 이를 따라가야 한다. 더 늦으면 그 생태계에서 망하는 거다.

이따끔(제주MBC): 제주가 지역 특성상 좁다 보니 예능 프로그램 출연 후에 길에서 알아보시거나 제보를 주시는 경우가 있었다. 출입처에서도 "방송 잘 봤다"는 인사를 들었다. 회사는 그 점을 마냥 긍정적으로만 보지는 않았던 것 같다. 그런 반응을 겪으면서 제게는 큰 경험이 됐다. "괜히 나갔나" 하는 생각이 든 적도 있다. 출입처나 시청자를 만났을 때 〈유퀴즈〉 이야기를 먼저 꺼내 주시는 것은 감사하지만, 그 때문에 알려졌다고 보는 시선이 기자 사회에서 항상 호의적이진 않은 듯 해서 때로는 불편했다. 스스로도 "알려진 만큼 내가 이룬 것이 아직 많지 않다"는 생각을 했고, 더 열심히 해야겠다는 동기가 됐다.

김지수(전 조선비즈): 조직 내부의 정치와 갈등, 질시, 형평성 논란 같은 요인들이 누적되면서 번아웃에 이르렀다. 《조선비즈》 퇴사는 어느 정도 불가피했다. 언론사, 더 넓게는 큰 조직은 스타 기자를 좋아하지 않는다. 형평성 문제와 내부 질서의 논리 때문이다. 공식적으로는 번아웃이라고 했지만, 실제로는 타 매체 출연을 조직이 달가워하지 않았고, 그걸 막지는 못하면서도 지속적으로 나를 힘들게 했다. 언론사 특유의 질투와 시기가 심하다는 건 익히 알려져 있다. 결국 어느 정도 브랜딩이 된 사람은 자의반 타의반으로 나오게 된다. 나는 소극적인 성향이기 때문에 회사를 떠나는 결정을 힘들게 받아들였다.

브랜딩을 추구하는 기자들이 조직을 떠나는 현상은 흔히 '개인의 선택'으로 여겨지기 십상이다. 하지만 김지수는 많은 기자들이 사실은 조직 안에서 계속 일하고 싶어 함에도 현재의 고용·보상·역할 구조가 성장한 개인 브랜드를 수용하지 못해 어쩔 수 없이 이탈하는 경우가 많다고 전했다. 그는 기자들이 처음부터 스타를 지향하는 것이 아니라, 자신의 길을 성실히 추구하다 보니 브랜드가 생기는 것이라며, 그럼에도 기존 정규직 중심 구조에서는 그러한 성장을 담아낼 그릇이 없다고 지적했다. 따라서 기자가 회사 안에서 자신의 브랜드로 '둥지'를 틀 수 있는 새로운 계약·운영 모델이 필요하다고 강조했다. 주성하는 여기서 한 단계 더 나아가, 이미 브랜드를 구축한 스타 기자들을 과감하게 영입해 활용하는 방식도 제안했다. 동시에, 이런 인재들을 전통적 방식으로 통제하려는 '꼰대식 관리'가 가장 큰 장애물이 된다며, 관리체계 자체가 변화해야 한다고 꼬집었다.

김지수(전 조선비즈): 기자들이 처음부터 스타나 브랜드가 되려고 시작하지는 않는다. 자신의 길을 추구하다 보니 그렇게 된 것이다. 소속 공간을 소중히 여기고 그 안에서 잘해 보려는 마음이 크지만, 어쩔 수 없이 나가는 경우가 많다. 조직 바깥으로 나가면 글값이 형편없다는 것을 다 알기 때문에, 대개는 튼튼한 직장에 남고 싶어 한다. 그래서 다른 형태의 계약 관계가 있었으면 한다. 회사 직원 신분만이 아니라, 기자가 성장할수록 회사 안에서 각자의 브랜드로 둥지를 틀 수 있는 구조가 필요하다. 여러 플랫폼을 가진 큰 언론사 모델이 그런 방향이어야 한다.

주성하(동아일보): 앞으로는 언론계에서 채용하는 방식이 좀 달라져야 된다고 생각한다. 2억이든 3억이든 주고 그 분야 최고를 한 20명 뽑아야 한다. 스타 기자 20명 앉혀 놓으면 투자도 들어올 거다. 그러니까 스타를 만드는 게 아니고 스타가 된 사람을 데려다가 그 사람들 글쓰기 공간을 만들어 줘야 된다. 스타 기자들 때문에 조직 내부가 망가진다고 그러는데, 꼰대들이 앉아서 쥐락펴락하는 게 문제다. 그쪽은 따로 운영해야 한다. 원래 기 센 사람들이라 누가 지시한다고 따르고 그러지 않는다. 하고 싶은 거 하게 둬야 한다.

종합하면, 개인 브랜딩을 둘러싼 조직 내부의 갈등은 결국 명확한 기준과 공정한 평가체계의 부재에서 비롯된다. 스타 기자의 등장을 두려워하거나 통제의 대상으로만 바라보면, 조직은 성장 가능성을 스스로 제한하게 된다. 이러한 문제를 해결하기 위해서는 특정 기자의 부상에 대한 감정적 반응이 아니라, 브랜딩을 어떻게 조직의 가치로 전환할 것인지에 대한 제도적 관점이 필요하다. 기자가 성장한 만큼 조직 안에서 역할과 보상이 유연하게 재설계될 수 있어야 하며, 타 매체 노출 및 확장 활동에 대한 일관된 원칙과 평가 기준도 마련돼야 한다. 그래야만 질시와 갈등을 줄이고, 개인 브랜드의 확장이 곧 조직의 자산 축적과 연결되는 지속 가능한 구조를 만들 수 있다.

(4) 브랜딩 성과에 대한 인센티브와 보상체계

브랜딩이 조직에 실질적 이익을 가져온다면 그에 상응하는 보상이 뒤따라야 한다. 그렇지 않을 경우 브랜딩은 '더 많이 일하고 더 많이 노출되지만, 보상은 변하지 않는 구조'가 되어 장기적으로 번아웃과 이탈을 부추길 수 있다. 강영운은 성과가 좋은 연재물에 대해 사내 시상·인센티브 제도가 존재한다고 소개했는데, 이는 국내 언론사에서는 드문 긍정적 사례로 볼 수 있다. 다만 "월급 외의 일을 하는 것으로 보일 수 있음에도, 별다른 지적 없이 맡겨준 것에 감사하다"는 그의 말에서, 인센티브 제도가 있어도 브랜딩 활동이 여전히 '독자 자산을 확장하는 핵심 업무'가 아니라 '본업 외 부수적 일'로 인식되는 조직문화가 남아 있음을 짐작할 수 있었다.

강찬수는 유료 구독·멤버십 전환을 위해서는 무료 콘텐츠와 차별화된 고품질 뉴스가 필수이며, 이를 위해 전문기자 제도의 확대와 체계적 지원이 필요하다고 강조했다. 그는 지속적으로 수준 높은 콘텐츠를 생산하려면 근무 시간, 연봉, 플랫폼 지원 등에서 조직적 배려가 뒷받침돼야 하며, 특히 유튜브·인터넷 기반 브랜딩까지 포괄하는 지원 체계가 마련되어야 한다고 지적했다. 즉, 전문성과 브랜딩이 곧 수익 모델과 연결된다면, 그 연결 구조 안에 명확한 인력·보상 정책이 함께 설계되어야 한다는 것이다.

도전적 시간대와 높은 노동 강도를 요구하는 프로젝트의 경우에는 더욱 정교한 인센티브 체계가 요구된다. 김현정은 《CBS》가 시사 PD의 노동 강도를 인정하고 휴무일 확대, 인센티브 등 현실적 조치를 도입한 덕분에 인력 이탈을 막을 수 있었다고 설명했다. 그는 "요즘 세대를 '평생직장 애사심'만으로 붙잡기는 어렵다"며, 노동 강도에 대한 조직의 인정과 실질적 보상이 필수라고 강조했다. 구교형은 언론사에서 새로운 시도가 지속되지 못하는 근본 원인 중 하나로 도전하는 인력에게 돌아가는 보상의 부재를 꼽았다.

김현정(CBS): 회사 입장에서 "키워놨더니 떠난다"는 고민이 있을 수 있다. 저희는 인력 보강과 복지로 막았다. 시사 PD 노동 강도가 높은 걸 조직이 인정하고, 휴무일을 늘리고(주 1회 → 주 2회), 장기 휴가를 열어주고, 내부 합의로 인센티브도 마련했다. 이런 현실적 조치를 하지 않았으면 유출을 못 막았을 거다. 요즘 세대를 '평생직장 애사심'만으론 붙잡기는 어렵다.

구교형(경향신문): 촉망받던 기자들이 다른 길을 선택하는 이유는, 조직에 개인 브랜딩을 수용하고 성장시킬 환경이 여전히 부족하기 때문이다. 특정 인력에 대한 보상체계가 거의 없다는 점도 문제다. "구독자 50만이면 인센티브가 있느냐"는 질문을 자주 받지만, 현실적으로 언론사에는 그런 시스템이 없다. 유튜브 수익이 작더라도, 도전적 시간대에 일하며 조직 이미지를 끌어올리는 인력에게는 별도의 보상이 필요하다. 물론 부서별 노동 강도를 기준으로 급여를 달리하자는 요구가 생길 수 있어 조직도 부담을 느낄 것이다. 그렇다고 우리 팀만 특별 대우하자는 뜻은 아니다. 다만 타사와 경쟁하며 새로운 시간대와 형식에 도전하려면, 그 부담을 떠안는 사람에게 최소한의 차별적 보상이 있어야 한다는 점을 강조하고 싶다.

브랜딩이 조직의 성과와 수익모델로 직결되는 시대에, 인센티브와 보상체계는 선택이 아니라 필수적 기반임이 분명하다. 인터뷰에 참여한 여러 언론인들은 개인의 헌신에 기대는 방식으로는 지속 가능한 브랜딩이 불가능하며, 전문성, 노동 강도, 혁신 시도에 대한 정교한 보상 구조가 갖춰질 때 비로소 조직과 개인의 성장 곡선이 일치할 수 있다고 말했다. 즉, 브랜딩을 조직 자산으로 인정하려면, 그에 걸맞은 시간·임금·기회·자율성의 재설계가 뒤따라야 한다는 것이다. 이는 단순한 처우 개선을 넘어, 새로운 실험을 장려하고 인력을 붙잡는 조직 차원의 전략이자, 언론사의 미래 경쟁력을 좌우하는 핵심 조건이라 할 수 있다.

3. 소결

앞선 두 절에서는 브랜딩된 언론인 21인을 대상으로 한 심층 인터뷰 분석 내용과 브랜딩 일반의 전략을 다룬 관련 이론·실천서의 내용을 종합적으로 재구조화해, 언론인 브랜딩 실행에 참조할 수 있는 구체적인 전략들을 총론과 각론의 형태로 제시했다. 이 절에서는 이러한 분석 결과에 3장의 네이버뉴스 '기자홈' 전수조사 주요 결과를 종합함으로써, 국내 언론인 브랜딩 전략의 특징과 작동 방식을 보다 확장된 차원에서 검토하고자 한다. 더 나아가 2장에서 살펴본 뉴스 이용자 대상 설문조사 핵심 결과를 함께 연결해, 언론인 브랜딩이 이용자 인식 차원에서 어떤 조건과 한계 속에서 작동하는지를 종합적으로 논의한다. 이러한 점에서 본 소결은 4장의 결론이자, 연구서 전체의 논의를 수렴하는 최종 결론의 성격을 함께 지닌다.

종합적으로 볼 때, 국내에서 언론인 브랜딩은 개별 언론인의 자의적 선택이나 개인 역량에 의해 자유롭게 형성되는 전략이라기보다는, 뉴스 이용자들의 인식 구조, 플랫폼의 기술적·제도적 조건, 그리고 조직 환경이 교차하는 제한된 구간 안에서, 언론인 본인이 강한 의지를 갖고 시도할 수 있는 전략적 실천으로 이해하는 것이 타당해 보인다. 즉, 언론인 브랜딩은 누구에게나 열려 있는 보편적 성공 공식이 아니라, 특정 조건이 충족될 때만 점진적으로 구축·유지될 수 있는 구조적 현상에 가깝다.

본 연구에서 가장 핵심적으로 확인된 언론인 브랜딩 전략은 특정 주제나 전문 영역을 중심으로 한 정체성의 명확화와 반복적 축적이다. 인터뷰에 참여한 언론인들은 공통적으로 브랜딩을 단기적인 노출 확대나 급격한 화제성 확보의 문제로 인식하고 있지 않았다. 대신, 자신이 지속적으로 다루는 주제와 문제 접근 방식이 이용자에게 어떻게 받아들여지고, 어떤 방식으로 축적되는지를 중요한 전략적 고려 요인으로 삼고 있었다. 이에 따라 이들은 모든 이슈에 폭넓게 반응하기보다는, 비교적 명확하게 설정된 주제 범위와 해석의 틀 안에서 콘텐츠를 생산하며, 동일한 문제의식과 관점을 장기간에 걸쳐 반복적으로 제시하는 전략을 취하고 있었다.

네이버 기자홈 전수조사 분석 결과에서도 이러한 전략의 효과는 구체적으로 확인된다. 기자홈을 개설한 만 명에 가까운 기자들 가운데 구독자 수 기준 상위 10위 안에 본 연구의 인터뷰 참여자 3인이 포함돼 있었는데, 물론 이들을 최종 인터뷰 대상으로 섭외하는 과정에서 네이버 기자홈을 중심으로 한 두드러진 활동이 주요 고려 요인 중 하나였던 것은 사실이다. 그러나 심층 인터뷰를 통해 이들의 실천 방식을 면밀히 살펴본 결과, 이 언론인들은 기자로서의 일상적인 취재 활동을 넘어, 콘텐츠를 직접 기획·생산하는 크리에이터로서의 정체성을 분명히 갖고 있었다. 이들이 생산한 콘텐츠는 주제와 방향성이 선명했고, 서사 구조 역시 높은 수준의 일관성을 보였다. 결국 이러한 의도적이고 꾸준한 실천이 이용자들로 하여금 이들을 개별적인 브랜드 단위로 인식하게 만들었고, 결과적으로 상당한 구독자 수를 확보하는 데 기여했을 가능성이 크다.

이상의 분석을 종합하면, 언론인 브랜딩은 폭넓은 주제 확장이나 형식적 다양성보다는, 이용자가 인지할 수 있는 정체성을 명확하게 설정하고 이를 반복적으로 제시하는 방식으로 형성·작동하는 경향을 보인다고 정리할 수 있다. 이러한 특성은 앞서 분석한 언론인들의 전략적 선택뿐 아니라, 2장에서 확인된 뉴스 이용자 인식 조사 결과와도 분명한 접점을 갖는다. 이용자들은 뉴스 및 시사 콘텐츠에 있어 단순 요약이나 속보형 정보보다, 사건과 이슈를 해석하고 맥락화하며 문제의식과 관점을 제시하는 콘텐츠를 더 선호하는 경향을 보였다. 이는 앞서 살펴본 '주제 집중'과 '관점의 반복'을 통한 언론인 브랜딩 전략이 이용자 수요와 일정 부분 맞물려 있음을 시사한다.

한편, 언론인 브랜딩은 다수의 이용자에게 즉각적으로 인지되거나 폭넓게 소비되는 전략이라기보다는, 반복적인 노출과 축적된 이용 경험을 통해 형성된 '제한된 이용자 집단'을 중심으로 효과가 가시화되는 전략에 가깝다. 2장의 뉴스 이용자 인식 조사 결과에서 확인했듯, 네이버에서 기자홈을 구독하고 있는 소수의 뉴스 이용자들은 특정 언론인이나 언론사를 '인지하고', '고려하고', '신뢰하는' 비율이 비구독자에 비해 현저히 높다. 이는 언론인 브랜딩이 이용자 전체를 대상으로 동일한 방식으로 작동하는 것이 아니라, 특정 언론인과의 접촉 경험이 누적된 이용자 집단에서 관계와 신뢰가 점진적으로 강화되는 메커니즘을 통해 효과를 발휘한다는 것을 보여주는 경험적 근거라 할 수 있다.

다음으로, 언론인 브랜딩은 콘텐츠의 형식과 전달 방식을 전략적으로 선택하고 이를 일관되게 유지하는 과정을 통해 강화될 가능성이 크다. 인터뷰 결과, 브랜딩이 비교적 안정적으로 형성된 언론인일수록 해설 중심 기사, 시리즈 연재, 영상 해설 콘텐츠, 뉴스레터 등 특정 포맷을 중심으로 활동을 지속해 왔으며, 이를 통해 이용자에게 예측 가능한 소비 경험을 제공하고 있었다. 이러한 전략은 2장에서 확인된 이용자들의 콘텐츠 주제 및 포맷 선호 결과와도 일치한다. 이용자들은 텍스트와 영상 모두에 대해 높은 선호를 보이되, 공통적으로 맥락과 설명이 충분한 형식을 더 높게 평가했는데, 이는 언론인 브랜딩 과정에서 잦은 포맷 실험보다는 일정한 형식의 반복과 숙련을 통할 때 신뢰를 축적할 가능성이 크다는 점을 시사한다.

연결된 맥락에서, 3장의 네이버 기자홈 개설 현황 및 운영 양상 분석 결과를 살펴보면, 대형 언론사(대표적으로 방송사) 소속 기자들이 기자홈을 비교적 많이 개설해 두고 있음에도 불구하고, 그 내부 기능을 적극적으로 활용하거나 그에 상응하는 이용자 반응을 이끌어내는 경우는 제한적이라는 점이 확인된다. 기자홈에 게시된 기사들을 단순 나열식으로 배치하는 데 그쳐 형식적 운영에 머무는 사례가 상당수를 차지하는 가운데, 주요 메뉴를 나름의 기준으로 구성해 자신이 생산한 기사를 시리즈·연재의 성격이 드러나도록 제공하려 하거나, '기자 톡' 기능을 활용해 독자와의 소통을 적극적으로 시도하는 일부 언론인들은 오히려 대형 언론사 소속이 아닌 경우가 훨씬 많았다. 또한, 계량적으로 수집 가능한 지표 가운데 구독 수를 핵심적인 성공 지표로 전제할 경우, 기자 1인당 구독자 수 기준 상위에 위치한 언론사들 역시 전문지, 경제지, 인터넷/IT지 등 콘텐츠의 색깔과 주제 정체성이 비교적 분명한 언론사 유형이 다수를 차지하고 있었다.

한편, 플랫폼 환경은 앞서 제시한 전략들이 실제로 구현되는 방식에 중요한 조건을 부여한다. 네이버, 유튜브, 각종 SNS 등 주요 플랫폼은 언론인 개인의 브랜딩을 제도적으로 가능하게 한 요인이기도 하지만, 동시에 콘텐츠 노출과 이용의 구조를 플랫폼 알고리즘에 크게 의존하도록 만들기도 했다. 2장과 3장의 분석 결과에서 공통적으로 확인되듯, 기자 구독 비율이나 기자홈을 통한 직접 이용은 여전히 제한적인 수준에 머물러 있으며, 실제 뉴스 소비는 추천과 검색 중심으로 이루어지는 경우가 압도적으로 많다. 이는 언론인 브랜딩이 플랫폼 노출 자체에 의존해 단기간에 확산되기보다는, 플랫폼 구조의 한계를 전제로 한 관계 기반 전략, 즉 주제 집중, 반복 경험을 통한 선명한 인식 형성, 신뢰의 누적을 통해 작동해야 함을 보여준다.

마지막으로, 언론인 브랜딩은 개인 차원의 전략인 동시에 조직 환경과의 상호작용 속에서 형성되는 과정이며, 언론인 브랜드와 조직 브랜드 전략은 상호 분리되기보다 통합적으로 관리될 필요가 있다. 인터뷰에 참여한 언론인들의 경험은 조직의 브랜드 정책, 인사 및 업무 배치, 개인 채널 활동에 대한 조직의 태도가 브랜딩 전략의 가능성과 방향을 실질적으로 규정한다는 점을 분명히 보여준다. 또한 이용자 설문조사 결과는 특정 언론인에 대한 호감이나 신뢰가 소속 언론사에 대한 신뢰를 강화하기도 하고, 반대로 약화시키기도 하는 양면적 효과를 지닌다는 사실을 드러낸다. 이는 개별 언론인의 브랜딩이 조직 경쟁력을 강화하는 중요한 자원이 될 수 있는 동시에, 체계적인 관리와 조율이 결여될 경우 조직 차원의 리스크로 작용할 가능성 역시 내포하고 있음을 의미한다. 따라서 언론사는 언론인 브랜딩을 개인의 부수적 활동으로 방치하기보다는, 조직 브랜드 전략의 일부로 통합해 관리·지원할 수 있는 보다 명확한 기준과 제도를 마련할 필요가 있다.

이상의 논의를 종합하면, 국내에서 언론인 브랜딩 전략은 특정한 성공 공식을 제시하는 모델이라기보다, 전문성의 정체성화, 콘텐츠와 포맷의 반복적 축적, 플랫폼 환경에 대한 전략적 대응, 그리고 조직과의 생산적 관계 설정이라는 몇 가지 핵심 축을 중심으로 형성되는 경향적 구조로 이해할 수 있다. 이에 따라, 언론인 브랜딩을 개인의 취향이나 부차적 선택의 문제로 환원하기보다는, 플랫폼 기반 뉴스 생태계 속에서 점차 제도화되고 있는 전략적 실천의 한 영역으로 인식할 필요가 있다.

구체적으로, 개인 언론인에게는 자신의 전문성과 문제의식을 장기적으로 축적·관리하려는 전략적 관점이 요구되며, 언론사 조직 차원에서는 개인 브랜딩이 조직 브랜드와 충돌하지 않도록 조율하고 지원할 수 있는 제도적 장치의 마련이 중요한 과제로 제기된다. 이러한 조건이 충족될 때, 언론인 브랜딩은 단기적 인기 확보나 개인 차원의 성공을 넘어, 국내 언론 생태계 전반의 신뢰 회복과 이용자와의 관계 재구성에 기여하는 유의미한 전략으로 기능할 수 있을 것이다.

참고문헌

강준만 (2025. 10. 28). 괜찮은 '중도 유튜브'는 없나요? 《중부일보》. URL: https://www.joongboo.com/news/articleView.html?idxno=363706902

김민제 (2025. 5. 12.). "1시간 반이 순삭"...쇼츠 시대 '롱폼 웹예능'의 성공 비결. 《한겨레》. URL: https://www.hani.co.kr/arti/culture/culture_general/1196991.html

김지헌·박승호 (2025). 〈이름보다 브랜딩〉. 서울: 블랜비디자인.

김콜베/김성민 (2025). 〈브랜드, 결국 이야기다〉. 서울: 위즈덤하우스.

레베기 (2025). 〈레베기의 유튜브 콘텐츠 P.O.W.E.R 법칙〉. 고양: 리코멘드.

머니투데이 (2025. 8. 26). 머니투데이가 언론 최초 '웹툰형 기사'를 선보입니다. 《머니투데이》. URL: https://news.mt.co.kr/mtview.php?no=2025082513213817901&type=1

여주엽 (2025). 〈450만 올블랑TV 여주엽의 유튜브 수업〉. 서울: 클라우드나인.

이근상 (2021). 〈이것은 작은 브랜드를 위한 책 확장판〉. 서울: ㈜몽스북.

이근상 (2023). 〈이것은 작은 브랜드를 위한 책 실전편〉. 서울: ㈜몽스북.

임석봉 (2025. 6. 10). 저널리스트를 '구독'하는 시대. 《기자협회보》. URL: https://www.journalist.or.kr/news/article.html?no=58713

정민호. (2025). 〈마케터의 팔리는 글쓰기〉. 서울: 한국출판인회의.

최현석. (2024. 5. 26). 구독형으로 진화하는 네이버뉴스…기자 구독 1천500만 돌파. 《연합뉴스》. URL: https://www.yna.co.kr/view/AKR20240524097600017?input=1195m

한국신문협회 (2025a). '거리두기'부터 '팬 육성'까지…기자-독자 간 11가지 관계 유형. 〈국내외 미디어 동향〉, 제514호, 2-7쪽.

한국신문협회 (2025b). "인지도가 곧 자산"…자사 브랜드 캠페인에 뛰어드는 언론사들. 〈국내외 미디어 동향〉 제521호, 5-8쪽.

가와카미 데쓰야 (2023). 〈*Story branding 100 no hosoku*〉. JMA Management Center Inc. 최지현(역) (2024), 〈무조건 팔리는 스토리 마케팅 기술 100〉. 서울: 동양북스.

Roosen, W., Reimer, J., Oberhülsmann, L, & Olphen, T. V. (2025). From cultivating fans to coping with troublemakers: A typology of journalists' audience relationships. *Journalism & Mass Communication Quarterly*, DOI:10.1177/10776990251343074.